CÓMO ANALIZAR PERSONAS Y DETECTAR MANIPULACIÓN CON PSICOLOGÍA OSCURA

TÉCNICAS SECRETAS PARA ANALIZAR E INFLUENCIAR A CUALQUIERA UTILIZANDO EL LENGUAJE CORPORAL Y LA NLP

CELIO SALOME

PUBLICACIÓN
circular

ÍNDICE

CÓMO ANALIZAR A LAS PERSONAS CON PSICOLOGÍA

PSICOLOGÍA OSCURA Y MANIPULACIÓN

CÓMO ANALIZAR A LAS PERSONAS CON PSICOLOGÍA

TÉCNICAS SECRETAS PARA INFLUENCIAR A CUALQUIERA UTILIZANDO EL LENGUAJE CORPORAL, PSICOLOGÍA OSCURA Y LA NLP

INTRODUCCIÓN

La psicología ha avanzado desde hace siglos, se ha buscado comprender la forma en la que nosotros los seres humanos actuamos con los otros y con nosotros mismos.

Algo que muchos no conocen es la forma de analizar a las personas utilizando herramientas de la psicología, lo cual es posible sin que se tenga que tener un master en la materia.

El primer paso es por medio del lenguaje corporal, es allí donde comienza toda la historia. Saber cómo es que habla el cuerpo sin que se emita un sola palabra, y es que cada parte del cuerpo habla. Desde los ojos y el tamaño de las pupilas hasta las extremidades.

A continuación, vas a conocer todo sobre cómo conocer a las personas con herramientas de la psicología, conocerás todo sobre el lenguaje no verbal, qué es cómo se manifiesta, el contacto visual, cuando hay y cuando no hay, mirar a los lados, el contacto visual prolongado, el uso de otras extremidades, como tocarse la nariz de una u otra manera.

Cada movimiento, la forma en la que lo hace, los sonidos que se emiten con la respiración, todo, es comunicación no verbal.

Es que hasta la voz es un modo de comunicación no verbal, porque el tono, el volumen, el ocupar la boca, la manera en la que sonríes cuando son o no reales, si ríes con una persona, ellos pueden o no reír contigo.

Todo esto es un modo de lenguaje no verbal que dice mucho y puedes aprender a leer.

Las manos son otras partes que hablan, aquí aprenderás a leer el lenguaje de ellas y de paso conocerás cómo utilizar algunos movimientos y posiciones para que impactes y dejes un buen mensaje en tu lenguaje no verbal. Allí se asciende un poco y vamos a los brazos y la posición de estos, la manera con la que se mueve y hasta la velocidad, todo tiene un papel y una importancia.

Las piernas en el lenguaje no verbal hablan mucho, un pie adelantado dice algo, las piernas cruzadas de la muchas maneras en la que se cruzan dicen un mensaje claro, las piernas puestas así, o con los tobillos cruzados de la otra manera, dejan mensajes.

Si te sientas con una pierna elevada en la otra lees mensajes positivos o negativos y los pies también tienen su lenguaje, todo el cuerpo es un vocero de lo que pasa en tu mente.

Y es que gracias a los movimientos del cuerpo es que podrás conocer cómo actúa un mentiroso, cómo es que se mueve una persona independiente, qué dicen los que separan en una pierna, cuál mensaje se esconde en el temblor de las piernas…

Este contenido tiene todo sobre la psicología del lenguaje, el modo de conocer a las personas solo con verlas o contemplando una primera impresión.

Hasta consejos para que sepas la postura que no se debe usar en el trabajo.

Así como aprendes a comunicarte con las personas hablando, buscando emplear un lenguaje de determinada forma para venderte de un modo, por ejemplo, puedes nutrir el verbo para que te escuchen con un estilo intelectual, pero con el cuerpo, con los gestos, puedes decir mucho.

Aprender a dominarlos puede cambiar el mensaje que des sin pronunciar una sola silaba.

Si de leer a las demás personas se trata, recordemos que hay expresiones y microexpresiones que se activan involuntariamente cuando tenemos algún tipo de emoción interna.

Por eso se detallan cuáles son los gestos de las personas con ira, miedo, alegría, desprecio, asco, sorpresa o tristeza, muchas veces pueden ser pequeños movimientos que nadie nota a menos que detalle el rostro o conozca esta información.

De paso aprenderás cómo tener una expresión facial agradable.

Como esto se trata de conocer a las personas por medio de la psicología, un capítulo se dedica a descubrir a un mentiroso, especialmente a esas personas que son capaces de lanzarse un discurso que podría parecer convincente, pero el cuerpo, los gestos, la manera en la que mueve el rostro, son una radiografía de la verdad o mentira que pueda estar diciendo, si quieres descubrir mentirosos no te pierdas este contenido.

Podrás ver si la sonrisa es real o no, y también vas a conocer a las personas manipuladoras, el comportamiento variable, la necesidad de controla, personas insaciables que trabajan buscando lo que tienes y no para absorberte la energía. Son personas convincentes que si no estamos alertas nos pueden envolver y afectar.

Los manipuladores son unas personas que tenemos desde la familia, hasta amigos y colegas, tenemos que estar atentos porque a veces por los afectos nos dejamos envolver y herir. Conoce en este trabajo cómo desenmascararlos y que nunca más nadie te manipule.

La apariencia personal tampoco se deja por fuera, aquí verás cómo es que la prenda que te pongas te define, también los colores, la primera impresión, el tamaño, el estilo y el vestir acorde a la prenda que te coloques.

La letra también es otra forma en la que la psicología lee a las personas, aquí conocerás todo sobre la grafología, el tipo de letra y las personalidades, ejemplos, letras, modos en el que escriben hasta la firma y que dicen mucho sobre las personas.

Aquí se podrá leer a las personas en todos los ámbitos, el funcionamiento de la mente inconsciente, el lenguaje no verbal del amor, cómo es que se puede deducir que una persona sí está enamorada.

Los tipos de personalidad, que son varios según Jung y también los cuatro temperamentos basados en los elementos.

Conocer todo esto es clave para poder entender a los humanos y poderlos leer, por eso es que a continuación conocerás el modo de leer las personas incluso por cómo fuman o por cómo manejan las gafas cuando están hablando.

Este es un contenido para que sepas leerlos y también para que sepas ponerlos en marcha tú.

TODO COMIENZA CON EL LENGUAJE CORPORAL

Hablemos de esas cookies que tenemos en el cuerpo y lo que dicen. El lenguaje corporal tiene muchísima información, más que las palabras. La conducta no verbal es como una especie de cookies como esas que encontramos cuando entramos a internet y nos sale el cuadrito que tenemos que aceptar. Están allí sin que nos demos cuenta.

El lenguaje corporal revela tanta o más información que las palabras. La conducta no verbal muestra información sensible, de personalidad de las intenciones, sentimientos y lo que no decimos en palabras. Incluso al estar quiero o en silencio, los gestos, las posturas y hasta el silencio. Todas las expresiones faciales y la apariencia hablan por nosotros y son muy pero muy elocuentes. El lenguaje corporal y la comunicación son las que cuentas quiénes somos, cómo nos sentimos o cuáles son nuestros gustos. En la interacción, la conducta no verbal informa el grado de comprensión que tenemos e incluso desmiente lo que digamos en esos momentos.

Tristemente en la vida, no ocurre como en el ordenador, no hay mensajes de alerta que nos recuerda que las cookies van a aprovechar para entregar valiosa información de nosotros, algo que termina afectando a la manera en la que nos relacionaos y cómo actuamos cuando andamos por la red. Aunque nos lo adviertan, actuamos como hacemos al andar en la web, ignoramos cookies, continuamos buscando la otra satisfacción. Tremendo error.

Hablar es más que reunir palabras, es como cuando hablamos de escuchar que es más que oír. Comunicar es más que enviar y recibir paquetes de datos. La comunicación es compartir es una información racional y emocional que se pone en común y se acuerda con la otra persona con el significado y el valor. Eso no se logra plenamente sin intervención de la conducta no verbal.

Evolutivamente hablando, el lengua corporal nos acompaña desde antes de que seamos humanos, está relacionado con lo emocional, con el instinto y la intuición del cerebro y se desarrolla en el inconsciente. Por eso es tan importante y por eso también es que se desconoce para muchos.

A lo mejor nuestra especie no tenga más de 200 mil años, pero el origen del lenguaje se remonta a la aparición de los primeros mamíferos, hace más de 300 millones de años. la diferencia de edad es inmensa, aunque la arrogancia que tiene nuestro distinguido neocórtex invita a pensar que la conducta no verbal es algo primitivo en la comunicación, en realidad es la que más experiencia tiene y con toda probabilidad la que más influye en la conducta.

El instinto y las emociones son amigos fieles desde antes que naciera la razón. Por mucha inteligencia y raciocinio que se tenga, la verdad es que la conducta no verbal, el inconsciente y las emociones manejan a su antojo la forma en la que nos comunicamos. Van por ahí, contando a todos lo que pensamos y sentimos.

Es por eso que los mejores comunicadores no verbales son los que tienen consciencia del lengua corporal, las personas que pueden monitorear su conducta y calibrar el efecto que esta produce en los otros, no hay un perfil exacto establecido científicamente, aunque hay personas que son muy observadoras. Tienen perspectivas abiertas para ver las nuevas experiencias y realidades. Tienen rasgos como la estabilidad emocional y la empatía, también sirven.

A lo mejor es más fácil reconocerlos en el mundo artístico y en la comunicación, pero se da en todos los medios. Hay investigaciones que muestran que las personas persuasivas e influyentes tienen una consciencia amplia del lenguaje corporal propio y ajeno. Al margen del campo profesional en el que se han basado para tener éxito.

Hacerse un buen comunicador requiere el desarrollo de autoconciencia, de conducta corporal, de la misma forma que los deportistas élite perfeccionan la propiocepción para reconocer la posición y condiciones de su musculatura. Lo bueno aquí es que ambas habilidades se pueden desarrollar entrenando. Demás las podemos hacer por nosotros mismos y en el momento que lo deseemos.

Es cuestión de concentrarse, de focalizar la atención en los canales de lenguaje corporal, buscando que haya sincronía y congruencia con lo que dice.

El lenguaje no verbal se expresa por medio de siete canales que junto con el de las palabras, conforman la comunicación:

Las expresiones faciales que son el indicador más potentes y en lo primero que se centra la atención cuando se interactúa. En pocos segundos el cerebro emocional decide y toma el riesgo de si esa cara le gusta o no. Es un proceso que al inicio tiene una razón, donde no hay tiempo para pronunciar ni media palabra. En la cara se ven de forma innata y universal las emociones básicas, la sorpresa, tristeza, miedo, desprecio, asco, ira… cada una tiene su código, el aprender a distinguirlas todas es clave para dominar el lenguaje corporal.

Los gestos forman parte de estos siete. La gestualidad tiene un componente elevado en la cultura. Aunque las líneas de investigación dicen que el origen genéticos como las expresiones de orgullo, poder, triunfo. Los gestos ilustradores también tiene una vinculación con la credibilidad. Otros tipos de gestos son los emblemáticos que tienen un significado de palabras, los adaptadores que son manipulaciones del propio cuerpo y de objetos para canalizar las emociones, los reguladores que es donde se dirige la interactuación y los manifestadores de afecto, que son con los que transmitimos lo que sentimos.

Las posturas también hablan. La postura expresa el interés y la apertura hacia los otros, se reflejan en la exposición y orientación del torso, también es un potente indicador de las emociones y la predisposición a la acción. Las posturas expansivas indican satisfacción, actividad, las posturas de contracción se relacionan con la pasividad y negatividad. En descubrimiento se ha visto que las posturas influyen en el estado de ánimo y en la segregación de hormonas. A nivel visual la postura tiene una incidencia alta en la imagen, especialmente para pasar confianza, seguridad y estabilidad.

La apariencia sigue siendo un canal de gran influencia, a pesar de los avances sociales y el esfuerzo por luchar con la igualdad. El aspecto de la persona nos habla de la edad, el origen, sexo, cultura, condición social, económica y profesional. Aunque se intente evitar los estereotipos, la apariencia continúa siendo la principal fuente de información a la hora de formarnos una impresión de otros. se sabe que no hay segundas oportunidades, para causar una primera buena impresión. Hay estudios que afirman la influencia de la apariencia en la persuasión, como el uniforme de agentes de seguridad o la bata blanca en el caso de los doctores.

La háptica define el estudio científico del tacto y la influencia en la forma en la que nos conectamos con los demás. este resulta clave a la hora de establecer intimidad, denota compromiso y muestra información sensible, como la posición de dominio en las interacciones.

Hay investigaciones que demuestran que el poder del tacto a la hora de influenciar a otros es alto. Como sucede con médicos y pacientes. El contacto físico tiene marcado un componente cultural. En países árabes y latinos es mucho mayor. En Norteamérica o Japón es menor. Un leve toque en las zonas no comprometidas del cuerpo como hombros, brazos, y la parte alta de la espalda pueden ser clave para establecer buenas relaciones.

La proxémica es el canal más directo en el lenguaje corporal cuando queremos mostrarnos cercanos o distantes. La proxémica tiene origen en la antropología, nos informa del uso del espacio en la interacción. Hay autores que dividen la distancia entre individuos íntimamente, con menos de 45 centímetros, personal entre 45 a 120 centímetros, social más de 120 centímetros y pública más de 360 centímetros. La verdad es que cada persona tiene su propio espacio, además puede variar según el estado de ánimo y las circunstancias ambientales. Lo clave es esto:

- La manera más sencilla de mostrarnos cercanos es acercarnos físicamente al interlocutor.
- Se tiene que prestar atención a señales incómodas que generen aproximación.

El paralenguaje dice mucho más que las palabras, el paralenguaje es el indicador emocional más fiable, junto con las expresiones faciales. El volumen, tono, velocidad de la voz, revela importante información, especialmente cuando estamos intentando esconder emociones. No es algo que pase a menudo, por ejemplo, cuando se habla por teléfono con personas cercanas, solo basta escuchar el tono al contestar para saber que algo no va bien. la voz tiene una influencia enorme en la credibilidad, voces nasales, tonos altos o agudos, tienen menos crédito en público. Así como el silencio que comunica también.

Otros canales como la cronémica y la oculésica se especializan en el valor que el tiempo y la mirada tienen en la comunicación no verbal, porque ambos se caracterizan por la trasversalidad y están presentes en los siete canales principales.

El lenguaje corporal goza de cualidades que le hacen interesante. La influencia de la conducta no verbal a la hora de interactuar es indiscutible, es grande la utilidad en algunas funciones a la hora de socializar. Estas son algunas:

- Comunicar la identidad.
- Informar sobre la capacidad para relacionarnos.
- Lograr que haya precisión y entendimiento.
- Gestionar la interacción.
- Transmitir emociones y sentimientos.
- Influir en los otros y en nosotros mismos.
- Engañar.

El lenguaje corporal se aplica en diversas áreas. El dominio de la técnicas de comportamiento no verbal tiene aplicación en todas las áreas de conocimiento, en cualquier ámbito de la vida profesional y personal. De ahí el interés que crece y causa un manejo correcto. Estas son algunas de las áreas donde aplica, donde es eficaz.

- Comunicación y relaciones personales.
- Enseñanza y educación.
- Terapia y sanidad.
- Técnicas forenses y seguridad
- Negocios y solución de problemas.
- Atención al cliente y marketing
- Recursos humanos, elección de personas.

Entonces, no podemos saber lo que otro piensa a través del lenguaje no verbal, pero el lenguaje corporal permite que se pueda inferir en cómo se siente, los rasgos que dominan la personalidad o las intenciones que tiene. Una información que a veces es más valiosa que las palabras. Tal como sucede en la comunicación verbal, tiene que ser preciso en la expresión del lenguaje corporal, ser flexible a la hora de interpretar el de otros, condicionado por muchos factores intrínsecos y ambientales que a veces escapan a nuestra percepción.

¿Qué es el lenguaje corporal?

El lenguaje corporal es una manera de comunicación que utiliza los gestos, las posturas, movimientos del cuerpo y el rostro para poder pasar información sobre emociones y lo que piensa el emisor.

Se hace de manera inconsciente, así que normalmente es un indicador claro en las emociones y las personas. Junto con el tono vocal forma parte de la comunicación no verbal. El idioma del cuerpo no se debe tomar como una verdad absoluta, porque hay muchos factores ambientales que influyen en él, por eso nunca se tiene que llegar a una conclusión interpretando un único signo corporal.

Lo clave es que se analicen los conjuntos de signos congruentes entre sí y descartar la causas externas como ruido, temperatura y cansancio.

Es que se sea capaz de comunicar con el cuerpo, y el rostro.

Tamaño de las pupilas

Sabemos que en la historia hemos sido conscientes de la importancia de la mirada en el comportamiento de las personas. Expresiones, frases como echar mal de ojo, tener miradas penetrantes, mirar por arriba del hombro, mirar a los ojos cuando se habla, atravesar con la mirada o matar con la mirada, es muy común esto y está a la orden del día. Veamos en este apartado lo que expresan las pupilas.

Siempre se ha dicho que la cara es el espejo del alma, sin los ojo no hay espejo, no hay nada. Es una forma más de comunicación, que es reveladora. Son el punto central del cuerpo y as pupilas que trabajan de manera totalmente inconsciente, por lo que si se es capaz de leerlas se puede extraer mucha información valiosa.

La función de las pupilas

Las pupilas regulan la cantidad de luz que entra al ojo, con la meta de mejorar la visión, entonces cuando nos encontramos en una habitación oscura se dilatan para dejar pasar más luz y aumentar la visión. Del mismo modo su salimos a un espacio con mucha luz, ellas se contraen para evitar cegarnos. Se da lo mismo cuando estamos durmiendo y abren una persiana.

Las pupilas actúan también cuando la personas se droga o está ebria.

Lo que expresan las pupilas en el estado de ánimo

En condiciones normales, ellas se dilatan y contraen, según la actitud que tengamos, cuando una persona se siente atraída por otra, se pueden dilatar hasta alcanzar cuatro veces el tamaño normal. En caso de molestia, se da el caso contrario.

El psicólogo Eckhard Hess, quien es pionero en estudios de la pupila, descubrió que había una gran relación entre excitación de la persona y su pupila. Así, cando los hombres ven fotos de modelos de sexo opuesto, las pupilas se dilatan, y si son del mismo sexo, se contraen.

Además, descubrió que la dilatación de la pupila estaba correlacionada con la actividad de la mente, entre más difícil sea de resolver un problema más se contraen, se dilatan hasta que dan con la solución.

Está demostrad que un ojo con la pupilas más dilatadas es más atractivo. Por eso es que gustan los ojos claros, porque se puede percibir mejor la dilatación de las pupilas, si se aplica al marketing, las marcas de cosmética, productos para el cabello y ropa saben que una foto retocada sirve para aumentar el tamaño de las pupilas y aumenta las ventas en un 45%.

Los ojos son clave en el proceso de enamoramiento y noviazgo. El objetivo de esto son los cosméticos para ensalzarlos. Llama la atención de la pareja potencial, y parece más atractiva a los ojos del hombre.

Cuando intentes leer lenguaje corporal en otros, no dejes de lado las pupilas, porque te dan una valiosa información sobre el estado de ánimo, puede que te guste que se enfade contigo o simplemente tener una actitud neutral.

Contacto visual

El contacto visual es de las herramientas más poderosas en la comunicación no verbal. Es el camino que lleva a la escucha activa. Trabaja como si fuera un interruptor, enciende y apaga la conexión con los otros y esto hace que parezca accesible. Todo comienza en gran medida con la capacidad para atender, entender y sentir. Todo es cuestión de sensibilidad, aunque suene raro, el sentido de la vida es más útil a la hora de escuchar a otros.

A lo mejor en la niñez te enseñaron a ver a ambos lados de la calle antes de cruzar. Pero no hizo falta que te explicaran la importancia del contacto visual con el conducto del auto que reduce la velocidad para que pases. Lo aprendiste por tu cuenta, la intuición y el instinto trabajaron allí para proteger tu vida. Cuando el coche se acerca, buscas la mirada del conductor y no te quedas tranquilo hasta que se ven brevemente los ojos.

Seguramente no conozcas nada de esa persona, a lo mejor te inspira confianza que no tenías hasta ese momento. Solo hay que cruzar miradas para que pongas la integridad en manos de ese desconocido lo haces casi a diario, automático, sin reparar en ello. Es un extremo que llega con el contacto visual.

Al contrario, cundo no hay contacto visual no hacemos invisibles, nos sucede frecuentemente, como al coincidir en un ascensor con alguien que no conocemos. Estamos en un espacio pequeño que podemos sentir incomodidad, apartamos la vista por instinto. Si lo piensas es igual como de niños cuando tapábamos los ojos para que no los vean. Cualquier persona u objeto fuera del alcance de la vista, deja de existir.

El contacto visual es efectivo para la comunicación, a veces es la comunicación misma. Cuando esto ocurre, la mirada por sí sola se convierte en el mensaje, no hacen falta palabras para comprenderla, miradas que matan, o que te atraviesan, miradas que desnudan, miradas desafiantes, interrogativas, de admiración, tiernas, cómplices, picaras…

Pasa lo mismo con los ojos, inexpresivos, atónitos, con brillo, desorbitados, apagados, como luceros, en fin, una larga lista.

La mirada sirve para establecer el compromiso, para extasiarnos ante la belleza ajena y la propia ante los narcisistas o para embelesarnos ante la actitud de alguien que admiramos.

Normalmente la mirada habla por nosotros, especialmente la mirada sirve para que escuchemos, para hacer ver que la otra persona deseada le comunicamos. El contacto visual constituye la herramienta más útil para la escucha activa, la que nos hace sentir cómodos con la que obtendremos información de calidad.

Escuchar con la mirada

- El primer paso es que se establezca contacto visual, que se cruce la mirada con la del interlocutor lo que hará en modo escucha, dispuesto a procesar el mensaje.
- Normalmente siempre que puedas te tienes que poner a la altura, mirando de frente. Mostrando disposición para comunicarse. El desviar la mirada puede mostrar desinterés, vergüenza, indiferente o inseguridad.
- Hay que mirar con el cuerpo, dirigir la mirada y exponer el torso a la otra persona, mover solo los ojos nos hace parecer acechantes, desconfiados, como cuando miramos de reojo.
- Mientras escuches tienes que mantener contacto con regularidad para que demuestres interés, con pausas breves para que no sea molesto.
- Cuando apartes la mirada tienes que intentar que sea para reflexionar sobre lo escuchado, con la mirada perdida o desenfocada. Si miras de otro modo vas a parecer distraído y vas a distraer a la otra persona.
- Hay estudios que establecen que el contacto visual ocupa un 70% de la conversación, mientras estás escuchando y no más de un 40% cuando hablas, aunque esto es apenas orientativo.
- Cada caso es especial, el contacto visual no causa el mismo efecto en las personas extrovertidas que en las introvertidas. Hay que calibrar la mirada en función de la reacción del interlocutor, atendiendo el feedback que te devuelva.
- Un truco es que, si prestas atención a lo que dice el mensaje y a la intensidad emocional de la expresión, va a ser más sencillo saber cuándo mirar. Hay que contactar visualmente

cada que la información sea relevante y cuando coloque énfasis en las palabras. De este modo apreciará la atención y comprenderá la exposición.

- Igual que con algunas personas que se sienten cómodas si no las miran, en algunas culturas el contacto visual lo toman como un irrespeto. Hay que ser flexible, adaptarse y donde vayas, lo que veas.

Cómo escuchar con la mirada

El contacto visual es la mejor herramienta para escuchar de manera activa. Sirve para abrir el canal de comunicación y permite que obtengamos información de calidad. Veamos cómo se hace:

1. Cruce de miradas: hay que mirar de manera abierta a los ojos y esperar que el interlocutor mire los tuyos.
2. Observar de frente: dirige el cuerpo a la persona que habla, para que evites miradas laterales, de reojo o que acechen.
3. Intercala miradas reflexivas: alterna contacto visual y miradas reflexivas, no te distraigas mirando otras cosas.
4. Concéntrate: lo tienes que hacer en el contenido emocional para que sepas cuándo devolver la mirada.
5. Atiende: atiende a la personalidad y al contexto cultural para que no te incomode, busca complicidad en los ojos.

Los ojos tienen el lenguaje, la mirada tiene un impacto grande en la comunicación, con un gran poder de seducción. También de intimidación, la mirada es el regulador más eficaz en la escucha y un poderoso intensificador emocional que se usa para manifestar sintonía con la forma de mirar. Hay que tomar conciencia y corregir los errores.

Si quieres que te presten atención, espera en silencio a que te miren a los ojos y es el momento de que comiences a hablar.

Contacto visual prolongado

El contacto visual prolongado denota atención en lo que la otra persona quiere transmitir o en las acciones del mismo. Viene acompañado de un levantamiento de cejas, sin embargo, si la mirada es muy intensa o agresiva puede tratarse de una mirada que desafíe.

El que el contacto visual tenga tanta relevancia se debe a elementos importantes, permite que las interacciones entre emisor y receptos se den. Es importante a la hora de tener una escucha activa o en la expresión de las emociones.

Es importante también hablar de la relevancia del contacto visual, que está presente en la comunicación. Normalmente cuando nos dirigimos a otros lo primero que hacemos es mirarlo a los ojos se capta la atención y le damos la señal que queremos comunicar.

Es relevante el contacto visual a la hora de establecer y respetar los turnos de palabra, pues si otra persona que nos hablaba de repente se calla y nos mira, a lo mejor espera nuestra intervención.

Se tiene que distinguir los tipos de contacto visual, desde los intensos y prolongados hasta los de miradas huidizas.

Todo esto que venimos viendo hasta ahora.

Mirar a los lados

Cuando estés en una conversación con alguna persona y esta de manera inconsciente comienza a mirar para los lados, es porque anda buscando una vía de escape, que se ha aburrido de la conversa y quiere que termines, el seguro monólogo que mantienes.

Tocarse la nariz

Tocarse la nariz puede indicar que una persona no está diciendo la verdad. Cuando se miente liberamos sustancias involuntaria que puede llevar a sentir picor en la nariz.

El gesto de tocar la nariz es, una versión disimulada de tocarse la boca. Puede ser varios roces debajo de la nariz o un toque rápido e imperceptible. Una explicación de esto es tocarse la nariz cuando la mente tiene un pensamiento negativo. El subconsciente ordena a la mano que tape la boca, pero en el último instante para que no sea un gesto tan obvio, la mano se aleja de la boca y toca la nariz.

Otra explicación puede ser que se toquen las terminaciones nerviosas que pican entonces es necesario frotarla.

Esto hay que combinarlo con las otras señales que iremos viendo para comprender mejor lo que es el lenguaje corporal.

El tono y volumen de voz

Tan importante como las palabras que se dicen, el tono de voz también lo es. Se ha comprobado que en apenas diez segundos la personas que nos escucha sabe solo por el tono de vez si estamos de buen humos, cansados, molestos...

Variar el énfasis en una frase varía el significado, cuando se hace se puede variar el significado, no es lo mismo decir:

- Yo no he dicho que se comiera el pastel (a lo mejor lo comió)
- No he dicho Yo que se comiera el pastel (Sé quién fue)
- No he dicho que yo me comiera el pastel (puede que se comiera otra cosa.

El tono de voz y la importancia

Muchos estudios han demostrado la importancia del tono de voz en la comunicación, por ejemplo, en Estados Unidos no se les informa a los miembros de jurado si el acusado tiene o no antecedentes penales, así no les condiciona. Sin embargo, en un estudio reciente de comprobó que los jueces al dar instrucciones al jurado ya terminando el juicio, dejaban entrever si tenía o no antecedentes penales y lo hacía solo con el tono de voz. claro, no lo hacían con intención, porque de hacer sería un delito muy grave. El tono de voz dice mucho sobre nuestro estado de ánimo o sobre las intenciones.

Diferencias entre tono, entonación, inflexión, volumen, intensidad, cadencia y timbre

El tono de voz no se tiene que confundir con la entonación o inflexión de voz. se da por las vibraciones de las cuerdas vocales, hercios por segundos y puede ser grave o aguda.

Tampoco se debe confundir el tono con la intensidad o el volumen de la voz, que se mide en decibelios.

La cadencia es la velocidad con la que se habla, mientras que el timbre son los armónicos específicos de cada voz, que es lo que permite distinguir una voz de otra.

No se puede controlar el timbre de voz, pero podemos controlar el tono, la cadencia y la intensidad cuando se habla.

¿Cuántas tonalidades hay?

Por lo general hay dos tipos:

- Un tono bajo o grave que se usa para dar instrucciones y se asocia con la autoridad, la credibilidad y el poder.
- Un tono alto, que se usa para hacer preguntas.

Persuadir variando el tono de voz

Para ser persuasivo si eres un hombre tienes que bajar el tono de voz en el sentido de una voz profunda. Para poder ser persuasivo si eres un hombre tienes que bajar el tono de voz, en el sentido de hablar con voz profunda, el hablar despacio y en tono grave transmite autoridad.

Si le quieres dar más credibilidad a las palabras, debes bajar el tono de voz, hablar con voz profunda.

Una voz profunda con un tono bajo, no solo transmite una sensación de autoridad y credibilidad, sino que genera empatía, porque da la sensación de que simpatizamos con lo que otra persona siente y nos preocupa su bienestar.

Al parecer el tono de voz más profundo de lo normal tiene efecto terapéuticos en quien escucha. No se tiene que confundir con bajar el tono de voz, sino en hablar con voz profunda, con bajar el volumen de la voz, algo que por ejemplo en el teatro se usa para crear dramatismo.

Consejos para mejorar el tono de voz

Un tono de voz naturalmente bajo se debe a unas cuerdas vocales largas y gruesas. No se puede controlar el tamaño de ellas, pero podemos mejorar el tono.

La manera más sencilla es que se respire correctamente desde el diafragma, no desde el pecho, con una postura recta y una respiración profunda, dejando que el aire llegue al abdomen. Es el mejor modo de mejorar el tono de voz cuando se habla.

Para poder mejorar el tono de voz, tienes que intentar que la respiración sea profunda, desde el diafragma y no solo desde los pulmones.

Otro modo es que se sonría, la razón no es psicológica sino fisiológica. Al sonreír se eleva la parte de atrás del paladar y las ondas sonoras de la voz salen de la garganta y la voz suena más cálida y suave.

Esto es muy importante cuando se habla por teléfono, lo seres humanos pueden distinguir por el tono de voz si la persona del otro lado sonríe, a esto se le conocer como sonrisa telefónica.

Hay empresas de telemarketing que exigen a los tele vendedores que sonrían cuando hablan por teléfono, incluso colocan un espejo frente a ellos para que sean conscientes en todo momento de lo que hacen.

Se debe visualizar en la mente lo que se va a contar, según parece, el cerebro reacciona igual ante un hecho real que uno imaginado. Cuando se visualiza en la mente la historia a contar, el tono de emoción sale natural y no hay que fingirlo.

Es más, los mejores actores no son los que fingen bien los estados de ánimo de ese personaje que hacen, sino los que no los tienen que fingir porque los pueden generar en la mente.

Como consejo, no subas el tono de voz al final de la frase

Si al terminar una frase elevas el tono de la voz, es decir es más agudo, parece que preguntas y por tanto generas dudas en el que escucha. Es más, las personas que por costumbre terminan la frase de esta manera son menos creíbles que otras.

Hablar lo suficientemente alto

Hay que hablar alto para que se te oiga bien, aunque no tan alto, que nadie pueda interpretar que te grita. Especialmente debes evitar hablar muy bajo, si habla bajo, mucha gente tendrá difícil el entenderte.

Además, se puede interpretar como timidez o falta de confianza con lo que se dice. Cundo estás frente al cliente, lo mejor es que se hable alto, pero sin llegar a los gritos, hablar bajo interpreta falta de confianza en lo que se dice.

No hablar tan deprisa

Si tienes que dar información factual no hables tan rápido, porque te impide respirar bien u acelera la mente como la de la persona que escucha, lo que genera estrés.

Aprende a hablar despacio y a respirar profundamente, con pausas frecuentes y el nivel de estrés se reduce a la mitad. Si hablas despacio y usando un tono bajo, los que te escuchan lo harán más atentos.

Para poder reducir el nivel de ansiedad aprende a hablar despacio y a respirar profundamente.

Habla más deprisa que la media

Por ejemplo, cuando quieras persuadir a un cliente, puedes hablar deprisa, aunque no tanto que sea molesto o no se entienda, porque esto le da credibilidad, hablar más rápido de lo normal.

Las personas que hablan más deprisa de lo normal son las que dicen unas tres palabras por segundo, ellas son persuasivas más que las que hablan despacio. Si una persona habla despacio, suponemos que sabe de lo que habla, por lo tanto, es más persuasiva, incluso cuando no entendemos el mensaje por la velocidad que usa.

Si quieres dar la impresión de que dominas la materia y ser persuasivo intenta hablar más deprisa de lo normal.

Esto es algo que se da especialmente en las decisiones que se toman en base a factores del mensaje, por lo general cosas de poca trascendencia, cuando el cliente está pensando que la persona parece que sabe lo que hace por lo que, aunque no ha entendido muy bien, cree que va a contratar los servicios o a comprar lo que ofrece.

Sin embargo, cuando se trata de algo de valor, que requiere meditación, hablar rápido afecta el entenderlo y esto tiene el efecto contrario, en esta caso es mejor hablar un poco más lento para persuadir.

Si estás tratando un tema de trascendencia para el cliente, habla despacio ara que asimile la información que le quieres dar, si no, va a posponer la compra.

Cuando se ha boa en público se suele comenzar hablando despacio para que la gente se adapte al timbre de voz y a medida que pasa el tiempo se va hablando más rápido.

Cuando hables de algo que emocione, habla más rápido, hablar más rápido trasmite urgencia y emoción.

Haz pausas, no hables de corrido

Para poder ser más persuasivo es importante que hagas pausas y no hables de corrido, para que respetes la tendencia natural de hacer unas 5 pausas por minuto. Sin embargo, hacer muchas pausas o que sean muy largas hace que la persona que habla parezca que tiene problemas de habla, por lo tanto, le quita persuasión, aunque no es tan grave como no hacer pausa alguna.

Cuando hables haz unas cuatro a cinco pausas por minuto, antes de decir algo importante haz una pausa, la expectación que crea el silencio genera atención y prepara a la persona para lo que dirás.

Para lograr un mejor efecto, cuando lo digas baja el volumen de la voz y lo dices pronunciando cada silaba.

El tono tiene que ir acorde con el mensaje

Trata que el tono de voz esté en consonancia con lo que quieres decir, según estudios, si el tono de voz indica algo distinto, a lo que dicen las palabras o los gestos, la persona que está escuchando sufre lo que se conoce como disonancia neuronal, cuando recibe estímulos contradictorios, lo que hace es generar confusión que a la larga pasa a ser suspicacia.

Planifica efectos de voz para momentos clave

Busca momentos interesantes en la conversación o el discurso, y planifica, para los momentos donde haya asombro, por ejemplo, el tono bajo o prolongado.

Consejos para el tono de voz:

Cuando hables con una persona importante, por ejemplo, un cliente, tienes que evitar:

- Usar un tono monótono, porque aburres y perderá el interés.
- El titubeo le resta credibilidad al discurso.
- El usar las muletillas al final de la frase del tipo "y tal" o "¿verdad?

Importante es que se baje el tono de voz para que la imagen mejore.

Cómo interpreta el oyente cuando se baja el tono de voz

En la comunicación cara a cara con las personas, el bajar el tono de voz que no el volumen, es hablar con una voz más grave, en los primeros momentos de una conversación. Esto se interpreta como señal de que la persona que habla es de un estatus superior y puede ayudar a ser más persuasivo.

Bajar el tono de voz al inicio de una conversación hace que parezca una persona prestigiosa, digna de admirar, aunque no necesariamente más respetable.

El prestigio personal se relaciona con la capacidad de persuasión sobre los otros, por eso el bajar el tono de voz al inicio de una conversación hace que seas más persuasivo.

En experimentos hechos sobre el tono de voz, se escucharon varias grabaciones de personas que no conocían los oyentes. Cuando el tono de voz era más bajo, las personas que oían decían que la voz era de una persona de influencia.

Entonces, parece que usar la voz para indicar estatus social es algo que compartimos con los demás homínidos. Tener una voz profunda ayuda a tener más carisma.

Es una cualidad que se aprecia por los líderes, sea hombre o mujer, es más los candidatos con voz profunda tienen más posibilidades de ser elegidos en elecciones.

Hablar con voz profunda te hace memorable, porque es más fácil recordé lo que dice alguien de voz profunda.

Se ha comprobado que los hombres de voces profundas son más atractivos. Esto es por el efecto de la testosterona. Sin embargo, las mujeres con voz más alta, más fina sin ser chillonas resultan más atractivas. El tono de voz típico de voz femenina, esto se debe a los estrógenos.

Cómo interpreta el cerebro el tono de voz

El cerebro puede separar palabras del tono que se usa para pronunciarlas, de ahí que el tono por ejemplo uno burlón, transmite información independientemente de lo que se diga.

Según estudios, las personas cambian el tono de voz para transmitir información sobre las emociones y sobre el entorno donde se da paso esto.

Según los estudios las mueres usan el tono de la voz para dar información, porque hasta hace poco se veía mal que una mujeres demostrara interés por un hombre y el modo de hacer, sin ser abierta era usar un tono sensual. El tono sexual es semigrave, con una baja intensidad, propio para insinuar sin decir.

Ocupar la boca

La comunicación no verbal y las expresiones faciales dicen mucha información sobre los sentimientos y el estado personal. Muchas veces de manera inconsciente lo que abre una ventana para las personas. Por eso una mirada, una mueca, un gesto, o los labios dicen mucho más que las palabras.

Este análisis aplicado a la zona de la boca es informático, la manera de sonreír, de posicionar y abrir los labios puede dar pistas de las sensaciones que genera una persona en determinada circunstancia. Vamos a profundizar en este tema con el lenguaje corporal de los labios, especialmente cuatro gestos con los que podemos leer a los otros, especialmente a la boca.

Sonreír

El de excelente, la mejor carta de presentación, la sonrisa es señal de alegría, de implicación y aceptación. Hay muchas clases de sonrisa y un estudio del lenguaje corporal y los músculos se han encargado de desentrañarlo.

Los estudios dicen que la máxima expresión de felicidad es la que enseña los dientes superiores de manera casi completa. No se puede controlar, se da de manera inconsciente. Liberas endorfinas y activa el circuito cerebral de placer. Surge sin parangones y a menudo de la mano de una carcajada.

A veces es difícil diferenciar entre esta, que sea natural o no, con una sonrisa forzada y falsa. Los gestos que se hacen en ambas son diferentes, porque en cada caso se contraen distintos tipos de músculos. Sin embargo, a simple vista es difícil diferenciarlas, por lo que las situaciones se dan de manera más clara, viendo la zona de los ojos.

Si se quiere saber si la sonrisa es real, la mejor forma es ver los músculos orbiculares que están alrededor de los ojos. Estos son los que dejan arrugas alrededor, aquí también entran los músculos cigomático, mayor y menos que nos da la sonrisa de oreja a oreja. Esa sonrisa es conocida como la sonrisa de Duchenne.

Morderse el labio inferior

Depende de la intensidad con la que nos mordemos el labio inferior, para cada caso el lenguaje puede ser diferente, al menos orienta en uno o en otro sentido. Si se hace suave y delicado es para atracción, si es fuerte llegando a marcar los dientes, puede ser nerviosismo.

Atracción

Cuando se siente atracción por una persona, es inevitable hacer un gesto. Nos mordemos el labio inferior o lo tapamos con los dientes de manera casi automática. Además, lo acompañamos con una leve inclinación de cabeza a uno de los lados, lo que da muestra de que nos sentimos encantados con la compañía del otro.

Es una comunicación no verbal que refleja lo que sentimos por el otro, y ante las situaciones. Muchas veces es complicado saber a qué se refiere el gesto, aunque el lenguaje corporal de los labios no es consciente, por lo general somos capaces de decir que estamos haciendo, por eso si tenemos rapidez, se puede maquillar un poco.

Nerviosismo

Puedes ver a una persona que esté concentrada con las tareas que está haciendo. A lo mejor se rasca el pelo, mueve las manos y las piernas sin parar. Ahora mira la cara, los pequeños cambios que se van dando en el rostro durante la jornada. Uno de esos seguramente es que se muerde los labios. Esto normalmente es que se halla en estado de tensión. Tiene apuro, o nervios.

Es una señal de que está con la activación fisiológica en movimiento y aumento.

Toma de decisiones

Si se mueven los labios de derecha a izquierda se está con el gesto de toma de decisiones. En este tiempo en que se desplaza de un lado al otro se reflexiona y se trata de decidir. El cerebro está funcionando la manifestación fisiológica se centra en la boca.

Normalmente la primera mueca es la que más dura, luego se repite el gesto algunas veces más y al final se pronuncia el razonamiento o decisión que se barajaba en el interior.

Muchas investigaciones consideran que el lenguaje corporal representa entre 50% y 70% la cantidad de cosas que se dicen.

En concreto como vemos, los labios son un pequeño mapa de lo que se piensa o siente. Sin embargo, es clave ver las otras señales que vamos viendo aquí, para combinarlas todas y tener claro de qué se trata lo que tiene la persona.

Las sonrisas

El rostro, la expresión, son carta de presentación ante los otros. cuando nos comunicamos con otras personas, sea del ámbito que sea, se tiene que tener en cuenta no solo el lenguaje verbal, también el corporal. El lenguaje corporal facilita las relaciones, es espejo de emociones de cada persona, donde el gesto es el más representativo.

La sonrisa habla de nosotros, del estado de ánimo y de la personalidad, por eso se tiene que cuidar y mantener perfecta, una sonrisa sana demuestra que cuidamos la salud, también que mostramos la mejor versión de nosotros mismos a los demás. la sonrisa es un arma que comunica, expresa alegría, ternura, confianza. A todos nos gusta hablar con una persona que sonríe.

El gesto contagia y es innato, los bebes sonríen ya desde el vientre materno. Tiene muchos significados que vas a conocer en este apartado.

- Sonrisa natural: la conocida sonrisa Duchenne, el nombre es honor al médico que la investigó, es una expresión que genera arrugas al lado de los ojos, eleva las mejillas y desciende las cejas levemente. Expresa seguridad y espontaneidad. Es la más bonita de ver.
- Sonrisa forzada: cuando una persona no está cómoda, con los dientes o boca tiente a forzar la sonrisa para ocultar los defectos, se reconoce la sonrisa forzada cuando el lado izquierdo de la comisura de los labios se eleva más que el derecho. Es el hemisferio que controla las emociones.
- Sonrisa tensa: es con los labios apretados, la boca cerrado. Es un gesto habitual en las personas que no disfrutan la sonrisa, no quieren compartirla con los otros, produce no solo tensión, sino arrugas y no satisface como cuando es natural.

La sonrisa tiene su función biológica clara, crea un enlace social que ayuda a la confianza y elimina sensaciones de desagrado. Además de que produce endorfinas, la hormona de la felicidad.

Que rían contigo

Cuando conversar con una persona, se da una risa conjunta, la persona se interesa en la conversación. Si ocurre en grupo, tiene el mismo significado.

Apoyar la barbilla en la mano

Este es un gesto que de acuerdo con el lenguaje no verbal puede tener varias lecturas de acuerdo a la posición de la palma de la mano:

- Cuando es con la palma abierta puede significar que la persona está aburrida o no tiene interés.
- Cuando es con la palma cerrada, puede que la persona evalúe lo que dice o hace.

Cabeza alta y barbilla hacia adelante

Si has escuchado en algunas ocasiones esa frase que dice que vayas con la cabeza en alto cuando una persona hace esto, se lee en la comunicación no verbal como que se es agresivo y con poder.

Vamos a conocer el significado de los movimientos más frecuentes en la cabeza:

Cabeza ladeada

La cabeza ladeada a la izquierda significa que se está en la influencia de una emoción positiva que causa cercanía afectiva, mientras que si se pone a la derecha es de reflexión por un problema a atender. La cabeza ladeada implica sumisión, porque se pone el cuello al descubierto. La posición es frecuente cuando escuchamos algo que nos interesa y en las relaciones de pareja. Se usa como uno de los gestos para seducir, en fotografía se recomienda este gesto para suavizar la expresión y hacer la mirada más dulce.

La cabeza para abajo

Si la barbilla está hundida casi tocando el pecho, se muestra desacuerdo, duda, desconfianza o agresividad, en las posiciones más agresivas viene con brazos cruzados o en jarra, con ceño fruncido y falta total de sonrisa. Con la cabeza para abajo y los brazos extendidos y manos cruzadas delante o detrás con la mirada al suelo, es señal de sumisión, si la sumisión tiene voluntad de agradar al otro, se viene de la mano con una sonrisa.

Cabeza levantada

La barbilla levantada es una imagen de autoridad, de altivez. Es un gesto relacionado con la seguridad en uno mismo y en el carácter firme y a veces inflexible, arrogante e intransigente. Pero el significado depende de los otros movimientos.

Cabeza para atrás

Es un gesto de seducción, es sexual, es un movimiento que muestra la garganta completa sin ninguna protección, es un contexto que índice que el que lo hace intenta recordar algo. Si se atiende a los movimientos se dice que:

El asentimiento

Si se atiende a los movimientos de la cabeza, se puede decir que el asentimiento es el movimiento repetido para abajo y para arriba, en muchas culturas es como el sí, pero en otros es:

- El aliento: en una conversación muestra el ánimo al otro para que avance en lo que habla.
- Acuerdo: muestra conformidad con lo que ve u oye, por ejemplo, las personas que están en una conferencia.
- Escucha activa: es un movimiento representativo de la escucha que se confunde con la señal de acuerdo.

Cierre y ganas de acabar

Cuando una persona quiere acabar la conversación, asiente con la cabeza rápidamente y repetitivo.

Es importante saber que un gesto que transmite una persona positiva, comprensiva y optimista. Sin embargo, con otros gestos se puede dar una imagen de docilidad.

Negación

Es el movimiento de la cabeza para los lados, de acuerdo con la velocidad en que se haga lo matices serán de autoridad, rechazo o nerviosismo. Pero cuando se niega algo firmemente, se busca credibilidad ante lo que nos escuchan, en estos casos, los movimientos son más lentos, serenos y emitir las palabras.

Tocarse la oreja

Muchas veces este gesto quiere decir que se quiere bloquear o no escuchar lo que se está oyendo, pero si el contexto es una conversación entre dos personas puede ser que la otra siente que le escondes algo.

El tocarse o rascarse el lóbulo de la oreja puede ser señal de que quieren dejar de escuchar o cerrar los oídos a palabras molestas. Cuando son palabras que aburren, o que no interesan. Las mujeres juegan con los aros o cabello cercano a la oreja, para los que dan conferencias este es un punto a considerar, se puede ver en el auditorio a oyentes que se aburren o desean que la charla termine cuando se tocan el lóbulo de la oreja. Algo que viene de la mano con piernas cruzadas o posicionadas en línea recta o camino a la salida.

Rascarse el cuello

Si una persona se rasca el cuello mientras te habla puede ser que no está del todo seguro de lo que le estás diciendo.

Mandíbula cerrada

Son unos gestos que se dan cuando hay una situación con la que se tiene inconformidad.

Asentir con la cabeza

Es un gesto contagioso que muchas veces tiene un significado positivo, porque comunica interés y acuerdo. Hay ocasiones donde el gesto se hace varias veces y a una velocidad que no quieres oír más.

LAS MANOS EN EL LENGUAJE CORPORAL

Las manos, junto con los brazos, son una de las partes móviles del cuerpo, y tienen un gran registro para la comunicación no verbal. Lo más común es que se usen para señalar partes del cuerpo, con el objetivo de mostrar autoridad o sexualidad. El lenguaje corporal de las manos sirve para que apoyes los mensajes verbales y le des fuerza.

Hay una parte del cerebro que se llama área de Broca que está implicada en el proceso del habla, estudios han revelado que se activa cuando se mueven las manos. Esto es que se gestualiza directamente unido con el habla, así que al hacerlo te expresas y mejoras la capacidad verbal. Asimismo, ha demostrado en un estudio que refuerzas los gestos con una frase que hace que llegue a la mente las palabras a usar, también el mensaje puede ser más persuasivo y comprensible. En esto se comprueba que los gesto son los que se alinean con el significado verbal. Como el señalar al referirse al pasado

Ejemplos de lenguaje con las manos

Vamos a ver todo lo que se conoce sobre el significado de los gestos de las manos que servirán para que la comunicación mejore:

- **La palma de las manos abierta**: muestra que hay sinceridad, honestidad, cando se cierra es todo lo contrario, es decir cuando está en puño
- **Manos en los bolsillos**: es pasotismo, desimplificacación en las situación o lo que se conversa.
- **Entrelazar las dos manos**: es una actitud reprimida, negativa, ansiosa. Si el interlocutor adopta esto, lo rompes, le das algo que pueda servir para que lo sujetes.
- **Puntas de los dedos unidas**: es confianza, seguridad, puede llegar a confundirse con arrogancia. Sirve para detectar si los rivales tienen intenciones ocultas, como por ejemplo al jugar póquer.
- **Sujetar la otra mano por la espalda**: es un intento para controlarse a sí mismo, por lo tanto, es expresión de frustración o disimular los nervios
- **Mostrar pulgares fuera de los bolsillos**: en hombres es un intento de demostrar confianza ante mujeres que les atraen, aunque en situaciones de conflicto es una forma de mostrar agresividad. Meter los pulgares en el bolsillo es una actitud sexualmente abierta que hacen los hombres para mostrar que no tienen medo o interés sexual por una mujer.
- **Llevarse las manos a las caderas**: es una actitud ligeramente agresiva. Sirve para mostrar superioridad física, los hombres la usan para establecer superioridad en círculos sociales como aparentar más masculinidad ante mujeres que gustan. Entre más se expone el pecho, más agresividad comunica.

Mover las manos cuando se habla es parte del lenguaje corporal, es esencial para presentaciones, discursos, pero pocas personas se han puesto a analizar en el poder comunicacional que tienen las manos. Hay estudio que muestran que los gestos con las manos aumentan el valor en el mensaje en un 60%. Por eso la gente presta más atención al que habla.

Gestos con las manos que tiene que tener todo líder

La mente tiene entre dos mil y tres mil pensamientos cada hora. Por fortuna podemos confiar en el inconsciente para procesar la información que no rodea y que podamos hacer vita cotidiana, en caso contrario sería una pesadilla si los pensamiento fueran conscientes. Cuando se trata de una presentación, es común que muchos de nosotros sintamos una gran ansiedad antes de hablar en público, pero cuando se desarrollan las habilidades vocales y de lenguaje corporal, se tiene más chance de agregar información que desea la mente y la audiencia, si todo marcha, se deja una imagen de líder seguro y con autoridad.

No olvides que el público al que se va a dirigir tendrá miles de pensamientos que suceden por los cinco sentidos, ellos usan la vista, el oído, el gusto, el olfato para poder detectar información que se comparte.

Dicen los estudios que el 55% de la forma de comunicar ideas se da por medio del lenguaje corporal, si bien hay una serie de partes del cuerpo que tienen un papel en esta presentación. Veamos las manos y cómo un líder puede ser más impactante con ellas.

Las manos son creaciones maravillosas, pero igual que muchas partes del cuerpo normalmente se subestiman en el andar por el mundo de los negocios.

Las manos tienen un papel importante en las presentaciones. Mira cómo las puedes usar.

"A medida que crezcas, descubrirás que tienes dos manos; una para ayudarte a ti mismo y otra para ayudar a los demás".

— AUDREY HEPBURN

Palmas juntas

Es probable que este sea uno de los gestos más simbólicos en el mundo, como símbolo de culto, esto evoca respeto, paz y tranquilidad.

Se usa para transmitir un punto importante en una presentación, por ejemplo, cuando el orador hace pausas para que el público contemple y considere la importancia de una idea a compartir. Al parecer funciona mejor con los ojos abiertos, las palmas juntas y las puntas de los dedos que toquen la barbilla.

Es mejor usarlos una vez en una presentación cuando de verdad se quiere transmitir la importancia de un punto de vista

Contar con los dedos

Una parte clave en presentación de éxito es que la gente recuerde lo dicho, tú puedes después de haber salido de la sala, los otros pensamientos de la gente son sobre la información que termina de cubrir. Un bien método para que la gente recuerde los temas tratados y contar con 3 o 5 con los dedos por una presentación. Al final puedes resumir los puntos clave.

Juntar las manos, pero solo hacer contacto con las puntas de los dedos

Te caiga o no te caiga bien, Donald Trump tiene una capacidad para cautivar personas. Juntas las manos, pero solo hacer contacto con las puntas de los dedos y haciendo una forma triangular es un gesto que se ha usado por presidentes, líderes empresariales y políticos. Así se transmite autoridad y confianza. En las empresas se ve mucho este gesto, normalmente con ejecutivos.

A menudo se ve este gesto como campanario con los dedos apuntando arriba, vale la pena intentarlo con los dedos.

Brazos abiertos y palmas hacia arriba

Es importante que se sientan incluidos en la presentación. Tener los brazos extendidos con las palmas para arriba y un gran gesto, así se transmite un mensaje claro.

Apretar un dedo con el pulgar

La técnica la usan abogados que están en corte. Sirve para reducir ansiedad en instantes previos a una presentación. Se trata de pulsar la uña del dedo pulgar en otro dedo y hacerlo con presión como para sentir el pinchazo. Cuando se centra el dolor en el dedo esto sirve para no pensar en la ansiedad antes de subir al escenario. A diferencia de las otras sugerencias, en este artículo, esto no tiene que verse por los otros y es mejor hacerlo con las manos.

Imagina a un bebe chupando el dedo, es un recordatorio de lo útil que son los dedos, no se recomienda usarlo en la próxima presentación.

Mano en el corazón

Colocar la mano en el corazón demuestra honestidad. Es un gesto que tiene mucho poder si se quiere que la audiencia confíe y crea lo que decimos. Si bien es usado por políticos no se puede dudar en acudir al gesto cuando las palabras son honestas.

Encoger los hombros

Lo hombros son una zona ignorada del cuerpo y se comunican con elegancia si podemos observarlos con detenimiento. Si haces un poco de memoria, cuando eras niño, tu madre seguro te decía que te pusieras de pie, con la espalda recta, los hombros para atrás y la barbilla alta.

Lo que no vemos muchas vemos es que esto lo dicen porque con la postura mal comunicamos mensajes errados.

Con el lenguaje no verbal lo que se dice es que tenemos un mal día, porque los amigos no pueden salir a jugar, a lo mejor aprendió esto de los padres o la formación que tuvo. Pero de manera instintiva el lenguaje corporal usaba este conocimiento para comunicarse. Esta fue tu primera lección sobre signos no verbales de los hombros. En cualquier caso, sirve para que puedas ver en la vida los hombros y los pongas correctamente.

Muchos de los libros de literatura de lenguaje corporal, se centran en la cara, pero hay que considerar que los hombros tienen muchos mensajes que decir.

Es raro leer sobre los hombros, entonces, como no se toman lo haremos aquí. Ellos están prominentes, dan forma a lo que piensan otros, es parte de la salud y de las emociones y comunican. Pero mucha gente los ignora.

Se ha hablado sobre hombros musculosos, como los que están en la estatua de David, que representan fuerza, virilidad, también es valorado mucho por los griegos, domo se ve en los kouros, estatuas con espalda en V en hombres jóvenes. A lo mejor hay un componente genético en esto. Atributos positivos en hombres que tienen hombros anchos, caderas estrechas, por eso es que las mujeres se derriten por hombres cuando se quitan la camisa. Cuando un hombre tipo Henry Cavill sale con el torso desnudo. Los hombros comunican una perspectiva evolutiva, son muchas las ventajas psicológicas en compañeros de estas características.

Estamos convencidos de que los hombres con espaldas en forma de V atraen. Por eso es que las chaquetas son acolchadas para mostrar esta forma. Una vez un sastre dijo que se podría añadir acolchado adicional a los hombres si quería, era una indirecta al cliente porque tenía el cuerpo con forma de pera.

Los hombros comunican vitalidad, pero también comunican jerarquía, dominio. Un investigador entrevistaba a asesinos y delincuentes y le preguntaban cómo elegían las víctimas y esto destacaron varios elementos, la forma de las personas, que se vieran débiles, no atléticas, el conocimiento de la situación genera, no ir tras alguien que te ve por primera vez. El balanceo de los brazos, el movimiento del brazo vigoroso o pasivo y tenue, así los criminales eran depredadores dentro de la propia especie, ven los hombros como un factor clave para los que tratan de aprovecharse del otro. Los psicópatas dicen que gorilas de espalda plateada no ir, después esos de espalda plateada van detrás de los malos.

No importa la rama de los militares que veas, destaca algo, los hombres dicen mucho con una mera mirada. Dice que se es líder, que le sigan. Esto es parte del establecimiento de la jerarquía, pero es la manera de demostrar respeto. Esto es cierto en la Tumba del Soldado Desconocido del Cementerio de Arlington, donde el respeto y orgullo se muestra en la postura de esos que siempre hacen guardia en las tumbas, incluso durante huracanes, los soldados están allí, erguidos, con los hombros para atrás, comunicando que valoran el gran sacrificio de los otros. no puedes hacer eso con los hombros encorvados, por lo tanto, la comunicación de ellos es alta.

Los hombros comunican respeto, reverencia, pero también comunican alegría, felicidad, la danza del vientre en Beirut usa los hombros como los bailarines de Samba en Bahía. Es una comunicación de sensualidad, alegría. Bailan con ese espíritu humano y todo trata de los hombros, después de todo qué sería un carnaval en Río sin ver esos hombros moviéndose rítmicamente.

Los hombros pueden mostrar alegría, seducción encantadora. Al otro lado del Mediterráneo, especialmente en Italia, las mujeres pueden ver los hombros desnudos para atraer atención y para comunicar la atracción sexual de un modo burlón. Los comportamientos son casi de rigor en clásicos como los que filmó Sofia Loren.

Como con el baile, los hombres revelan lo que está en el corazón y la mente de manera eficaz. Es tanto así que se puede usar para medir la depresión, hace años un reconocido psiquiatra de Estados Unidos, dijo que muchos de los pacientes que veía estaban deprimidos y lo vio incluso antes de que abrieran la boca, se veían los hombros caídos, impotentes. Tenía razón, claro.

En las personas que están deprimidas, en cada caso se ven esos hombros desafiando la gravedad, sin movimiento espontaneo, aparecían abrumados por el peso de la enfermedad. Mientras que un niño que va a casa luego de la escuela o el parque, lo puede demostrar con los hombros caídos por minutos u horas, la depresión clínica puede ser algo que dure meses o años. con el tiempo, si no se atiende, moldea la forma en la que se percibe.

Los hombros los usamos todos los días para comunicarnos no verbalmente, mostramos lo que pensamos. Cuando una persona nos pregunta por dónde se va a determinado lugar y encogemos los hombros inmediatamente, los elevamos rápidamente y es una manera de decir que no lo sabemos. Nada más hay que decir, sea en el país desde donde estás ahora o en China. No hay nada qué decir. Si se responde verbalmente, lo más probable es que se responda con los hombros levantados a la vez que se habla, para potenciar el mensaje sin darnos cuenta. Se hace porque hacemos hincapié en lo que se dice. Es un comportamiento que desafía la gravedad, refuerza de manera positiva lo que se dijo. Se tiene más confianza en los demás cuando vemos la comunicación no verbal.

Los hombros pueden traicionar a los que no tienen confianza o que mienten rotundamente. Cuando una persona no está segura de lo que dice o no tiene confianza, los hombros reflejan esto. A medida que responden, algo como "estoy seguro que él no vino ayer a esta casa" y al hacerlo, se ven los hombres o al menos uno de ellos que se levantan ligeramente o lentamente. Es un movimiento inconsciente que muestra la falta de confianza en lo que se está diciendo.

Los médicos han encontrado esto útil cuando hablan con pacientes y les preguntan ya han tomado la medicina que le recetaron. Cuando responden con esta leve subida de hombro se descubren. Siempre que no quieren decir lo que tienen en la mente, que no les gusta tomar la medicina, para el médico es la oportunidad para preguntar cuál es la experiencia con la medicina y los problemas que le haya casado. Los hombros no mienten y se mueven ligeramente para que el que le vea tenga oportunidad de hacerle más preguntas.

El movimiento de hombros igual no es indicativo de engaño. No se debe interpretar de ese modo, sino como indicador de falta de confianza. Tiene que ser como advertencia que la persona no lo hace tal como se le dice, si un gerente pregunta si va a conseguir ese trabajo para el miércoles, si la persona dice que sí, pero un hombro se eleva un poco a medida que responde, hay problemas. La otra pregunta puede ser que qué va a afectar que no la tenga para ese día.

Es ahí cuando escuchas que tiene problemas así o asá. Que no puede porque está enfermo o las razones que tenga. El cuerpo revela lo que la mente esconde.

Los hombros se ven, pero rara vez cuando lo hacen no siempre se presta atención a los mensajes que envía, así que la próxima vez que estés viendo a las personas, puedes echar un vistazo a los hombros, al lenguaje del cuerpo que es tan honesto. Así verás lo que está en el corazón de las personas y en la mente.

Brazos cruzados

El lenguaje corporal junto con la entonación forma parte de la comunicación no verbal. Es una manera de comunicarse que usa los gestos, movimientos y posturas del cuerpo y el rostro para transmitir la información sobre las emociones y los pensamientos del emisor. Se examina a nivel inconsciente por lo que es delator del estado emocional de las personas.

En el lenguaje corporal las posturas corporales tienen incidencia porque transmite confianza y ha recibido atención por los expertos en comunicación no verbal. Los brazos cruzados, con una postura estereotipada que sin embargo debe ser analizar con mucho cuidado y siempre recordando que no se puede sacar conclusiones sobre gesto sin tomar en cuenta el contexto en el que se ve.

Así, puede que los brazos cruzados indiquen a alguien que no quiere hablar, también muchas veces lo hacen cuando hace frío o cuando la silla no tiene reposabrazos.

Entonces, ¿Por qué se relaciona con inseguridad, aislamiento o defensa? En la infancia el ser humano se esconde detrás de una barrera para protegerse cuando el niño se encuentra en medio de una situación amenazadora, se esconde tras objetos como mesas, muebles, sillas o las piernas de los padres.

Esto se oculta con el tiempo y más o menos a partir de los seis años, cuando se esconde detrás de los objetos se considera inaceptable, la persona aprende a cruzar los brazos sobre el pecho siempre que se tiene amenazado.

En la pubertad se va siendo consciente de que ese gesto ha de ser menos evidente, por lo que se ejecuta relajando los brazos un poco y combinarlo con el de las piernas cruzadas. De este modo con el paso del tiempo, el cruce de brazos evoluciona todavía más hasta ser menos explicito para las personas con las que interactúa. Así, cuando se cruza o ambos brazos sobre el pecho se forma una barrera con el significado está relacionado con el intento inconsciente de bloquear lo que se interpreta como una amenaza, en las circunstancias que no son las que se quieren.

Los brazos se cruzan en la zona del corazón y los pulmones para proteger los órganos vitales y que no se sufran daños. Un aspecto que fortalece la idea de que las postura de cruzarse los brazos sea innato. Por lo tanto, una persona que tenga la actitud, nerviosa, negativa o defensiva, es fácil que cruce los brazos, firmemente sobre el pecho con una amenaza.

Hay personas que se sienten cómodas con los brazos cruzados, sin embargo, una premisa de la comunicación no verbal indica que cualquier postura o gesto cómodo que le acompaña la actitud que corresponde. Si el sujeto tiene una mala actitud, defensiva o negativa. Se siente cómodo con los brazos cruzados y cuando una persona se divierte, se relaja y colabora normalmente no se mantiene cómodo con la postura. En estos se comprueba que por ejemplo cuando el público se cruza de brazos en una conferencia que no tiene pensamientos negativos sobre el orador. Y además se presta menos atención a lo que se dice.

Veamos en las posturas de los brazos las principales:

Brazos cruzados sobre el pecho

Es un gesto que se hace para establecer la barrera entre las persona que los cruza y algo o alguien que no le gusta esa persona. Se trata de un gesto universal que se decodifica en casi todas las culturas y las situaciones que tienen algo negativo. Se puede ver en personas que no se conocen cuando participan en encuentros públicos. En colas, en ascensores y otros sitios de la gente que se siente insegura.

Cruce de brazos reforzados

La postura incluye puños cerrados en un cruce de brazos completo. Es un gesto que muestra actitud hostil siendo una postura defensiva. Si aparece ante una sonrisa con los labios tensos o con los dientes apretados la cara roja que puede llevar a escenificar un ataque verbal o físico

Abrazo con los dos brazos

Esta es una postura donde las manos rodean con fuerza los antebrazos para reforzar la postura y evitar la exposición de la parte del cuerpo, de algún modo el que lo hace quiere consolarse. Se trata de una postura que se ve normalmente en salas de espera de médicos y dentistas y también en los aeropuertos, especialmente en personas que montan en avión por primera vez. Actitud que transmite el abrazo de los dos brazos en negativa y reprimida.

Cruce de brazos con pulgares arriba

Mantiene ambos dedos pulgares apuntando para arriba, es un gesto que muestran las personas que se sienten orgullosas de sí mismas y controlan a la vez la situación por lo general se ve al sujeto que habla y mueve lo pulgares, subrayado además los comentarios. Es una forma de demostrar a los otros que las personas confíen en sí mismo, a pesar de que los brazos se siguen manteniendo en situaciones protectoras.

Formas camufladas para cruzar los brazos

Muchas personas que se exponen a los otros, como la realeza, los políticos, personajes de televisión y estrellas de cine que intentan disimular como puede ser la inseguridad y los nervios. Por esto es que prefieren transmitir una actitud fría, controlada y calmada.

Sin embargo, la verdad es que el potencial estado de nervios, aprensión o ansiedad, se filtra por las formas camufladas de cruzarse de brazos y a la vez que en las situaciones típicas de cruce de brazos donde el brazo se desplaza por delante del cuerpo en dirección al otro brazo. En esto casos camuflados en vez de que los brazos se crucen, una mano toca o sujeta un bolso, una pulsera, reloj, gemelo o cualquier cosa que este cerca del otro brazo. De este modo la barrera queda conformada logrando la sensación de seguridad pretendida.

Los hombres que llevan gemelos suelen ajustarlos cuando tienen que cruzar un espacio en el que están expuestos a todo el mundo. en el caso de las mujeres el uso de barreras camufladas es menos visible porque ellas se pueden asir como bolsos o carteras cuando son tímidas o se sienten inseguras.

Otra barrera sutil es común es la de sujetar un vaso o una copa con las manos, que, aunque con una mano para sujetar el vaso, las dos permiten a la persona formar una barrera de brazos prácticamente imperceptible. Un gesto que usa la gente, aunque no son pocos los que son conscientes de ellos.

LAS PIERNAS EN EL LENGUAJE NO VERBAL

En el lenguaje corporal, las piernas tienen un papel interesante y que expresan las cosas por sí misma. Con unas señales para la comunicación no verbal, actitud defensiva, escape, interés o impaciencia. Hay expertos que señalan que las piernas al estar más alejadas del sistema nervioso central, con menos control con la mene racional sobre ellas y por eso tienen más libertad de expresar los sentimientos internos.

Vamos a ver el lenguaje no verbal de los pies

Pie adelantado

Un pie adelantado que otro generalmente señala a donde la persona quiere ir, por ejemplo, si el interlocutor apunta con los pies a la puerta en un clara señal y terminar la conversación. Cuando apunta a una persona en específico que puede revelar atracción.

Normalmente cuando adelantas el pie lo haces en la dirección que quieres ir. Esto puede tener varias lecturas, dependiendo de a dónde apunte el pie.

- Salida: si el pie apuntado a la puerta de salida, esto significa que te quieres ir y acabas lo antes posible para que te vayas. Ocurre lo mismo si la persona a la que le hablas tiene los pies mirando hacia la salida, eso es que quieres irte.
- Persona: si el pie apunta a la persona, esto significa que la consideras interesante y lo prestas con total atención.

Movimiento repetitivo

El mover un pie rítmicamente en el aire o dando pequeños golpes en el suelo, esto revela impaciencia o ansiedad.

Piernas cruzadas

Expresan actitud defensiva o cerrada, la persona sentada con los brazos y las piernas cruzadas es alguien que no presta atención a la conversación. Es un gesto que puede indicar sensación de orgullo y arrogancia si la persona que lo hace está reclinada en su asiento y apoya la cabeza en las manos, con la caja torácica ante los demás.

Tobillos cruzados

Cruzar los tobillos uno detrás del otro revela una actitud defensiva, en el caso de las mujeres el apoyar el tobillo por detrás de la otra pierna a la altura del gemelo expresa actitud.

Piernas separadas

Es una actitud masculina, que expresa dominio y territorialidad.

Sentado con una pierna elevada en la otra

Es un gesto masculino que revela una postura de competen o preparada para discutir.

Sentado con las piernas enroscadas

Es una actitud femenina, revela timidez inseguridad e introversión. Sea en conversaciones normales o cuando se haba en público, hay que tener congruencia entre el mensaje verbal y lo que habla el cuerpo, porque contribuye a reafirmar y sustenta todo lo que dicen las palabras.

El lenguaje corporal en las piernas

En lo que tiene que ver con las piernas, veamos algunas cosas interesantes, ve si quieres poner a prueba la habilidad para leer el lenguaje corporal.

Piernas que ocupan mucho espacio

Esto puede verse acorde cuando una persona está de pie, pero cuando se sienta es más evidente. Si ves a alguien que, sentada, tiene las piernas estiradas, separadas o con un tobillo en la rodilla opuesta, si ves que la que ocupa el máximo espacio posible con las piernas entonces es que el lenguaje corporal dice de esta persona que domina la situación.

Otro de los detalles es que la persona relajada y sin miedos, como también puede ser alguien con un toque de prepotente, engreído o mandón.

Piernas que ocupen el mismo espacio

Como podrás imaginar, el hecho de que una persona ocupe el mínimo espacio con las piernas, tanto sentada como de pie, es lo contrario del punto anterior, esta persona tiene confianza en sí misma de manera general o se siente intimidad por algún motivo.

Tiene que ver con el instinto más primitivo de proteger los genitales, cuando una persona se retuerce o aprieta una pierna, a menos que sea que le pica o tiene ganas de ir al baño, oculta inconscientemente la zona genital porque percibe la situación como amenazante.

Sobre esto, a lo mejor si eres mujer, tiendes a ocupar el mínimo de espacio con las piernas, si eres hombre tiendas a esconder le máximo espacio, la tendencia es porque la educación que ha recibido es así. Puede tener estereotipos y ser tradicional. Nos dice que las mujeres deben ser discretas y para nada dominantes y los hombres se deben imponer.

Piernas cruzadas

La otra tiene que ver con el lenguaje corporal del cruce. En rasgos generales, cruzar las piernas es inseguridad. También puede ser indicio de alguien fiable, en el caso de personas que no cruzan las piernas.

Hay personas que las cruzan cada que se sientan. En estos casos es un hábito, no un indicio de seguridad, si hay algo interesante que se puede inferir de un cruce de piernas. Los estudios al respecto indican que muchas veces las personas cruzamos las piernas al lado que nos agrada o nos apetece. Mientras conversas con alguien luego de un comentario, la persona cruza la pierna que está más cerca de ti o al lado opuesto, puede indicar que o no le ha gustado lo que dijiste o solo desea alejarse de ti.

El lenguaje corporal de los pies

Veamos cosas interesantes sobre el lenguaje corporal que revelan pensamiento ocultos de las personas.

Apuntan al foco de atención nuestro

A lo mejor hayas escuchado sobre esto que vamos a hablar. Por lo general, cuando nos sentamos, pero sobre todo al estar de pie las puntas de los pies apuntan a donde quieren estar. Donde tienen el foco de atención.

Esto lo puedes ver en un grupo de personas que conversan de pie. Normalmente cuando hay algún líder evidente, todos los pies apuntan a la persona. Si en este grupo hay una persona que se siente atraída a la otra, los pies apuntan para allá. Si en el grupo hay personas desagradables o antipáticas, casi que seguro ningún pie apunta a ella.

Por otra parte, si charlas con alguien con los pies apuntando a la puerta de salida, sabes que tú o la conversación no le gusta mucho, si era el problema que a esa persona no le interesa en absoluto que le cuentes cómo fue el partido de ayer.

Te delatan si mientes

El reconocido investigador sobre el lenguaje corporal, Paul Ekman, afirma que cuando una persona mientras los pies reflejan esto, porque muestran incoherencia entre los pensamientos y las palabras por medio de movimientos compulsivos inusuales. Esto no es así siempre, de modo que no debes tomártelo como un indicio de poca fiabilidad, para que sepas en qué casos esta información puede mostrarte una mentira, tienes que ver cómo se comportan los pies de la otra persona en situaciones neutras, incluso cuando tiene nervios, pero no miente. Si llegas a identificar el comportamiento normal de los pies en situaciones en que sí miente porque los pies se comportan de manera reveladora. A lo mejor se trata de un temblor inusual, de una colocación extraña o una tensión terrible.

Piernas de los hombres seguros

Cuando una persona está sentada y tiene las piernas separadas o pegadas a las rodillas, indican que están cómodos que tienen confianza en sí mismos. Otra de las variantes es que tiene característico cruzarlas piernas y poner una rodilla en la otra directamente. Cuando los pies se plantan en el piso y se dirigen a la persona con la que entablan conversación y las rodillas juntas, esto es señal de franqueza, sinceridad y atención.

Los mentirosos

Las personas que mienten tienden a poner una pierna sobre la rodilla mientras hablan. También agitan los pies en el aire con impaciencia y normalmente los dedos apuntan en dirección distinta de la persona a la que se dirige.

Los independientes

Las personas que son más rebeldes o liberales se sientan con una pierna sobre la otra, como mostrando que no tienen interés por los demás o lo que ellos piensen de él. Normalmente son personas libres de espíritu. Tienen rasgos informales.

Los que se paran en una pierna

Puede ser porque tenga un problema físico por el que se tengan que apoyar solo en una pierna. Sin embargo, esta postura hacer que las personas dispersen la atención, la postura transmite incomodidad y puede que haga preguntarse si se sienten bien.

Hay que tener presente que hay que determinar personalidades y actitudes de las personas con la observación de las piernas, requiere tiempo, porque podemos adoptar alguna de estas posiciones. Sin embargo, hay que centrarse en posturas recurrentes que adopta las personas al estar parada.

Temblor de piernas

Si una persona tiene las piernas temblorosas puede ser que está con ansiedad, irritación, nervios o todas juntas.

Tobillos cruzados

Este es un signo que indica que se está a la defensiva, al igual que cuando cruzamos las piernas. Este es un gesto que se hace con el plan de mantener el control.

El lenguaje corporal que no se debe usar en el trabajo

El comportamiento en el trabajo va más allá de ser puntual y responsable, hay cuestiones sutiles que se tienen que tener en cuenta, como los gestos y las actitudes físicas que pueden dar un aspecto de poca seriedad, afectar las relaciones o arruinar ascensos.

Es recomendable evitar estas manifestaciones del lenguaje corporal que dan ganas de tener a veces, porque el trabajo no siempre es un paraíso, pero por la armonía y por conservar el puesto lo mejor es controlarse.

Cruzar los brazos, las piernas o los pies

Se puede sentir cómodo, pero es una señal negativa que dan cuenta que se está a la defensiva, se marca distancia y se muestra refractario.

Usar el móvil

A menos que sea para cosas de trabajo y que usarlo sea parte de las labores del día a día, es malo usar el móvil en la oficina. Es una falta de respeto por las personas con las que se interactúa, cundo sea necesario hacerlo pues es mejor excusarse antes.

Poner los ojos en blanco

Es un lenguaje muy arrogante, grosero y que deja ver mucho de ti. Así que a cuidarse de no hacer esto.

Saludar con la mano floja

Este es un gesto pequeño, pero clave en ambientes laborales, aunque no se tiene que romper los huesos del otro, la mano que se extiende debe tener firmeza y seguridad para que sea agradable.

Entrar a hurtadillas

Cuando se entra en una sala de juntas, cuando se va a la oficina, incluso cando se llega tarde, no hay que escabullirse. Saludar es clave si hay gente hablando, una sonrisa o una inclinación de cabeza cumple la misma función.

Poner cada aburrida

Hacer dibujos en un bloc, distraerse, suspirar mientras otro habla son señales de que se está harto del trabajo.

Invadir espacio personal

Aunque a una persona le caiga super bien el otro, hay que respetar la distancia social que requiere cada persona. Imponer presencia física de uno sobre el espacio más próximo del otro lleva a sentir incomodidad y miedo.

Evadir la mirada

No solo se tiene que mirar a los ojos en las entrevistas. Toda conversación entre do personas exige cortesía de atención, es la manera más simple de expresarla y de no evadir la mirada.

Hacer gestos nerviosos

Jugar con el pelo, sonar nudillos, comerse las uñas, morderse los labios, todo esto es hábito de nervios, es de una persona ansiosa incluso que no se siente capaz de hacer el trabajo que le toca.

Gesticular con exageración

Gesticular es un problema, pero usar brazos y manos y expresiones faciales en la comunicación indica inseguridad y que falta profesionalismo.

Esconder las manos

A veces una persona introvertida puede esconder las manos como parte de la timidez, sin embargo, en una conversación laboral genera una impresión de desconfianza. Las manos a la vista, con las palmas abiertas de arriba cada tanto es una forma de inspirar confianza.

Mirar el reloj

Cuando se está en una conversación con una persona o un jefe, mirar el reloj cada tanto revela impaciencia y falta de respeto.

LAS POSTURAS EN EL LENGUAJE NO VERBAL

Normalmente escuchamos que dicen de que lo que pensamos influye en el estado de ánimo, por lo tanto, en la salud y en la sensación de bienestar. Mente sana cuerpo sano. A lo mejor desconocíamos que el organismo también trabaja a la inversa, esto es que las posturas del cuerpo y el lenguaje no verbal puede llegar a afectar o cambiar el estado de ánimo. Esto es útil cuando por ejemplo tenemos que afrontar una entrevista de trabajo o una reunión o conversación difícil. Si queremos ir a ella con seguridad dentro, siendo asertivos y presentes para salir con éxito de esto, debemos saber que lo mejor que podemos hacer es adoptar posturas corporales expansivas. Es una estrategia común en nosotros.

Hay una gran relación entre la postura del cuerpo y el poder personal. El poder no solo expande la mente sino todo el cuerpo. Un lenguaje corporal expansivo y abierto se asocia con la dominación en el reino animal, como los humanos, primates no humanos, perros, serpientes, gatos, peces, pájaros y muchas otras especies. Al sentirnos poderosos el cuerpo se expande, el estatus de poder son temporales o estables, benevolentes o siniestros, hablan por medio del lenguaje no verbal, miembros que se extienden, ocupación que no es mayor l espacio vital, a postura erguida. Imagina a Superman o a la Mujer maravilla. Ellos se ven poderosos. nos estiramos, nos levantamos y con la espalda erguida abrimos el pecho, separamos los pies y alzamos los brazos.

Lo que eres se expresa con fuerza que no pueden oír lo que dices. Desde siempre se ha sabido que más allá de las palabras, la presencia conforma una gran parte de lo que se dice sin palabras.

Seguramente en algún momento has hablado con una persona magnética que apenas entra a un sitio todas las miradas se dirigen a ella. a lo mejor la persona usa el lenguaje corporal poderoso, eso es algo que se tiene que aprender, es una manera de comportarnos, las expresiones de la cara, posturas, respiración, incluye en nosotros, en los pensamientos, respiración posturas, influye en los pensamientos, conducta y sentimientos

Cuando nos comportamos con poder, los sentimientos, los pensamientos, el cuerpo y la conducta transmiten de manera automática una sensación de poder. Lo que ayuda a que estemos presentes tanto en situaciones cotidianas como situaciones duras. A lo mejor el descubrimiento más importante y sólido sea que como se ha demostrado en los experimentos, al adoptar posturas que se abran y sea abiertas nos sentimos mejor y más eficaces de distintas maneras.

Sentimos poder, seguridad, somos asertivos, menos estresados y ansiosos y más felices y optimistas. La investigación va más allá al presentar datos sobre cómo el cuerpo puede decirnos cómo y lo que sentiremos. Incluso pensar en cambiar lo que ocurre en el sistema endocrino, el sistema nervioso autónomo, el cerebro y la mente sin que nos demos cuenta.

La otra cara de la moneda es que la falta de poder no solo limita los pensamientos, los sentimientos y las acciones, también encoge el cuerpo. Cuando sentimos importancia o subordinación con alguien contraemos la postura, nos tensamos, nos protegemos o subordinamos a alguien y adoptamos la misma postura, nos pegamos a miembros al cuerpo, hundimos el pecho y dejamos caer los hombros, la cabeza se agacha, doblamos la espalda. Reprimimos los gestos y palabras al titubear, precipitamos y hablamos con un menor registro vocal y la voz más aguda.

Un gesto que revela la falta de poder y que a lo mejor no parezca tan impresionante es cuando nos rodeamos al cuello con la mano. Se hace especialmente al sentirnos incómodos, inseguros y en peligro, física y psicológicamente. Señalamos con claridad que tenemos miedo y nos sentimos amenazados. Hacemos este gesto para protegernos de las fauces de un depredados y nos cubrimos la carótida.

Pablo Briñol, quien es profesor de ´sicología de la Universidad Autónoma de Madrid, hizo un experimento donde los participantes se sentaban con la espalda erguida y sacando pecho, otros con la espalda encorvada y mirando las rodillas. Mientras las personas mantenían la postura por un corto tiempo, se les pidió que se describieran a sí mismos con rasgo positivos o tres negativos que les ayudaran o perjudicaran la vida laboral.

Al terminar el estudio, luego de relajarse y adoptar las posturas naturales, se le pide que rellenen un cuestionario en el que puntúan el potencial para desempeñar la profesión en el futuro.

Los investigadores descubren que la forma en la que los estudiantes se puntuaban dependía de la posición en la que estaban. Creían con firmeza en los rasgos que habían enumerado. Al contrario, los de espalda encorvada no se sentían claros con los rasgo positivos ni negativos, incluso le costaba identificarlos.

Seguramente ahora que presencias este contenido enderezas la postura, abres más el pecho, tienes la espalda más erguida. Haces que se note cómo la respiración y la expresión de la cara se relajan. Las investigaciones arrojan que la conducta no verbal se manifiesta por medio de muchos canales. Las expresiones faciales, los movimientos del ojo, las miradas, la orientación y la postura del cuerpo, gestos con manos, manera de andar, signos vocales como tono o volumen.

Las psicólogas sociales Dana Carney y Judith Hall, han hecho estudios dedicados sobre el lenguaje corporal y el lenguaje sin poder. Han publicado mucho contenido en el Journal of Nonverbal Behaviour. Les piden a las personas que participan qué imaginen cómo se comportan de una manera no verbal, las personas poderosas les dieron una lista de conductas y les pidieron que eligieran las que creían que les caracterizaba a los poderosos. de los sujetos con poder se esperaba que comenzaran apretones de manos, que mostraran contacto visual frecuente y prolongado, gestos amplios, postura erguida y abierta, mantener inclinado hacia delante el cuerpo y la cabeza mirando a los demás. expresiones físicas animadas y seguras.

Si estamos en medio de una reunión y tenemos deseo de transmitir seguridad, hay un gesto fácil de poner en marca, que demuestra que con las manos y los dedos se transmite poder, colocando las manos a la altura de las palmas, mirando los dedos y apuntando al techo, doblando los dedos, uniendo las yemas de modo que se encuentren en medio y separe los dedos lo más que se pueda sin que la postura sea incómoda. Si no te aclaras con esto, recuerda al señor Burns de Los Simpson con las manos juntas y diciendo Excelente…

Esto se trata de unir las yemas de los dedos, una muestra de confianza en sí mismo. Comunica que somo no con los pensamientos, que no vacilamos ni dudamos. Cuando unimos las manos por las yemas comunicamos que tenemos confianza en los pensamientos, no dudamos de la afirmación y tenemos alta confianza.

Hay que tener conciencia de la importancia del lenguaje corporal, no se tiene que hacer con el objetivo de dominar a los otros o hacer que se hagan pequeñas, de ese modo resulta difícil tener una relación. Lo ideal no es ejercer el poder en los otros, sino gozar del poder personal. Hay que sentir seguridad en vez de parecer que hacemos lo posible por dominar a otros. la meta no es intimidad, sino intimidad.

El cuerpo influye en la ente, favorece y entorpece la capacidad para sacar lo mejor de nosotros en los momentos del día a día. Ya sabes que no hay un remedio que funcione a todos. Lo que se quiere es comprender que el cuerpo envía mensajes al cerebro de manera constante y convincente y se pueden controlar los mensajes.

Haciendo respiración y yoga hasta bajar el tono de voz, podemos imaginar que adoptamos posturas expansivas o nos sentamos con la espalda erguida. Hay muchos estudios que muestran que expandir el cuerpo y sentirnos presentes se puede estando en la postura correcta.

Veamos en este capítulo cómo cada posición corporal tiene su papel en la conducta de cada uno.

Esconderse detrás de alguien o algo

Es alguien que busca protegerse de algo, que está diciendo que no se siente seguro de lo que dice y le da miedo decirlo por si falla.

Postura expansiva

Al tener los pies separados los brazos abiertos, se enseña las palmas, es una forma de postura honesta, donde no se oculta nada

Imitar lenguaje

Cuando se habla con una persona que cae bien, las posturas y los movimientos se parecen de este modo se puede saber si las conversaciones o negociaciones van según como se ha previsto.

Postura en jarras

Brindan más presencia y autoridad.

Sacar pecho

Es un sentimiento de poder y control.

Errores del lenguaje corporal que causan mala primera impresión

Además de usar palabras como medios de expresión, el cuerpo tiene un lenguaje propio, en función de lo que generamos con las sensaciones y percepciones. Vamos a ver estos gustos que tienes que evitar para no causar malas impresiones.

Si quieres triunfar el lenguaje corporal, es clave para provocar una buena impresión y generar confianza, mostrarte a ti mismo como una persona con alta autoestima y mostrarte sólido. Puedes conseguir un puesto de trabajo de esta manera, porque es esencial cuando vas a entrevistas, el que des un discurso de manera magistral, comunicarte con clientes de manera cercana, con proyectos creativos para contagiar o lograr contagiar la importancia de la idea

Hay gestos no verbales positivos y claves para lograr lo que te propongas, como mirar a otra persona a los ojos o mostrarte enérgico sin verte arrogante o agresivo, hay modos que según expertos en oratoria o proxemia pueden perjudicar la percepción que desatas en otros. Vamos a ver esto:

- Los hombros encorvados son una mala postura o una posición caída, esto te hacen ver pequeño, que no tienes confianza, que falta interés. Es clave que se tenga la columna recta, el esternón elevado, los hombros para atrás, con una postura relajada y no forzada
- La barbilla muy levantada. El tenerla así puede interpretarse por parte del oponente y otra persona como que eres prepotente, te crees superior, sensación que hace crecer especialmente si se está de pie.
- Rechazar el contacto visual, los expertos apuntan a que se tiene que mirar a los ojos 50% del tiempo que se hable con la otra persona. 70% si el interlocutor tiene la palabra. No hacerlo sugiere que no hay conexión, falta compromiso, desconfianza, rechazo. Incluso que se esconde algo.
- Apretón de manos desmedido. Esta es una modalidad de saludo basada en juntas las manos, o cuando se hace algún acuerdo, pero no es n pulso ni una competencia de fuerza, un apretón suave y firme es lo idóneo.
- No sonreír. Claro, esto varía de acuerdo a cada cultura, porque los gestos también se someten a códigos socioculturales, pero muchos países para sonreír lo toman como algo natural en la

conversación, causa una sensación agradable, y genera confianza, despierta empatía.

- Estar agitado, todos lo hacemos de manera inconsciente cuando estamos nerviosos, por lo que es clave que se intente sentar y sentirse tranquilo, relativamente relajado en situaciones de estrés. Si no, la gente va a pensar que estás impaciente, asustado o con pena, puedes ayudar con objetos
- Manos fuera de la vista, el poner las manos en los bolsillos es un hábito común en alguien que está en conversaciones o sentado. Lo mejor es que se tengan las manos en un sitio donde se puedan ver, como en la mesa.

Gestos que generan desconfianza

- Los brazos cruzados son un gesto corporal que muestra que hay disgusto o resistencia, si quieres que las personas con las que habas perciban interés los brazos se tienen que ver naturales.
- Piernas cruzadas, aunque es otro gesto que varía mucho acorde con la cultura, en Estados Unidos pueden generar desconfianza.
- Echarse para atrás es algo que puede marcar cambios, se percibe como un gesto negativo, como que hay cansancio, falta de atención. Si quieres dar una buena impresión, te tienes que sentar derecho, o ponerte un poco para adelante.
- Acercarte mucho, las leyes de la proxemia, que es la ciencia que estudia la distancia de los cuerpos de acuerdo con el contexto espacial y el grado de confianza. Que dicta que no se tiene que invadir el espacio personal de nadie, salvo en la esfera íntima, tampoco se recomienda tocar las personas si no se tiene confianza, porque podría ser incómodo.
- Mirar mucho el reloj o el móvil, aunque creas que eres sutil, los demás lo notan y lo toman como una grosería. Si tienes que ver la hora o el ovil por motivos familiares o por urgencias dilo para que no sea malinterpretado.

- Gestos grandilocuentes y excesivos tampoco, muchas personas hablan así todos expresivos y gesticulando con las manos, esto puede ser bueno, pero se debe controlar, para no afectar a la persona ni parecer prepotente.
- Puños cerrados y apretados, las manos abiertas muestran que se está con interés en lo que dice la otra persona, también muestran amabilidad y que no se tiene nada que esconder, por lo que rechaza puños cerrados. Estos denotan nerviosismo, agresividad y falta de transparencia.

Cómo analizar a una persona por sus fotos

De repente acabas de conocer una persona, te agrega al Facebook, al Instagram o a cualquier red social, y te estás planteando la personalidad que pueda tener. Desde que llegó el internet a nuestras vidas, la manera que tenemos para relacionarnos con otras personas, ha cambiado radicalmente. Ahora tenemos un espacio donde los otros pueden ver lo que nosotros queremos que vean. Las imágenes que elegimos montar, perfiles de internet que proyectan lo que queremos mostrarle al mundo. los deseos e incluso las inseguridades, es por eso que haciendo un correcto perfil de personalidad preciso.

Dime qué foto de perfil tienes y te diré quién eres.

Las fotos de perfil

Cuando elegimos una foto de perfil para cualquier red social donde la vayamos a poner, estamos eligiendo la carta de presentación para el mundo. luego de elegir hay una serie de procesos mentales que se dan para evitar dar una imagen que no queremos dar. Por ejemplo, alguien más introvertido tendrá más conflictos para cambiar a menudo las imágenes. En caso extremos, las personas se esconden en perfiles anónimos.

Hay elementos que se pueden analizar en las fotos de perfil:

- **Pose**: las personas que no tienen miedo a exponerse suelen salir con brazos abiertos, tranquilas y en imágenes de cuerpo entero, en cabio las personas reservadas a lo mejor tienen fotos más serias, con brazos cruzados en un plano más cerrado.
- **Expresión facial**: una sonrisa abierta, sin retoques y de frente, son personas seguras de sí mismas, extrovertidas, una mueca puede ser signo de querer mostrar naturalidad, pero en el fondo son inseguros, se fuerzan a salir graciosos en las fotos. Las personas más serias o que usan redes con fines profesionales salen con media sonrisa o con una expresión sin muecas y sobria.
- **Si sale con más personas**: salir con muchas personas en la foto es indicativo de ser sociable, disfrutar más de la vida en compañía y una foto en soledad no lo muestra así.
- **Con la pareja**: aunque la imagen que damos en las redes sobre la pareja no es la realidad, subir fotos o tener una foto de perfil con la pareja no es malo, al revés, una foto con la pareja es sinónimo de que dimos el paso al mundo con la persona con la que estamos unidos y que forman parte de la vida.
- **Si es una foto antigua o de la infancia**: este tipo de fotos indican que hay un anclaje al pasado, lo mejor estamos pasando un mal momento y no queremos conectar con eso o queremos irnos al ayer para seguir adelante con los retos.
- **Color de la foto**: el color también es clave, es importante, la foto en blanco y negro es signo d personalidad melancólica, poética, introvertida. Los colores vivos son alegría, vitalidad.
- **Cuando la foto no es de nosotros**: hay personas que se esconden en perfiles anónimos, avatares de jugadores, famosos, dibujos animados, estas personas van por las redes sin interés de mostrar la personalidad, sea por miedo o por inseguridades o porque no les gusta mostrar la vida a los demás.

Ahora es importante comentar que, si no andamos con cuidado, podemos terminar siendo obsesivos con la imagen y los pensamientos obsesivos pueden hacer mella en el bienestar psicológico.

La psicología del color en las fotos

En estudios se ha visto cómo afectan los colores en la vida. También se ha visto en análisis de la personalidad. Los tonos que se eligen para la carta de personalidad. Rasgos clave para nosotros

Fotos en blanco y negro

Como se ha comentado antes, una foto en blanco y negro es signo de melancolía de tendencia artística, retocar una imagen con el fin de quitar tonalidades es de mala autoestima que como consecuencia deja inseguridad al mostrarnos al mundo.

Fotos coloridas

Las fotos estridentes con muchos tonos, son característicos de personas estridentes y llamativas, no solo es signo de extraversión, los colores llamativos que indican ganas de llamar la atención y que tiene que tener presencia en la vida de otros, sea en el mundo real o en internet.

Fotos de tonos azules

El usar tonos fríos como el azul puede indicar que se tiene personalidad corporativa, sobria, elegante o una tendencia a ser una persona fría, calculadora. Estos tonos invitan a ahondar en lo hondo de las personas de cada uno.

Tonos rojos

Cuando en la foto predomina el tono llamativo del rojo, a lo mejor queremos mostrar energía, pasión, lo que tenemos en el día a día. El uso de colores cálidos denota una personalidad intensa, competitiva y a veces agresiva

Fotos de media cara

No mostrar la cara parcialmente es indicio de dos cosas diferentes:

Una personalidad misteriosa, donde media cara invita a que entres en el perfil para conocer más, ver lo que esconde la persona y desvelar la personalidad.

Desinterés por las redes sociales. Una persona que no le importa exponerse en las redes sociales, pero que, sin embargo, tampoco quiere perder tiempo en ellas. Este tipo de personas, una foto de media cara es que han dado el mensaje de que ese sí es el perfil de ellos pero que no se espere hallar toda la vida en ellos.

Fotos de espaldas

A lo mejor en la foto de perfil ni se quiera dar la cara, las fotos de espalda reflejan un nivel de resistencia a la hora de tener redes sociales y ser activo en ellas. Este tipo de fotos no se ve el rostro, por lo general se ocultan las expresiones faciales al mundo.

Una foto de espaldas se traduce como que se ha pasado un momento difícil que ahora no se tiene el valor suficiente para mostrar la cara al mundo tan extenso como lo son las redes sociales. Al final cabe comentar que, aunque es interesante saber cómo analizar a una persona por las fotos, cada persona es un mundo, es vivencia y caminos que han recorrido.

Recapitulemos, así es como puedes leer una persona

Puedes leer a una persona si ves en detalle el lenguaje corporal de este, las cosas que dice, la forma en la que lo hace, los sentimientos, la intuición. Claro, nunca podrás saber los pensamientos, sin embargo, puedes usar estrategias para que encuentres pistas relacionadas con lo que pasa por su mente y personalidad.

Comienza leyendo el lenguaje corporal

Analiza la postura, por medio de ella puedes obtener muchas pistas sobre los pensamientos de esta persona, lo que sienta si se inclina y brinda información clara, entre el 70 y 90% de la comunicación se da de manera no verbal.

- Si una persona se inclina para una dirección contraria a la tuya, esto indica que a lo mejor está estresada.
- Si se inclina para atrás somo si estuviera relajada puede indicar que se siente con poder y control.
- Si la persona tiene mala postura puede ser indicio de que no tiene autoestima o tiene pensamientos negativos.

Mira su presencia y el lenguaje corporal positivo, los expertos señalan que el lenguaje se divide en categorías de movimientos positivos y negativos.

Si identificas los movimientos dl lenguaje corporal positivo, podrás determinar si una persona tiene una opinión positiva de ti.

Si la persona mira lejos como si sintiera timidez, es signo de emoción positiva hacia tu persona.

El que se incline en tu dirección es un movimiento de lenguaje corporal positivo.

Ve la presencia del lenguaje corporal negativo, hay muchas pistas que muestran cuando una persona tiene estos sentimientos negativo para contigo o hacia ella misma.

- Si cruza los brazos y las piernas es un movimiento que muestra desconfianza.
- Que apunte con los pies para otro lugar o a la salida indica que la persona puede tener sentimientos negativos.
- Si mira al costado o se inclina en dirección contraria es signo de la presencia de lenguaje negativo.
- En caso de que se toque la nariz o la parte posterior del cuello puede que esté pensando cosas negativas.

Ve las sonrisas falsas. Hay muchos signos que permiten determinar cuando la sonrisas es de verdad o es falsa. Si es una verdades puedes notar la presencia de las arrugas cerca de los ojos, si es una falsa normalmente no notarás esas arrugas:

- Requiere el uso de más músculos faciales para sonreír sinceramente.
- Las líneas de expresión o las arrugas cerca de los ojos surgen por el músculo orbicular, que se activa al mostrar sonrisas de verdad.
- Es menos probable que las sonrisas rápidas sean reales.
- A veces, las sonrisas falsas son más grandes porque la persona intenta estirar el rostro.

Los ojos de las personas los puedes leer. Ellos son muy expresivos, por lo que puedes sacar mucha información de una personas si sabes lo que puedes ver en ellos.

- Las pupilas dilatadas indican interés.
- La mirada de poder consiste en ver solamente el triángulo que están en los ojos y frente, lo que indica que la persona no busca intimidad. Si la persona te mira a los ojos y de la boca para abajo es indicador de que sí busca intimidad. La mirada social consiste en que veas de los ojos a la boca, es algo que demuestra amistad y comodidad.
- El contacto visual se trata de un intento de dominar, o puede ser que la persona dice una mentira.
- El contacto visual dura de dos a tres segundos, antes de alejar la mirada, lo que es indicador de confianza. El contacto visual dura un segundo o menos, ahí es muestra de que evita o hay inseguridad.
- Si la persona pestañea rápido, puede indicar que siente interés por ti.
- Las personas cuando mienten suelen mirar a la derecha cuando piensan. Hay expertos que consideran que sucede cuando van a crear una historia.
- Si la persona cierra los ojos por un periodo de tiempo, indica que necesita tiempo para pensar.

Leer las manos de las personas también, así como los ojos, las manos dejan pistas de una persona y de lo que piensa.

- Si la persona tiene las palmas de las manos para abajo, es señal de que siente que tiene el poder, también puede indicar que algo se va a rechazar o detener.
- Si la persona tiene las manos para arriba, puede indicar sumisión, que la persona quiere brindar u ofrecer algo.

Lee los gestos y los contactos físicos. Puedes conseguir muchos detalles de lo que piensa una persona mirando lo que hacen las manos. Los gestos son movimientos físicos que ponen al descubierto emociones u opiniones.

- Si una persona toca la mano por un momento, es indicativo de que quiere entablar conexión contigo.
- Si se frota la nariz a lo mejor miente.
- Si esconde las manos puede que esconda algo.
- Si apoya el mentón es que va a tomar una decisión.
- Si se rasca la parte posterior del cuello es porque no ha respondido a las preguntas de alguien.
- Si identifica los gestos de imitación, si una persona comienza a hacer imitación de expresiones y gestos, puede ser que intenta venderte algo y te hace Rapport.
- Desplazarse para abajo, hacia un espacio personal, puede indicar intimidación.
- Si la persona levanta las cejas, puede indicar una opinión positiva de ti y que se quiere comunicar contigo.

Lee las orejas. Muchas personas no les dan importancia a las orejas, pero se pueden leer rostros y personalidades con ellas.

- Las orejas pequeñas indican atención a los detalles y determinación.
- Las orejas grandes son de personas objetivas, espirituales.

- Quienes tienen orejas que destacan pueden ser aventureras y dispuestas a probar cosas nuevas.
- Si las personas tienen orejas altas puede ser que son intelectuales y creativas.

Las pistas verbales

Puedes analizar las palabras que elija la persona, así obtienes pistas de su comportamiento, por medio de las palabras que emplean. Por ejemplo, si una persona indica que ha ganado otro premio, es una pista que indica que se siente insegura. Que deseaba cerciorarse de que sepas que ya ha ganado antes.

- Eso indica que sería bueno elogiar sus logros porque es un área vulnerable.
- Analiza si las palabas elegidas por esta persona coinciden con el lenguaje corporal, puedes obtener si hay cosas incongruentes.

Identifica las mentiras. Si te enfocas en lo que dice la persona, puedes determinar si miente o no. Sin embargo, tienes que situar los comentarios en el contexto y siempre tienes que tener en cuenta que le lectura tiene pistas verbales y que no siempre es infalible.

- La persona contará más tiempo para que crees la historia si responde una pregunta con otra.
- Si la persona emplea calificadores como a mí saber y entender, a lo mejor está mintiendo.
- Si miente, en ocasiones puede eliminar referencias relacionadas con ella misma, por lo que no usará la palabra yo.
- El que miente usa el tiempo presente para hablar del pasado.
- Hay estudios que ha demostrado que las personas que usan un lenguaje más formal, pueden mentir, por ejemplo, puede que usen palabra coloquiales para referirse a las personas.
- Las personas que sienten la culpa por algo a veces usan

palabras que le quitan relevancia a la acción. Por ejemplo, en vez de emplear la palabra robar, pueden decir tomar prestado.

Ten en cuenta la velocidad de la voz y el tono. Puedes ver mucha información sobre la personalidad de las personas por medio de los sonidos que mite al hablar.

- Los suspiros indican tristeza y frustración.
- Si la persona habla con mucha lentitud puede que esté deprimida o que no sea espontanea.
- Si el tono de la voz de una persona cambia de manera súbita y podría ser que miente.
- El tono de voz repetitivo es indicador de que no es tan sincero
- Si un hombre siente atracción por una mujer, el tono de voz podría variar más.

Conoce la extensión de las oraciones. Una oración promedio presente de 10 a 15 palabras. Se conoce como la extensión promedio del lenguaje en morfema.

- Si la persona usa oraciones más largas o más cortas que la promedio puede indicar que tiene estrés.
- Hay expertos que consideran que, si las personas no cumplen de manera considerable, puede indicar que mienten. Ellas seleccionan las ocasiones para analizarlas de manera detenida.

La energía emocional

Al darle la mano le das la mano a una persona con una energía. Tienes que sentirla. Determina lo que siente, si hay calidez o frío.

- En la medicina china se emplea la palabra chi para hablar de la energía de las personas.
- Otra palabra que se emplea en nuestra lengua son las vibras que nos da la persona.

- Si quieres analizar la energía, a lo mejor tienes que tocarla, la brazas le das la mano o le tocas levemente.

Acude a la intuición. No pienses mucho, la persona hace que te sientas bien o puede hacer que no te sientas a gusto. A veces ese presentimientos lo tienes que tener presente y hacerle caso.

- Los escalofríos pueden ser signo de que el cuerpo te brinda esto para mostrarte que anda mal algo. También puede ser una especie de dejavú.
- Hay personas que pueden hacerte sentir agotado y otras que te pueden hacer sentir con mucha energía. Eso es parte de las vibras de esa persona.
- Analiza los instantes de discernimiento que causan problemas en el pensamiento.
- Mira la energía de esa persona, no te enfoques en otros gestos o tonos, sino en el ambiente general que crea y la sensación que te brinda.

Lee los ojos, la energía emocional que resplandece por medio de ellos y de la mirada, la frase trillada de que los ojos son la ventana del alma, esa frase no nació por nacer.

- Mira si su mirada es ruda o amigable y suave.
- Una mirada simple puede crear intimidad. Mira el lenguaje corporal cerca de los ojos.

Cuando lees el tipo de energía de la persona das un gran paso. Los pensadores en la antigüedad crearon cinco elementos para analizar la descripción de la energía general de una persona. Ellos consideraban que se podía leer a las personas y hasta detectar enfermedades si se conocían estos elementos.

Las personas que tienen energía de fuego son extravagantes, emocionales e histéricas.

- Las personas que tienen energía de bosque tienen vivacidad, energía y frescura.
- Las personas que tienen energía de tierra, son metódicas, prácticas.
- Aquellas personas que tienen energía de fuego son histéricas, extravagantes.
- Las personas que son metal son introvertidas y depresivas.
- La energía del agua es indicador de serenidad y objetividad.

Toma en cuenta estos consejos:

- Sé bueno para escuchar en vez de hablar. Normalmente las personas no callan por el tiempo necesario para ver de verdad.
- No te bases en un movimiento del lenguaje corporal o en pistas para determinar s la persona miente. Tienes que tener en cuenta el contexto, a veces esas pistas no son tan exactas.
- Puedes mejorar la vibra en el centro de trabajo, pones en marca conocimiento sobre cómo leer personas, puede ser dando un firme apretón de manos y emplear el contacto visual.

EXPRESIONES Y MICRO EXPRESIONES UNIVERSALES DE LA CARA

Se sabe muy bien que hay muchas culturas y diferencias a la hora de mostrar las emociones. Pongamos por ejemplo a Grecia, para ellos negar asienten con la cabeza como nosotros decimos sí. Pero de la misma forma hay ciertas representaciones que son universales, como las sonrisas, las lágrimas, los ojos abiertos de par en par, podemos ponernos una película tailandesa sin subtítulos y aunque no entendamos, sabremos qué dicen las expresiones. Podemos captar el tono de las emociones que representan los actores.

La razón es porque gran parte de la comunicación es no verbal. Las palabras siempre se acompañan de expresiones faciales, postura física, gestos y movimientos.

Las microexpresiones son breves, movimientos involuntarios e inconscientes en los músculos faciales, como ira, miedo, asco, tristeza, felicidad y desprecio. Lo más importante en todo esto es que se conozcan. El doctor Paul Ekman, ha mostrado que estos gestos son universales y en todas las culturas.

Eso hace que las micro expresiones en polígrafos sean más fiables, el estudio y la percepción de ellas es una disciplina que como cualquier otra puede ser aprendida. Pero por qué aprender esto, como ya he dicho, el mensaje verbal es parte pequeña de hablar, lo realmente significativo es lo que se dice sin palabras. Así que es mucha información que se puede descifrar. Solo vemos la punta de todo.

Las micro expresiones son expresiones faciales rápidas, involuntarias que se dan como manifestación de una emoción que se siente. Ellas permiten que sepamos lo que la persona siente, esa persona con la que nos relacionamos.

El aprender a identificarlas hará más fácil las relaciones personales.

Al mejorar la expresión de las emociones y con ello las necesidades y al a vez las de la pareja, amigos, familia, por otro lado, un consejo útil para saber lo que siente una persona es que se imite la expresión facial.

Es un truco que permite que se entienda que manipulando el lenguaje corporal se puede experimentar cualquier respuesta emocional que deseemos. Dicho de otra manera, tenemos el poder de generar emociones por medio de la expresión.

Lo más importante de la comunicación es que sepamos escuchar eso que no se dice con palabras. Hay muchas expresiones que no hemos aprendido, por lo que se trata de un aspecto universal del ser humano. cuando se tratan de esconder las emociones, esta aparece por un momento breve, es más, suceden tan rápido que un ojo no ha podido verlas.

Expresiones leves faciales

Hasta ahora se han catalogado más de diez mil expresiones faciales diferentes, se identifican solo siete micro expresiones básicas. Gestos sutiles universales, que permiten leer en el semblante de la persona que veamos. Constituyen la base del resto de expresiones faciales.

Estas son las micro expresiones básicas que se constituyen así:

Ira

La microexpresión de la ira se concentra en la parte superior de la cara. Donde se baja y se juntan las cejas con el entrecejo fruncido. Se puede apretar y tensar la boca. Se separan ligeramente los labios, se suelen apretar y tensar la boca, se separan ligeramente los labios y aprietan los dientes. Con mirada penetrante.

Otro gesto propio de la ira consiste en apuntar con la barbilla para adelante en forma desafiante.

Miedo

Esta micro expresión se caracteriza por unas cejas juntas y unos ojos abiertos para visualizar todo lo que pueda del campo visual porque percibe peligro en algún lugar.

En la parte inferior de la cara la mandíbula, se afloja y estiran los labios ligeramente, es una conducta también instintiva para permitirnos gritar y agarrar oxígeno. De este modo a boca queda un poco abierta.

Alegría

La alegría se muestra con ojos achinados, con arrugas exteriores y párpados inferiores. Un truco es que cuando una persona finge alegría las arruguitas no se forman. Se ven también la sonrisa características. Entre más alegría haya más se abre para mostrar dientes.

Desprecio

Es una expresión en la parte superior de la cara que adopta distintos gestos. Dando con la clave para identificarlo en la parte inferior de la cara que ya manifiesta una expresión particular que consiste en elevar una esquina de la boca y otra que forme una medio sonrisa.

Luego de investigar en la microexpresión que se lleva a cabo por John Gottman, se comprobó que gracias a ella pueden saber si es un matrimonio que terminará en ruptura. Eso si se ve en las personas un gesto de desprecio.

Sorpresa

Se caracteriza por cejas levantadas y arqueadas con ojos muy abiertos. En la parte superior de la cara la mandíbula suelta y la boca abierta.

En las conversaciones es más importante el lenguaje corporal que lo que se habla, a través de lenguaje corporal se da mucha información que no se dice y que peor, pocas veces observamos.

La tristeza

Es una de las micro expresiones más complicadas de fingir. Porque se caracteriza con cejas bajas, que se juntan sutilmente en el centro. La comisura del os labios descienden e incluso se ve un ligero temblor.

Gran parte de las mentiras tienen éxito porque nadie se molesta en averiguar si son verdad.

El asco

Es de las más fáciles de identificar porque la expresión se concentra en la nariz y boca. La nariz se arruga y el labio superior se eleva, deja muchas veces los dientes superiores a la vista. Se producen arrugas en los lados de la nariz y la frente, como si la elevación de mejillas que también se da y se arrugan los parpados superiores.

Sin embargo, no solo se muestran cuando vamos a comer algo que queremos, la mostramos en relaciones personas que desaprobamos o alguien que nos disgusta. El asco es una emoción que se traslada al rechazo de ideologías opuestas a las nuestras, por lo que no es de extrañar ver la expresión, por ejemplo, en debates.

Si las microexpresiones se generan siguiendo patrones de estereotipos, es lógico pensar que se puede dar con un método para identificar cada una de ellas.

Por eso en los setenta Paul Ekman y sus colegas Wallace V. Fiesen, desarrollan un sistema para etiquetas cada tipo de movimiento del rostro, de un anatomista sueco que se llama Carl Herman Hjortsjö. La herramienta se llama sistema de codificación facial. Sin embargo, esto no quiere decir que se puedan detectar mentiras solo viendo las micro expresiones y no hablemos ya de algo parecido a leer pensamiento. El hecho de que estos gestos sean automáticos a causa de la expresión de genes hace que a la vez la información que aporten las microexpresiones sea inmensamente ambigua. Porque los detalles del contexto no se traducen por medio de movimientos musculares del rostro.

Las micro expresiones son clave para saber si alguien tiene alguna emoción en particular en un momento dado. Sucede esto con las micro expresiones relacionadas al miedo, son indicadores de que se teme que las mentiras dichas queden al descubierto, o puede expresar el miedo a que creamos que lo dicho son mentiras.

En el estudio de la conducta humana, pocas veces se dan grandes pesos, pero el de Paul Ekman con las micro expresiones no se parece en nada a una piedra de Rosetta de los estados mentales. Sirven sí para conocer más acerca de las predisposiciones genéticas a la hora de expresar emociones y puede servir para estudiar y aprender pautas de empatía y mejorar la comunicación. Sin embargo, como por definición las microexpresiones son automáticas e inconscientes, resulta imposible influir directamente en ellas.

Importancia de la lectura de microexpresiones y cómo se aplica

Al inicio, la aplicación se limita al área de los interrogatorios, en espacios criminales y en materia de seguridad. Pero cada día hay más personas que se enfocan para leer las microexpresiones en otros campos profesionales y empresariales.

Acorde con lo que habla que habla Ekman, la lectura de las micro expresiones, ayuda a aumentar la inteligencia emocional y hace fácil la identificación consciente de las emociones y la de los demás.

Te puede ayudar a mejorar la inteligencia social, por medio del desarrollo de la capacidad de empatía y la comprensión de los otros. esto brinda ventajas de áreas como comunicación, liderazgo y trabajo en equipo, selección de personal, negociaciones y marketing.

El programa para reconocer las emociones

Sí, como suena a ciencia ficción, pero es una verdad, actualmente hay sistemas computarizados que tienen inteligencia emocional y son especialistas en detectar las emociones de personas, tanto en fotos como en videos.

Las empresas que se dedican a desarrollar los programas, algoritmos que detectan micro expresiones en la cara, por medio de sistemas de reconocimiento facial, partiendo desde allí, identifican automáticamente la emoción que tienen.

Los sistema funcionan cada día con más precisión, haciendo posible la implementación en áreas como seguridad, detectar criminales, en la medicina y la educación.

Estos programas ofrecen un listado de aplicaciones que se usan para reconocer las emociones. Muchas de las aplicaciones detectan las emociones, tristeza, alegría, miedo, ira, asco y sorpresa.

Un detalle que vale la pena es para la detección de las emociones, no solo por medio de análisis de rostros, también a los análisis del cuerpo, la voz y los escritos. Esto sorprende mucho.

En las aplicaciones que se relacionan con la detección de las emociones por medio de las micro expresiones faciales, las emociones, la afectiva, los programas se usan en publicidad para detectar emociones que generan campañas publicitarias en el público objetivo, para así determinar la efectividad.

Cómo tener una expresión facial agradable

El tener una expresión facial agradable es un cambio que puede tener un efeto positivo en la vida. Puede hacer la diferencia a la hora de hacer amigos, conseguir empleos, comenzar relaciones y lograr ayuda en el día, para poder tener expresión facial agradable. Tienes que ser consciente de la cara, luego de eso, puedes hacer pequeños cambios para que hagas la expresión facial agradable de manera constante.

Sé consciente de la cara

Tienes que saber cómo reposa naturalmente la cara, el reposo de las expresiones faciales no siempre va en línea con la manera en la que te sientes. Muchas personas tienen carácter serio. Es una actitud poco amigable. Toma la foto de la cara en reposo y mira la expresión.

- ¿Te sientes cómodo al entablar conversaciones con alguien que comparte tu expresión?
- Si estuvieras en un bus y te piden que te presentes a alguna persona ¿puedes interaccionar con esta expresión?

Pregunta a las demás personas. Ver una foto del rostro de la cara produce sentimientos sesgados. La mejor forma de tener una idea de la verdadera expresión facial en reposo, preguntar a los otros. si te sientes cómodo, pregunta a otros, la familia, los amigos se acostumbran y a lo mejor simplemente te dicen que es la cara, preguntar a desconocidos la clase de emoción que transmitirás que hará que obtengas reacciones más honestas.

Aprende a usar los músculos del rostro. La manera más sencilla de hacerlo es moviendo las oreas, ponte ante el espejo y comienza a practicar, a lo mejor tendrás que levantar las cejas, entornar los ojos y abrir y cerrar la boca muchas veces. Todas las acciones usan distintos músculos faciales. Practica hasta que muevas las orejas porque esto demuestra consciencia y control en los músculos faciales.

- Es saber cómo hacer pequeños ajustes a la cara, esto servirá para que controles los músculos y tengas un rostro agradable.

Tienes que conocer hábitos nerviosos. Estos pueden impedir que muestres una expresión facial agradable. El que te muerdas las uñas o tener un tic nervioso puede verse poco profesional porque te ves desinteresado o distraído.

Los tics faciales como arrugar la nariz, parpadear, entornar los ojos, contraer la boca o hacer muevas son un problema constante e incontrolable, es posible que se reduzca con el tiempo a través de la hipnosis.

Los cambios

Se debe practicar en casa, ponerse al frente del espejo y practicar los cambios del rostro. Toma nota de la forma en la que se percibe el humor y cambia poco a poco a medida que cambia la cara. Recuerda los trucos que hacen que sientas mejor el rostro para que los hagas en el día de modo que mantienes la expresión agradable.

- Toma un bolígrafo, apriétalo en los dientes, lo que imita la sonrisa.
- Ahora toma un bolígrafo y lo sostienes en los labios sobresalientes, lo cual crea un ceño fruncido, te da la sensación de estar triste.
- Practica sonidos vocales, una "i" larga te obliga a sonreír, una "a" imita la expresión de sorpresa, ambas vocales inducen sentimientos agradables.

Luce interesado, toma en cuenta la inclinación de la cabeza, tener una inclinación ligera es un signo subconsciente de que te interesa y prestas atención. Esto estimula el carácter agradable.

- Evita mirar constantemente el reloj, el teléfono o la manera en la que los otros reaccionan.

Debes atenuar la mirada, hacer contacto visual y entrecerrar los ojos. Entrecerrar los ojos no es lo mismo que entornarlos. Es algo bueno practicar en el espejo. Unos ojos más llamativos son los que se ven abiertos y a la vez relajados.

La boca la tienes que tener relajada, los labios neutrales o un puchero a manera de ceño fruncido se ven menos atractivos. Ten una pequeña separación de los labios para que relajes los músculos faciales y transmitas afecto. Con la boca relajada mueves para arriba las comisuras.

Te tienes que sentir bien interiormente. Si fuerzas una expresión agradable es probable que los demás lo noten y comiencen a sospechar. Lo mejor es que se sienta realmente lo que se trata de decir. Tomar tiempo cada día para pensar en las razones que se tienen para sentirse bien. Toma un momento para que aprecies las razones y tengas el sentimiento en el día.

- Piensa en los familiares y las amistades
- Medita los logros que has tenido últimamente.
- Comienza siguiendo páginas en redes sociales con citas positivas.
- Consigue un calendario con un animal hermoso en cada página.

Estar cómodo y sonreír

Tienes que sonreír cuando sea apropiado, sonreír tiene un efecto doble, lucirás más agradable y te sentirás más agradable. Sonreír hace que los otros se sientan más cómodos y hace que luzcas cómodo. Cuando sonríes aprietas los músculos de la mejilla, lo que reduce el flujo sanguíneo que va al área cavernosa. Esto enfríala sangre que fluye en el cerebro, lo que lleva a sentimientos agradables.

Te tienes que concentrar en las situaciones incómodas. Si te hayas en una situación poco agradable, mantén la cara con una expresión agradable. El solo hecho de colocar los músculos del rostro en el patrón de la emoción agradable induce al sentimiento. En otras palabras, la expresión facial en el estado de ánimo.

Ten confianza en la apariencia, juguetea constantemente con la ropa o te arreglas el cabello cada minuto para que pierdas la expresión agradable. Las personas notarán que estás incómodo y comenzarán las dudas de la expresión lo que dará una actitud que hará que los demás se sientan cómodos e interesados.

Cómo leer personas con las expresiones del rostro

Leer los rostros es un habilidad vital, cuando se intenta comunidad con otra persona, es bueno entender las emociones que el otro puede sentir. En las relaciones interpersonales, puedes tratar mejor a las personas que son cercanas a ti. Si estás en un ambiente profesional puedes comprender mejor a lo demás, sin embargo, presta atención porque los ligeros cambios hacen representar sentimientos distintos.

Leer el rostro

Ver los ojos cuando lees un rostro, lo mejor es comenzar con ellos, porque son parte sugestiva de las características faciales. Aprenderás más sobre el humor de una persona si prestas atención a los ojos.

- Las pupilas se educen cuando vemos algo que ofenda o sea malo. La constricción bloquea imágenes no deseadas.
- Una persona puede cerrar los ojos si no les agrada o no les gusta lo que dices. Es posible también que sospeche de tus palabras y acciones. Si ves que sucede aborda el problema y aclara lo que dices.
- Los ojos que miran rápidamente a otro lado muestran que puede haber incomodidad e inseguridad. Puedes también detectar las emociones por medio de miradas a los costados. Cualquier rompimiento del contacto ocular es prueba de que no está presente del todo.

Mira los labios, los músculos de los labios son extremadamente delicados y se mueven para reflejar los ánimos y las reacciones. Cuando una persona comienza a hablar, los labios y separan ligeramente. Presta atención porque lo mejor es tener una disposición abierta y disponible cuando alguien quiere hablar contigo.

- Los labios que apuntan a la parte interna se llaman labios fruncidos que indican tensión, frustración o desaprobación. Una persona con los labios fruncidos retiene emoción. Una persona con los labios fruncidos retiene la emoción, sea cual sea y calla de manera eficaz las palabras al apretar los labios.

- Sacar los labios para hacer una forma de beso indica deseo, los labios también pueden sugerir incertidumbre al igual que un labio metido en la parte interna. Normalmente se llama esconder los labios.
- Presta atención a las muecas o movimientos de los labios. Si bien son ligeros, los pequeños cambios indican incredulidad o cinismo en algunas circunstancias. Puede descubrir a un mentiroso con los movimientos de los labios.

Evalúa el movimiento de la nariz. Si bien esta se mueve menos que los ojos o labios, la ubicación que tiene la hace fácil para leerla.

- El ensanchamiento de las fosas nasales es un movimiento común. Al momento de hacerse anchas, ayuda a que entre y salga más aire, lo que prepara a la persona para el combate. Las fosas nasales ensanchadas indican que una persona experimenta desagrado o ira.
- Puedes arrugar la nariz por un mal olor. Si vas más allá de la interpretación literal por malos olores, visto de manera metafórica como una imagen o pensamiento desagradable, puede llevar a que la persona arrugue la nariz. Si una persona tiene algo en la mente puede que arrugue la nariz. Si la persona tiene algo en la mente, puede que arrugue la nariz si tiene pensamientos que no aprueba.
- A veces los vasos sanguíneos en la nariz se dilatan, lo que hace que la nariz se vea roja e hinchada. Esto sucede cuando una persona miente. Puede que se rasque la nariz lo que la hace irritar más.

Estudia las cejas, a menudo conectadas con otros, las cejas entran en gran parte de las comunicaciones del lenguaje del cuerpo. A pesar de la cantidad limitada de músculos que se unen a ellas, las cejas son muy visibles y sugieren distintos estados emocionales.

- Arrugar el entrecejo va de la mano con las cejas. Si la frente se frunce y las cejas se levantan, a lo mejor la otra persona cuestiona el comportamiento o se sorprende del entorno.
- Cuando las cejas bajan, los ojos se esconden ligeramente. Cuando esto se acompaña con la acción de bajar la cabeza, sugiere el deseo de esconder el movimiento de los ojos.
- Las cejas que aumentan mientras las jalan para abajo sugieren frustración o ira. También puede que surgieran una concentración intensa.
- Busca un pliegue que parezca una herradura entre las cejas. Conocido como el músculo de la tristeza de Darwin, es un símbolo que muestra tristeza o dolor.

Comprender las diferentes emociones

Percibe la felicidad. Una gran sonrisa de la manera más obvia de caracterizar a la felicidad. Distinto a una sonrisa, una gran sonrisa muestra los dientes superiores. Los parpados inferiores de los ojos tienen una forma creciente.

- Hay una gran gama sobre la felicidad, puede estar contento hasta estar eufórico. Es una gran variedad en las emociones se puede detectar por expresiones similares.

Identifica la tristeza, presta atención a las cejas. Se orientan para arriba, una persona triste frunce las cejas, por lo general se puede asumir tristeza en cualquier persona para que veas cómo frunce las cejas.

- Presta atención a los parpados caídos que inclinen los ojos ligeramente.
- La gente que experimenta la tristeza puede hacerse más reservada e introvertida.

Reconoce la sorpresa, es una emoción que excita a menudo, la sorpresa se puede caracterizar por ojos grandes y abierta. En otros casos de menos sorpresa puede haber una sonrisa ligera en la boca.

- Las cejas están levantadas.
- Una persona frunce las cejas cuando experimenta sorpresa, pero el gesto puede llevar a la emoción a que se convierta en sorpresa. Una emoción poco más extrema como la conmoción que puede ir de la mano de un elemento de disgusto o miedo.
- Cualquier explosión repentina de asombro o impresión que lleva a alguien a sentir sorpresa.

Mira el miedo. Mira las cejas y los ojos, las cejas están orientadas para arriba y los ojos se abren mucho. Puede que la boca esté abierta.

- El miedo es una respuesta natural a los peligros. Si ves a una persona con miedo, busca una fuente para la respuesta. La emoción a menudo esta de la mano con comportamientos de escape o huida.
- Recuerda que el miedo es distinto al de la ansiedad. El miedo siempre viene de amenazas del exterior, mientras la ansiedad genera desde el interior.

Ve el disgusto, la nariz arrugada es una de las características de expresión de disgusto. Las cejas están para abajo y la boca abierta.

- Imagina que la persona pronuncia en silencio como ve, como si la persona haya visto algo feo. Los labios cuelgan sin tensarse y el labio superior para arriba.
- El disgusto puede ser una respuesta a comer o a oler algo que no gusta. La emoción se puede imaginar vívidamente ante experiencias que causan una expresión facial.

Detecta la ira, cuando intentes detectarla, mira las cejas, que estarán para abajo, lo que hará un pliegue, los parpados se tensan y se ven rectos, mientras las cejas están para abajo.

- La boca puede estar abierta con un grito largo.
- Puede que la cabeza esté un poco orientada para abajo, y que la quijada se ponga para adelante.

Identifica el desdén que se usa para expresar desaprobación. El desdén se marca por una quijada levantada. Esto facilita a la persona a ver desde arriba a cualquiera que le insulte.

- El extremo del labio se pone tenso y se eleva por el lado del rostro. Se identifica con una expresión que es burla.
- Puede que venga de la mano de una sonrisa ligera, como su la persona disfrutara desaprobar las acciones.

Evalúa situaciones

Al leer las macro expresiones se intenta leer un rostro, lo mejor es que se comience por buscarlas. Una macro expresión por lo general tarda entre medio y 4 segundos. Las expresiones ocupan el rostro lo que te da una experiencia completa.

- Incluso una comprensión elemental de las siete expresiones básicas te ayuda a leer las macro expresiones. Las expresiones universales incluyen alegría, sorpresa, desdén, la ira, tristeza, miedo y disgusto. Sin duda experimenta las siete expresiones, así que no será difícil leerlas.
- Si una persona expresa lo que siente por medio de una macro expresión, entonces lo mejor es que intenten responder a la emoción.
- En caso de tristeza puede que con este gesto la persona pretenda que la reconfortes, sin embargo, si te enfrentas con

una macro expresión, de desdén, es posible que intente intimidarte.

- Tienes que saber la manera más sencilla para manipular las emociones por medio de la macro expresión, porque dura más tiempo, es más fácil poder hacer una actuación de esta, no permitas que las macro expresiones falsas te engañen.

Capta las microexpresiones, estas duran muy poco, lo que hace que sea difícil detectarlas. Si una macro expresión revela cómo se siente alguien, seguramente así se revele la micro expresión.

- Cuando una persona intenta esconder emociones puede que haya fugas de la verdadera emoción. Es un error que usualmente sucede en las macro expresiones. Si no se presta atención al rostro, puede que no se vea la emoción real de la persona.
- Si se espera comprender a profundidad a una persona se tiene que ser sensible a sus micro expresiones. Un conocimiento íntimo de cómo se siente alguien es clave para desarrollar una relación sensible.
- Las macroexpresiones pueden decir la verdad, puede estar la posibilidad de encontrar una respuesta a las emociones. Si prestas atención a las micro expresiones es menor probable que omitas la emoción real.

Debes comprender las sutilezas. Esas expresiones sutiles son más pequeñas que las microexpresiones, así que detectarlas exige una cantidad grande de atención. Las expresiones aparecen antes de que se termine de sentir por completo una emoción como respuesta natural del entorno.

- Sucede también que las emociones sutiles no son la expresión completa de las emociones. Son una microexpresión o una emoción completa que pasa rápidamente. Sin embargo, una expresión sutil puede tener trozos de emoción completa.

- A lo mejor estas pequeñas expresiones son la clave para descubrir un engaño, porque la levedad de la ocurrencia puede esconderse más fácilmente que una microexpresión.

Ve con las emociones y con el lenguaje corporal. Luego que domines el reconocimiento facial, puedes comenzar a estudiar el lenguaje corporal. Este al igual que las expresiones fáciles son una parte clave en la comunicación. El reconocer los cambios es clave en la comunicación. Los cambios físicos ayudan a entender mejor a los otros.

- Cuando se busca analizar la confianza de otro, se puede ver la postura, si se está de pie, recto, con los hombros derechos, eso quiere decir que la persona se siente cómoda con el cuerpo. Andar con la espalda encorvada es una falta de confianza.
- Si la persona es honesta con las emociones puede ser capaz de mantener contacto visual fuerte. Cualquier cosa que desvíe los ojos puede sugerir que miente.
- La manera en la que habla una persona puede ir de la mano con el lenguaje corporal. Un tono de voz uniforme confirma que la emoción facial percibida va acorde con la emoción interna.
- Ten presente que algunas diferencias culturales y fisiológicas pueden alterar el lenguaje corporal como expresión facial. Lo mejor es que se confirme la opinión inicial sobre la persona y se termine de conocer bien. las lecturas iniciales son útiles, pero puede que no sean tan precisas siempre.

CÓMO DESCUBRIR A UN MENTIROSO

Seguro en muchas ocasiones has dudado de las personas, si la historia que te contaban era verdad, o te trataban de engañar. Si se te hace difícil descubrir una mentira, con este capítulo aprenderás a no hacerlo.

Hay una serie de señales físicas que se puede ver en los gestos, en la mirada, pero también en la forma de expresarse, en las palabras que se dicen en cómo se dicen

Veamos cómo desenmascaras mentirosos con la psicología y el comportamiento.

Su sonrisa

En el momento en el que se dice una mentira y se cree que el otro se la creyó, se genera una microexpresión conocida como el deleite engañoso. Es una sonrisa involuntaria que se da ante el placer que produce la mentira.

No ve a los ojos

A lo mejor este es el signo que más fácil se ve, cuando en interlocutor no puede aguantar la mirada. Todo el mundo sabe que mentir es malo y evitar contacto visual directo alivia esa culpa.

Lo que dice el cuerpo

A pesar de que se puede ser muy elocuente, el cuerpo siempre dice la verdad, si detectamos que la persona que nos habla mantiene una afirmación rotunda, pero la acompaña con gestos de dudas, o que transmiten lo contrario, entonces se está ante un mentiroso.

La cronología

Un mentiroso ensaya las mentiras para alcanzar el discurso fluido. Si cuentan una historia en orden cronológico se comienza a sospechar, puede que no sea algo increíble, pero es una mentira.

Muchas palabras

E va algo de la mesa de la oficina y preguntas si alguien tiene idea de qué pudo haber pasado, en ese momento de seguro destacan las historias las de ese compañero que da giros a la historia y usa palabras complejas para terminar diciendo que no sabe dónde está la grapadora. A lo mejor deberías buscar en su cajón de inmediato.

Distanciamiento

Otra de las claves para poder descubrir quién miente por medio del lenguaje que usa es detectando la ausencia total de nombres y hacer todas las frases de manera impersonal, incluso evita mencionarse a sí mismo en primera persona.

Un resultado artificial

Si la persona explica una historia fantástica, sonríe en momentos oportunos y argumenta con todo detalle la historia, a lo mejor acabe pareciendo una historia un poco artificial. Esta es una buena pista de lo que se cuenta cuando es mentira, así que tienes que huir de ese tipo de personas que parece que te quieren vender algo.

Parpadear mucho, respirar de manera agitada y mirar a otro lado no es señal de que alguien mienta, creer que detectar mentiras es simple, solo demuestra que la ficción no condiciona más de lo que se piensa. Sin embargo, sí se puede detectar la mentira por medio de algunos gestos.

Conocer los gestos es clave para jueces, abogados, fiscales, porque ellos los puede detectar, con cierta seguridad, cuando un sospechoso no dice la verdad.

Es cómo diría el personaje de Cal Lightman que interpretó Tim Roth en Lie To Me, serie que se basaba en las teorías del psicólogo Paul Ekman.

"No tengo mucha fe en las palabras. Según las estadísticas una persona normal miente tres veces al hablar cada 10 minutos. Gente normal, no hemos estudiado a los que pretenden volar una iglesia afroamericana, los resultados serían diferentes".

Las señales universales para mentir no existen

Capturar a un mentiroso puede no ser tan fácil como se dice aquí, especialmente si se mira a los ojos, como sucede con muchas personas, el mentiroso tiende a centrar la cara en el otro para ejercer control y que no le pillen. Aun así, algunos gestos lo delatan como el desviar la mirada, cruzar los brazos, respirar agitado, todo esto es incomodidad. Pero hacer juicios basado en esto es un grave error.

Aunque hay algunas señales que aparecen con más frecuencia en los mentirosos que entre quienes cuentan la verdad. N se ha identificado una señal universal de mentira, el mentiroso puede reducir el contacto visual, mientras que otro mentiroso lo aumenta cuando está mintiendo.

Señales comunes para detectar mentiras

Ya lo decía Paul Ekman, ni el mentiroso más experto puede controlar para siempre lo que la ciencia ha resuelto, esas microexpresiones faciales. Movimientos que no se ven que pasan por milésimas de segundo y son difíciles de controlar de manera consciente.

Por medio de ellas se puede detectar cuando la persona miente. Entre las comunes está:

Compresión de labios

Se da cuando sucede algo negativo, como un juicio. Un ejemplo de esto es O.J. Simpson, jugador famoso de fútbol americano que lo acusan de asesinar a su ex mujer y al amigo en 1994. Un año después lo absuelven en un juicio penal, después de un proceso largo polémico y cubierto por los medios tan ampliamente que hasta su serie tuvo.

Taparse la boca

Si al hablar se mantiene ese esto, quiere decir que puede estar mintiendo. Si se tapa la boca mientras escuchar al interlocutor puede dar a entender que se esconde alguna cosa.

Un ejemplo es una foto de Bill Clinton, entonces presidente de Estados Unidos, cuando le miente a millones de personas asegurando que nunca tuvo una aventura con Mónica Lewinsky

Tocarse el cuello

Es algo que denota ansiedad, miedo o nervios. Especialmente cuando se toca la horquilla esternal, el huevo que tiene forma de V que está debajo de la garganta. Los hombres suelen esconderlo ajustándose la corbata.

Las mentiras causan una sensación de picor y hormigueo en el rostro, cuello que invitan a rascarse, por eso a las personas que pilan en mentiras, recurren al gesto de tirar del cuello de la camisa, se da también con el enfado y la frustración.

Un ejemplo es la foto del ciclista Lance Armstrong cuando ganó el Tour de Francia y luego reconoció que se había dopado, fue sancionado de por vida y le despojaron los trofeos.

Movimiento de partes del cuerpo

En situaciones cómodas las personas ocupan el espacio extendiendo brazos y piernas. Cuando una persona miente la posición que tiene es cerrada, las manos tocan la cara, orejas o parte trasera del cuello, los brazos y piernas cerradas y la falta de movimientos puede ser signo de no querer dar información.

Es una señal sutil de distanciamiento, especialmente cuando se está sentado, puede tratar de ocultarse reacomodándose en la silla, a veces el cuerpo contradice las palabras y es un síntoma de que la gente miente.

Ejemplo de esto una foto donde sale Trump con Obama dándose la mano de manera fría.

El clásico movimiento parcial de hombros, como que no se fía para nada en lo que acaba de decir, el cuerpo contradice las palabras. Mienten.

La negación ventral se puede tomar de la forma en que se cruzan las piernas o se posiciona un objeto delante de uno. Es un indicador preciso de problemas cuando la persona lo hace después de haber preguntado algo complejo.

Cuando la sorpresa no es real

Si un sospechoso se sorprende más de un segundo, la sorpresa no es real, es fingida y miente.

Dentro de las expresiones de Paul Ekman clasifica como universales, se hallan las que expresan ira, asco, miedo, tristeza, alegría y sorpresa.

Frotarse los ojos

Es una señal con bastante fiabilidad de que hay problemas. Cuando no se quiere ver algo que no gusta, se tiende a frotar el ojo, si la mentira es aplastante, los hombres se frotan con fuerza en los ojos, si es más grande apartan la vista. Las mujeres acarician el ojo.

Una imagen clara de esto es una donde Vladimir Putin hace un gesto que denota que miente. Aunque siempre hay que tener en cuenta a qué responde el gesto.

Se ha comprobado que el pestañeo normal oscila entre seis y ocho pestañeos por minuto, donde los ojos se cierran por una décima de segundo. Las personas que están bajo presión aumentan el pestañeo.

Tocarse la nariz

Cuando se miente, se liberan catecolaminas, sustancias químicas que causan que se inflame el tejido interno de la nariz, por eso se mueve.

En la sinergología debería estudiarse cada caso, aunque por lo general se puede decir que un picor mínimo por debajo de la nariz puede indicar que no gusta algo o se tiene desprecio. Si se da en un lateral se relación con la imagen, con el físico y si se hace en la parte delantera, denota curiosidad, interés.

Bajar o esconder los pulgares

Los puños apretados con los pulgares metidos es indicio de molestia. Cuando alguien nos dice que dice la verdad o da muchos detalles de algo, se quieren ver que los pulgares estén visibles. Esconderlos se trata de guardarse la información.

En la comunicación no verbal, apretar los puños con los pulgares metidos es malestar, que no se comunica todo lo que se sabe.

también puede ser falta de compromiso, que no concuerda con lo que se comunica, esto puede llevar a pensar que hay mentiras.

En el fondo estos gestos y otros delatan mentiras, el cuerpo habla más que nosotros que lo podemos expresar con palabras. Solo un 7% de lo que se dice lo hacemos por medio de palabras.

Consejos del FBI para detectar mentiras

Cuando la vida y la de muchos otros dependen de la habilidad para detectar mentiras. Aprendes trucos, son lecciones de expertos del FBI que ayudan a identificar las señales de un mentiroso.

El cine ya la televisión mienten, el parpadear mucho, respirar agitado, mirar a otro lado no son señales de que alguien esté mintiendo. Creer que la detección de mentiras de simple, solo demuestra que el entretenimiento audiovisual está pasando el límite recomendado. Es hora de que baje de la nube de la ficción y poner a los que de verdad saben del asunto.

Un aspecto esencial del trabajo de los agentes estadounidenses es poder detectar con seguridad, cuando un sospechoso dice o no la verdad. La intuición de que una persona miente no es un argumento válido, una correcta interpretación de las señales que da el interrogado puede arrastrar a otros descubrimientos en la investigación.

Veamos estos consejos del FBI

El comportamiento base de debe determinar

Antes de fijarse en las señales sospechosas lo primero es que se tenga una idea del comportamiento base de la persona. Si es una persona que se conoce hace tiempo, a lo mejor ya se sabe el comportamiento usual. Si se trata de una persona que no se conoce de antes, se tiene que hacer una idea por medio de una conversación liviana, sin estrés, de unos tres minutos. Cuando se hace esa relación de confianza es cuando se logra la línea base.

El teniente Brian D. Fith, de la policía de Los Ángeles, dice que los investigadores primero tienen que determinar cómo se ve la persona y suena por medio de la comunicación honesta. Luego se debe busca comportamiento que se desvía del estilo normal o de la línea base. Se recomienda comparar comportamiento que se dan bajo el mismo contexto y el mismo tema de conversación.

Verbo antes del cuerpo

El lenguaje corporal nos da muchas señales, de eso no tenemos dudas. El verbal puede ser muy fidedigno también. En un estudio hecho en 2004, donde se incluyen a 99 policías, que vieron videos de 54 entrevistas a asesinos, violadores, pirómanos, lo que concluye que los oficiales que se basaron en señales verbales, distinguieron mejor las verdades de las mentiras, comparados con los que se basaron en señales visuales, mirando a otro lado…

No hay que acusar, sino preguntar

Hay otros estudios que señalan los tipos de entrevistas hechas por investigadores, los de recolectar información, donde se tratan preguntas abiertas buscando respuestas en detalle, en las palabras es donde se ve lo que haya pasado, las acusatorias, donde se hacen alegatos, confesiones, que se oculta algo.

Se recomiendan las del primer tipo, porque no acusan al sujeto de ningún delito y que son menos frecuentes en las confesiones falsas.

Probar haciendo preguntas directas

Las preguntas de si o no, son elementales para detectar inconsistencias en lo que nos dicen. Para probar si las personas dicen la verdad, solo se hacen preguntas de sí o no, si fallan al responder, se tiene que mostrar la bandera roja, luego de que una persona conteste un pregunta directa se le hace la misma pregunta otra vez, si falla al contestar, las probabilidades de engaño son altas.

Por qué debería creer

Otro de los indicadores es lo que la persona responde a una pregunta clave. Cuando las personas honestas responden suelen decir porque dice la verdad los mentirosos tienen problemas para decir porque dicen la verdad, porque no dicen la verdad, en vez de eso, dan respuestas como que son honestos, que no tienen que creer si no quieres o no hay razones para mentir…

No hay señal delatora

No hay señales delatoras que delaten al mentiroso, si hay señales, algunas, como el desviar la mirada, cruzar los brazos, respirar agitado, pero basarse solo en esto es un gran error. Hay señales que se ven más frecuente en los mentirosos que en esos que cuentan la verdad, pero no se ha identificado una señal para mentir. Esto es porque no todos los mentirosos muestran el mismo comportamiento. Un mentiroso puede reducir el contacto visual, mientras que el otro lo aumenta como respuesta a la misma pregunta.

Fijarse en las señales

Como se ha explicado no hay una señal única para detectar mentiras, pero si se comienza a identificar un grupo de señales sospechosas, cuando se establece el comportamiento base es cuando se puede comenzar a hacer las preguntas.

Las señales

Hay una serie de señales que hay que ver para poder identificar a los que están engañando.

Preguntas de seguimiento

Cuando se identifican las señales que nos hacen ruido al compararlo con el comportamiento base, se tiene que hacer un seguimiento a las preguntas que lo provocaron. No es que se acuse, sino que se indague más en profundidad, no se sabrá a menos que se pregunte, no se debería tratar de ser un lector de mentes.

Las mentiras fallan por muchas razones, una de ellas es que a lo mejor la víctima descubre el engaño por accidente, encuentra un documento escondido o un cuello de camisa con lápiz labial.

Puede suceder también que la otra persona delate al mentiroso, el colega con envidia, la esposa abandonada, el informante pagado para eso, son algunas fuentes básicas de detección de engaños. Pero lo que nos importa son los errores cometidos en el acto mismo de mentir, contra la voluntad del que miente, conductas que llevan mentiras al fracaso. La pista sobre la mentira se puede ver en cambios de expresión facial, la inflexión de la voz, el hecho de tragar saliva, el ritmo respiratorio que sea profundo, superficial, pausas largas entre palabras, deslices verbales, expresiones faciales sutiles, además que no aplican. El tema es que esto puede evitarse con las conductas que traicionan, a veces lo logran.

Los mentirosos no siempre prevén el momento en el que tienen que mentir, no siempre preparan el plan para seguirlo, ensayarlo, saberlo de memoria.

Detectar mentiras por la voz

Se entiende por voz todo lo que se incluye en el habla, además de las mismas palabras, los indicio vocales comunes de un engaño son pausas muy largas o frecuentes. La vacilación al comenzar a hablar, en especial cuando se tiene que responder a preguntas, esto puede generar sospechas, así como otras pausas menores en el discurso

Hay otras pistas con errores que no forman palabras, son las interjecciones como Ah… ohhh… esteee… las repeticiones como el yo, yo, yo… palabras parciales como en rea-realidad está…

Errores y pausas que denotan engaño y eso se puede deber a dos razones vinculadas entre sí. El mentiroso a lo mejor no ha hecho un plan de antemano, si no suponía que iba a tener que mentir o que lo suponía, pero con una determinada pregunta le pilla por sorpresa, puede incurrir en vacilaciones o errores vocales. Sin embargo, se pueden dar incluso cuando hay planes previos elaborados, recelos que pueden afectar los errores de por sí hechos, que advierte lo que se dice y que tendrá más temor de que la capturen, lo que hará aumentar los errores vocales y aumentar las pausas.

Igual con el sonido de la voz que deja traslucir ensaño. Por lo general se cree que el sonido de la voz revela emoción que en ese momento siente que la emite. Pero los científicos que han investigado sobre esto, no tienen la seguridad, si bien descubren varias formas de distinguir las voces agradables, de las desagradables, aún no saben si el sonido difiere para cada una de las emociones de desagrado, como temor, rabia, congoja, molestia profunda.

Lo que más se ha investigado es el tono de la voz, el tono se eleva cuando se está bajo el influjo de perturbaciones emocionales. A lo mejor esto es más válido cuando la perturbación es un sentimiento de ira o de temor. Hay datos no tan claros que muestran que el tono desciende al haber tristeza o pesar. No se ha podido averiguar los científicos si el tono cambia o no en momentos de entusiasmo, repulso o desdén. Hay signos de emoción que no se han demostrado bien, pero si prometen, son de más velocidad volumen de voz, cuando se siente ira o miedo. Menor velocidad al sentir tristeza.

Los cambios en la voz que se dan por emociones no se pueden ocultar fácilmente, si se quieren disimular es algo que se siente en el momento en el que se miente. Hay muchas probabilidades de que el mentiroso se delate, si la meta es ocultar la ira o el miedo, la voz suena aguda y fuerte, el ritmo del hablar se incrementa, la pausa opuesta de los cambios delata lo que se siente, la tristeza que se quiere esconder.

El sonido de la voz muestra las mentiras que no se han dicho, las emociones en juego, el recelo a que se descubra, esto genera sonidos semejantes a los del miedo, el sentimiento de culpa por engañar altera la voz, en el mismo sentido que la tristeza, esto solo es una conjetura, no se sabe con certeza si el deleite por embaucar se puede identificar y se mide en la voz. la creencia particular es que cualquier clase de excitación o pasión tiene la marca vocal, pero no se ha establecido esto.

En un experimento con estudiantes de enfermería, se ve que el tono cambia cuando se engaña. Se nota que el tono se hace más agudo, se cree que esto es porque las enfermeras tenían algo de temor. Hay dos motivos para esto, los investigadores se habían empeñado en que sintieran que en ese experimento había mucho en juego para ellas. De este modo tenían gran recelo a que las descubrieran, por otro lado, el ver las escenas horribles de la película médica les metía miedo, por empatía en algunos. No se habría logrado el resultado si una de las fuentes de temor hubiera sido menos intensa.

Vamos a suponer que se hubiera estudiado a personas cuya carrera no estuviera comprometida por la prueba y solo fuera un experimento más. Siendo tan poco lo que se jugaba, al o mejor no habrían sentido ya bastante miedo como para que eso se notara en el tono de voz.

CÓMO RECONOCER LAS PERSONAS MANIPULADORAS

Las personas que manipulan están en todos lados, presentes en el círculo de amigos, en las familias, los trabajos, en la gente que se tiene cerca y lejos también la verdad. Muchas veces no podemos identificar el comportamiento porque confunde, se muestran como son, pero a veces se ven amables y comprensivos.

La persona manipuladora es nociva, para ti y para el entorno. Entonces más que velar por el éxito de las cosas, esta persona anda buscando lo que sea para poder conseguir lo que quiere.

A veces nos comportamos manipulando, sucede en algún momento de la vida, pero también lo es que una persona sea manipuladora como hábito, es parte del carácter.

Así es como puedes detectar a un manipulador:

Cambia de comportamiento rápidamente

Seguramente te ha pasado que una persona que nunca antes te había siquiera mirado ahora te hace un cumplido de la nada los manipuladores te suelen acudir con estas acciones para levantar un poco el ego de la otra y entonces allanar el camino para pedirles algo. Si es alguien que no es cercano puede intentar convencerte de que eres el mejor amigo. Cuidado con esto.

Necesitan controlar

Los manipuladores padecen el conocido complejo de superioridad. Son personas que tienen rasgos cercanos al egocentrismo y al narcisismo. Les gusta superarse a sí mismas y superar el nivel alcanzado antes buscando otros retos mayores. Sin embargo, las personas que tienen la necesidad de considerarse así, incluso seres perfectos se sienten, se echan méritos ajenos. Denotan una inseguridad que meten con una concha de poder, pero que en el fondo esconden miedos apabullantes a verse como seres débiles.

No se sacian

Cuando son manipuladores se sienten llenos de poder, sucede normalmente, ellos desean más. Los principios morales se van dañando, al ser conscientes que por sí mismo no pueden alcanzar metas, pero que con la manipulación pueden proporcionar llegar a metas, hacen uso de méritos ajenos a espaldas de otros. esto les colma la ambición. Ansias que al igual que la droga produce una especie de adicción.

Ve tus debilidades o inseguridades

Cuando las encuentran las usa en contra tuya, una y otra vez.

La verdad es que todos tenemos debilidades y son el instrumento que usan para herirnos. Dado que si se titubea en lo que se cree hay algo que te da vergüenza, que quieres esconder, entonces la persona que manipula trata de averiguarlo y si puede lo usa en tu contra.

Es convincente

Los manipuladores son convincentes en los argumentos. Una persona así es capaz de convencerte de que renuncies a los valores, objetivos e intereses con tal de servir a sus propios intereses.

Tiene talento para hacerte sentir culpable

Sn experto en lograr que sientas remordimiento, logran que tenga conductas que te hagan sentir mal.

Asume que piensas cosas que ni siquiera has dicho

Como te conoce bien, sabe lo que piensas, eso es lo que dicen, es lo que te hacen creer y caes. Ellos piensan cosas que ni siquiera dices y te lo restriegan y te sientes culpable.

Suele justificar la manera en la que se comportan

Usan frases como que no eres la única persona que lo piensa, es una manera astuta de quitarse un grado de responsabilidad y sustentar el argumento.

Crea confrontaciones

Buscan triangular las cosas, ponen a unas personas contra otras.

Busca que sientas lástima por ellas

Algo que usan es la lastima, es una manera de manipular, es sutil. Las personas manipuladoras suelen ponerse como víctimas, de este modo usan tu empatía en tu contra. Si pueden lograr que te sientas mal, sabe que eres sujeto a manipulación.

El consejo es que se eviten personas en la medida de lo posible cuando se vean manipuladoras, al menos hay que trabajar para no caer en el juego de ellos.

No caigas en provocaciones

Antes de creer en sus palabras, se tienen que hacer preguntas correctas, confirmar hechos, verificar la información, creando un ambiente de transparencia para que la manipulación no proceda.

No todos los manipuladores son iguales

Como manipular es un arte se puede decir que el don de manipular se basa en capacidades y habilidades, se pueden reconocer varios tipos de manipuladores dentro de la categoría. Los conoceremos ahora mismo:

El incitador

Este es típico, hace alardes de fuerza, además de agresividad. En este caso si eres una persona pasiva puedes ceder para que ahorres el enfrentarte a él. De este modo el manipulador consigue por medio de la coacción lo que quieren en el caso de las personas que tienen conductas antisociales.

El desprestigiador

El narcicismo es marcado, simplemente se siente perfecto, un mirlo blanco, nunca rompe un plato. La regla que este tiene es la única que vale, es un don perfecto, hace hincapié en que te equivocas cada que dices una cosa, cuando pueda va a poner de relieve los defectos y te hará sentir ridículo con el sarcasmo. Son personas que se dedican a juzgar a los demás pero que no se miran en el espejo si no es para alabarse a sí mismos.

El interpretador

Es una persona con alto índice de nocividad, cuando se grupos de personas se trata, puede ser en el trabajo, la familia, tiene personalidad maquiavélica y retorcida, actúa extrayendo palabras y cambiando el sentido de manera intencional, distinto al mensaje que querías dar.

Con esto consigues tragarte las palabras, que no eran las correctas, que te pasaste de la raya o que no has pensado lo que decías hiriendo así a otro. Se transforma de este modo las palabras, diciéndola a la persona que más le conviene, cambiando la intención por lo que puedes terminar siendo el malo.

La víctima

A este tipo de personas le han hecho daño, no para de quejarse de todo lo malo que le ha pasado, de preguntarse que por qué a él. Se centra en el dolor, se escuda en las conductas reprobables bajo el victimismo. Siempre es el que menos suerte tiene, por encima de los otros. es una persona con un cuadro conductual que se conoce como síndrome de Job.

También induce a pensar que son los demás los que abusan de él, reclama justicia y se tiene a sí mismo como una persona inocente, una mansa paloma que no ha hecho nada. De este modo crea el discurso para que sientas esa lástima, lo injusto del mundo, entonces aprovecha el discurso para que bajes la defensa, que accedas a lo que pida por lástima o por culpa.

Pero la decepción te tocará, porque no es lo que querías, pero ya habrá logrado su meta por medio del llanto.

La rémora

Este es un tipo de manipulador que se vale del ego, puede hacerte sentir superior, a tú lado él es nada, un torpe, un débil, es claro, no puede hacer nada, pero tú sí. De este modo hace lo que no puede él.

Lo que causa esto es el ego, que hacen que te obligues a hacer eso que el manipulador no quiere hacer, de este modo salen las consecuencias del ejercicio sin lograr más recompensa que la sensación de capacidad que luego se convierte en un derroche de esfuerzo donde no vale la pena, además de que aparece el cansancio.

Cómo protegerse de esta clase de personas

Hay varias clases de manipuladores, como se ha podido ver. Ahora, qué precauciones se pueden tomar para no caer en estos juegos.

Ser conscientes

Lo primero es que se tome consciencia de la manipulación. Hay derechos que no se pueden violar y que no se pueden traspasar, estos son esos derechos:

- Un trato respetuoso.
- Las prioridades tuyas primero
- Expresar la opinión y la sensación que tengas.
- Defenderte físicamente o emocionalmente.
- Decir que no sin sentir culpa.

Si te relacionas con una persona y sientes que los derechos son socavados, considera que puedes estar siendo usado por un manipulador.

Ten una distancia segura

Tienes que tener distancia emocional igual que cuando se conduce se mantiene una distancia del coche de adelante para que no choquemos. No permita que nadie invada tu espacio ni te aproximes a la tela de araña que te ponen. No te pueden herir si no lo permites.

No es tu culpa

Si dices que no a una pregunta de la que se ha citado antes, considera que puede que seas una víctima y no al contrario hay aspectos de la realidad que tienes en los cuales puedes ejercer control, sin embargo, muchas de las cosas no están en nuestras manos entonces no tienes la culpa de lo que pasa a tu alrededor, de este modo si comienzas a sentirte de esta forma, trata de averiguar lo que sucede.

Debes cuestionar:

- Si te parece que lo que pides es razonable.
- Lo que se debería decir en tu opinión.
- Si lo pides o lo dices.

Todo esto te hará considerar el sujeto manipulador que ha sido delatado y a lo mejor busca a otra persona para engañar.

Tómate tu tiempo

No respondas a las demandas de inmediato, antes tienes que reflexionar, los manipuladores con frecuencia ejercen presión en las víctimas de modo que no se demoran en el omento de acceder a las demandas. Ellos saben reconocer los momentos fundamentales para no permitir que la presión del momento haga ceder la racionalidad, hacen que los intereses de otros no pasen por delante.

Sin dudar

No puedes vacilar en las convicciones y mantenerte firme en las afirmaciones. Los manipuladores son hábiles a la hora de interpretar la comunicación no verbal, si dudas van a notarlo y pondrán presión hasta que cedas.

Para terminar, si te topas con personas que actúen así, lo mejor es que le quites la máscara. Si puedes lo tienes que intentar para que sea consciente de que la conducta es negativa a los otros y especialmente a sí misma.

Sea como sea, no vaciles y usa las herramientas que conoces para que no seas víctima de manipulación.

EL LENGUAJE DE LA APARIENCIA PERSONAL

La imagen personal transmite información por medio de códigos:

- Imagen externa
- Expresión
- Saber estar
- Actitud.

Una regla que es básica es conocerse y aceptarse, clave para poder transmitir la esencia con naturalidad, con seguridad en cualquiera de los códigos expuestos.

El otro paso es que se conozca y domine cada una de las herramientas que tienen los códigos en la imagen personal.

La imagen externa que va más allá de la belleza exterior. El vestir bien o tener maquillaje impecable. La imagen externa tiene que ir con el mensaje que se quiere transmitir.

La vestimenta y los accesorios se tienen que adaptar a las líneas, las formas, volúmenes, tejidos, materiales y colores y a la tipología del cuerpo y las características de cada persona por medio de un estilo y forma actual.

El cabello, corte, color y cuidado tiene que ir acorde con el estilo de vestir. El maquillaje, la sobriedad, y naturalidad a la hora de elegir productos depende de la tipología y las características de cada rostro.

El maquillaje es para la mujer y también para el hombre, el perfume es acorde l tipo de piel y la forma de ser, la higiene es elemental, todos lo elemento tratados sirven para proyectar una imagen deseada o distorsionada totalmente.

La expresión es cuando la persona es expresiva a nivel facial o no lo es, cundo miran a las personas con las que hablas de manera segura o desvías la mirada fácilmente.

Cuando el registro de la voz es alto o medio, si la comunicación es clara, segura en todos los entornos de la profesión.

El lenguaje las expresiones, los gestos, mirada, movimientos, etc. La imagen personal se define como una expresión de rompecabezas para que se haga de manera satisfactoria y que encaje con las piezas milímetro a milímetro. Así la expresión es eficaz por medio de la imagen.

Como consejo hay que hacer que el mensaje que se hable se proyecte con coherencia en los gestos y sonrisa. Ten presente que el 93% de la comunicación es no verbal y el 7% es verbal.

Se debe gestionar la expresión verbal y no verbal por igual, en lo que se haga a diario, en comidas o ponencias. La comunicación no verbal consciente o inconsciente habla por ti y puede influir en la comunicación con los otros.

El saber esto, con las conductas y las capacidades que se pueden hacer y las relaciones con otros. las normas y las conductas se tienen que saber proyectar correctamente en el entorno e influencias de manera positiva la imagen. El consejo es que se sea puntual, que se sea esencial, se salude de manera coherente en el entorno y siempre con seguridad. El trato social tiene que adaptarse al trato con la edad.

La conversación es escuchar y hablar, hacerlo en el momento correcto sin olvidar adecuar la imagen externa al evento.

La actitud es el comportamiento que se usa en una acción, es la huella que cada persona deja reflejada en la forma de ser y hacer en las situaciones personales y profesionales.

El aspecto físico, la vestimenta, el lenguaje, los gestos, expresiones, movimientos modales y la actitud configuran la imagen integral. El otro paso es que se entienda y trate la imagen personal en el conjunto y se alinee con la coherencia acorde a lo que se quiere pasar y con la identidad propia.

Hay que ver lo que se aparenta, a lo mejor es una pregunta que nos hayamos planteado en algún momento, si no te la has hecho pues en este apartado ahondaremos en los canales potentes de la comunicación no verbal. Uno que es excelente, la apariencia.

Está a sensación de que lo que tenga que ver con el concepto de parecer se considera como algo que se rechaza, alejado de lo auténtico, hay muchos refranes negativos sobre la apariencia y no debería ser así:

- Un lobo con piel de cordero
- El hábito no hace al monje
- Caballo grande, ande o no ande
- No es oro todo lo que reluce
- De noche todos los gatos son pardos
- No todo el que lleva zamarra es pastor
- La oveja negra resultó ser la oveja blanca
- Aunque la mona se vista de seda…

Del mismo modo una de las cualidades que más se ven son los asesoramiento de comunicación no verbal, se percibe como algo honesto, que parece honesto, en resumen, aunque en sí misma la petición se puede tomar como una contradicción sutil.

En todas las comunidades del globo sean más industrializadas o estén en contacto con la naturaleza, sea una sociedad nipona o masai. Se cuida la apariencia en algún grado y los aspectos. Los animales tienen rasgos de apariencia engañosos que se orientan a la supervivencia, los colores intensos que dan paso de los venenosos que son insectos que parecen palos, peces, que pareces rocas, mariposas, con dibujos que en forma de ojos en las alas.

Vamos entonces a los humanos de nuevo, en la interacción social la primera toma de contacto con otros, la apariencia se da por medio de la vista, por eso en las primeras impresiones la apariencia desempeña un papel clave sin duda alguna. Siempre se recomienda cuidar los detalles en ese encuentro, una cita romántica, una entrevista laboral, un juicio, la venta de una casa, pero la apariencia no es importante solo para formar una primera impresión, sino que en varias interacciones en casi todas las ocasiones sigue siendo clave desde el punto de vista comunicativo.

Por medio de la apariencia, no se hace una idea de cómo es la otra persona, los demás se hacen a la idea sobre nosotros, se deducen rasgos de identidad, estados de ánimo, personalidad, posición económica, políticas, todo esto sin que se haya dicho palabra alguna.

Hay rasgos que se pueden adivinar de manera bastante acertada, especialmente por sexo, edad, nuestras deducciones se condicionan por las experiencias personas que se tengan incluso por los prejuicios.

Igual, toda la apariencia en lo que se basa socialmente se establece, por ejemplo. Si en España se ve a un hombre con un anillo dorado o plateado en los dedos anulares se deduce que es casado, si una mujer en los cincuenta con pelo blanco, natural es probable que tenga ideas concretas sobre la relación mujer envejecimiento. Si hay un bebé con zarcillos se piensa que es una niña, si hay dos hombres tomados de la mano se deduce que son pareja.

Lo que aparentamos cada uno de nosotros, los elementos en concreto son importantes en la apariencia, todos los elementos de la persona, lo que nos rodea interviene en la percepción que tengan de nosotros. Hagamos una lista rápida para que se vea lo que se tiene que ver en la apariencia:

- El atuendo: son las prendas de vestir, los accesorios, las gafas, joyas o el no tenerlas.
- Complexión: física, del cuerpo como del rostro.
- Del pelo y la piel: la barba, el bigote, el ir o no afeitado, el pelo y su color, el maquillaje o su ausencia, el estilo o sin él. Los tatuajes, bronceado, orejas, cicatrices, marcas…
- Los dispositivos electrónicos, los teléfonos, tabletas y los complementos, como fundas, auriculares.
- Coches, si se tiene, o la moto, la bicicleta, el estado en el que está.
- La oficina: cómo es este, la calle o el barrio donde está, los mueble que tiene, los elementos que hay, cómo es la mesa de trabajo.
- El hogar: el sitio donde se encuentra, los muebles, las fotos, el estado, la decoración…
- Las personas con las que se suele ir.
- Los animales de compañía.

Todos estos elementos que hablan de nosotros a los otros. lo natural es que los valore personales y las cualidades que se proyectan coinciden, pero no siempre es así, razón por la que la apariencia no se va bien estudiada y trabajarla si se intuye que esto puede ayudar en aspectos de la vida o se percibe que la imagen que tienen los demás y que tienen de nosotros no coincide ni nos gusta con lo que creemos nosotros

Las personas públicas, especialmente los políticos son los que cada vez tiran de asesorías, pero saben que son carne de televisión, fotos de prensa, videos de paseantes, a veces usan la imagen para hacer que parezca que usan elementos de apariencia como transmisores firmes de un mensaje específico.

Lo que la ropa dice de ti

La ropa, el estilo, el corte, el color, son elementos que comunican la personalidad que tenemos. Hay estudios que son desde el plano de la psicología y establecen que basta con cinco minutos para conseguir información por medio de la ropa.

Los zapatos, abrigos, colores de tejido, calidad, corte de ropa, todo indica varias cosas de ti y de la otra persona.

La ropa y moda tienen capacidad de convertirnos en personas diferentes. La ropa que se usa puede decir mucho de nosotros en el ámbito social y también en el laboral.

Dicen que nunca hay segundas oportunidades luego de una primera impresión, por lo que mejor es vestir acorde para las ocasiones, es que la forma de vestir dice más de lo que crees.

La ropa, el estilo, corte son elementos que comunican personalidad, desde la psicología se obtiene mucha información partiendo de distintos estudios.

La ropa, el estilo, corte, color, son elementos que comunican personalidad y desde la psicología se obtiene mucha información desde estudios hechos.

Solo hacen falta cinco minutos de observar la ropa para sacar muchas conclusiones de una persona. No solo para el observador preparado sino para amigos, citas… por ejemplo, los zapatos pueden dar pistas sobre la edad, el gusto políticos, las rasgos emocionales, de personalidad, importancia del color…

Importancia del color

Nos exponemos a la psicología del color cuando nacemos, las niñas van de rosa, los niños de azul. El color tiene poder para evocar. Desde la feminidad hasta la masculinidad, emociones, apetitos…

Los tonos más claros sugieren amabilidad, los tonos oscuros autoridad. Si se habla de productos tangibles, un estudio canadiense encontró que el 90% de las impresiones de los consumidores se basan en el color.

El rojo como tal se conoce como emociones fuertes, pasión intensidad. Estudios dicen que los hombres vestidos en espacios atléticos pueden inspirar agresión y competencia. Incluso en situaciones neutrales, los hombres que llevaban rojos eran tomados como enojados, agresivos, más que los de azul o gris. Un estudio hecho en 2009, encontró que el azul o el gris sugerí conocimiento, poder, integridad y seriedad. Más una sensación de creatividad y calma.

Las mujeres de rojo, por otra parte, se ven de otro modo, los hombres afirman verse más atraídos sexualmente por mujeres de rojo y lápiz de labios. De la misma manera en un estudio hecho por la Universidad de Rochester, encontró camareras que llevaban lápiz labial rojo, tenían más propinas que otras que no llevaban ese color.

Las mujeres ven de otro modo las vestidas de rojo, como amenaza, a lo mejor este color se ata a la atracción sexual y la provocación, la psicología de este color se basa para ambos sexos, en cuestiones biológicas.

Vestido para impresionar

Se ha revisado en estudios relacionados con impresiones. Que había unos que relacionaban la calidad con el corte de ropa no solo con el estatus, también con la inteligencia.

Además de optar por optar por ropa de marca para entender estatus económico solvente o elevado, las personas que tienen ropa a medida se consideran de éxito. uno de los casos más complicados es el que se refiere a la mujer y el trabajo, ámbitos donde resultan juzgadas al máximo por el atuendo. Un estudio que se hizo en la Universidad de Hertfordshire, asegura que la solución para la identidad profesional era traje y falda.

Es un estudio interesante donde encuentra que la ropa formal piensan de manera abstracta y experimenta sentimientos de poder, afirma la idea de que un traje confiere poder. Los pensadores abstractos pueden resolver problemas, evaluar, analizar teorías completas. Es así como se comprenden las relaciones entre ideas verbales y no verbales. Las personas sienten que aceptan desafíos, con control de emociones y de manera resolutiva.

Psicólogos en Harvard dejan claro que el traje se tiene que exprimir en el ámbito de las labores, optando por vaqueros fuera del trabajo, porque también usa traje en encuentros informales. Lo que se puede transmitir en opulencia y delirios de grandeza.

La ropa influye en los pensamientos y en el estado de ánimo. Hay un libro llamado Mind What You Wear: The Psychology of Fashion, Karen Pine, ella cita una investigación de Adam Galinski, que fue la primera en acuñar el término, encloted cognition, es un término que se refiere a las mejoras que se hacen en la agilidad mental, cuando el autor tiene un abrigo de color blanco. Este abrigo se relaciona con las capacidades de la mente, con las relacionadas con profesiones como medicina, donde los profesionales vestían de blanco, entonces en esencia los psicólogos se convierten en lo que se lleva.

La ropa aporta grandes dosis de confianza en uno mismo, lo que repercute en el ámbito laboral y social.

La primera impresión

De seguro te ha pasado que te presentan a una persona y al poco sin saber por qué tienes una valoración sobre ella. no necesitas ni sesenta segundos para tener esa impresión. La apariencia, los gestos, la voz, sus modales, esos detalles que forman la imagen y se catalogan de un modo u otro.

A lo mejor te sorprende, pero dicen los estudios que en general, las personas son buenas en esos análisis y perfilan las primeras impresiones. Sea como sea, normalmente se dispone de poco tiempo no solo para analizar a otros, sino para poder dar una buena impresión.

Dice Oscar Wilde que nunca hay una segunda oportunidad para causar una primera buena impresión.

Dicen los psicólogos que en ocasiones lo hacemos no en medio minuto, en poquísimos segundos. En apenas un suspiro se sabe que una persona es de nuestro agrado, si nos inspira o no. Es un aspecto que tiene que ver con la evolución de la especie. Un recurso que se adapta y es fácil de entender.

Si la persona que se tiene ante nosotros la jugamos, como peligrosa, amenazante, la primera reacción es escapar. Las personas necesitan evaluaciones inmediatos para tomar decisiones. De cierta manera los análisis al parecer son rápidos, tienen relación con la personalidad, los miedos y las necesidades. Es verdad que se tiene esta parte instintiva, casi irracional que indica al momento si algo no ofende o amenaza, pero pesa mucho en la experiencia.

A lo mejor una persona pulcra y bien vestida puede parecerte aséptica y superficial, puede que prefieras la imagen informal porque te da cercanía, te recuerda a otros, rasgos que tienen que ver con la personalidad, con el estilo, se puede decir que el cerebro se programa para llegar a una conclusión con poca información.

Cómo es que funciona

Hoy en día llegan cientos, miles de estímulos, no se tiene tiempo para procesarlos ni se desmenuza la información al milímetros. De modo inconsciente es la realidad, muchas decisiones se toman de modo rápido, de manera inconsciente, ahí donde se archivan los recuerdos, las sensaciones, experiencias, personalidad.

El cerebro trabaja la información, la clasifica en categorías, y partiendo de allí hace comparaciones rápidas. Siempre con ayuda de emociones. A lo mejor nos parece una persona que en el pasado nos dañó, o a una voz que nos suena agradable, es esa sonrisa sincera como la de nuestra madre o es tan falsa como la de la vecina de enfrente, la chismosa.

Se han llevado a cabo investigaciones interesantes sobre la primera impresión. En uno, unos jóvenes determinaron a primera vista cuál sería el nivel de calidad en relación con la otra persona, esto pone en la mesa que la primera impresión es un instrumento de regulación para relaciones interpersonales. A raíz de esto cada persona decide el esfuerzo que invierte en avanzar con otros.

El efecto de halo

Este efecto es un sesgo cognitivo común, tiene que ver con la influencia de las percepciones, se juzgan las cualidades de una persona partiendo de la primera impresión. Es un término lo acuña el psicólogo Edward L. Thorndike en 1920, al darse cuenta de que las personas sacaban conclusiones globales de grupos o etnias de personas sin conocerlas de manera individual.

Es un claro ejemplo el efecto de halo, puede conocer a una persona que no se puede ver atractiva, cuando ve a imagen se tiende a pensar que las acciones, opiniones y creencias son igual de positivas en el aspecto físico, esto es algo a considerar porque extiende el atributo físico a cualidades internas, se comete el error de crear expectativas falsas, con otros, y se puede caer en relaciones malas.

A veces las personas cometen errores, la primera impresión tiene un efecto directo, no se puede negar, no se puede determinar. No se sabe lo que hay tras la imagen, puede que no haya mejor aventura que describir tras la apariencia.

Quieras o no, hay situaciones donde es importante causar un primera impresión si quieres conseguir el trabajo que deseas o no echar por la borda la primera cita con la persona que has pasado tantas horas suspirando, mejor que te quedes a vivir este contenido.

Este es el tipo de situaciones que a lo mejor solo tienes una oportunidad para proyectar una buena impresión. Las personas tienen opiniones de otros en pocos segundos. Es por eso que tienes que preparar la mejor versión. No quiere decir que debes aparentar ser un alto ejecutivo cuando no lo eres, así, siendo tú mismo, la actitud, nervios pueden ser una mala pasada.

La ciencia demuestra que la primera impresión se logra en siete segundos, desde el momento en el que conoces a alguien. Por eso es que cuando conoces a personas, te escanean la sonrisa, la manera de saludar, la presentación, a medida que pasan los minutos se piensa si se es digno de confianza, si vales la pena, si quieren seguir conociendo o si quiere seguir trabajando contigo son muchos elementos que se ven en puntos críticos. Ahí se decide si te toman en cuenta o no.

Consejos para para dar una buena primera impresión

La gente olvida lo que has dicho, la gente olvida lo que has hecho, pero no olvidan cómo lo has hecho. Piensa unos segundos, formas una primera impresión de la gente que conoces, así que tienes que saber que en algún momento te habrás equivocado a los demás antes de tiempo.

Para evitar que esto pase, conoce estos consejos:

La puntualidad

Tienes que ser puntual, nadie aprecia que lleguen tarde los demás. menos si la entrevista es para un empleo. Tienes que ser consciente de esto y darte el tiempo para llegar a la hora, si no puede que no tengas más oportunidades.

Observa el lenguaje corporal

El lenguaje corporal habla solo sobre ti. Hay estudios que han demostrado que la importancia es cuatro veces más en la imagen que en lo que pueda decir. Mirar a la persona a los ojos mientras hablas o darle la manera con firmeza, es importante para la primera impresión.

Sonríe

A pesar de que la sonrisa tiene que ver con el lenguaje no verbal, separarla del apartado anterior es clave para poderlo recordar. No hace falta que se muestren los dientes, pero no hay nada que cree una mejor impresión que la sonrisa. Intenta no pasar de la sonrisa a la seriedad rápidamente, pues va a parecer forzado. La idea es que sea natural.

Te tienes que relajar

La postura es clave para mostrar un lenguaje corporal, pero no debes parecer un robot cuando lo controles. Te tienes que sentar recto, pero no seas rígido que se note que fuerzas la situación. Te relajas y no te pones nervioso, tienes que disfrutar del ahora.

Sé tú mismo

No puedes ser una persona que no eres, es posible que se note. Tienes que ser tú mismo, esto suena como algo que no es verdad. Intenta no mentir, porque si lo hacen se marcará el lenguaje de que mientes.

Sé positivo

La actitud muestra lo que haces, proyecta una actitud positiva, incluso cuando estás nervioso o te critican. Si tienes una entrevista o quedas con esa personas tienes que pensar que si por una razón la situación no sale como deseabas. Será un gran aprendizaje.

Confía en ti mismo

Este es un punto que reúne, si confías en ti mismo, el lenguaje corporal que proyecta. Sonríes más, das la mano con firmeza, te relajas... consecuentemente no solo es cuestión de mostrarse relajado de manera forzada, sino que te tienes que valorar, si no es así, puede que tengas éxito en el primer encuentro, pero poco a poco la falta de confianza te ganará.

Sé abierto y humilde

La humildad es de los valores que más se aprecian, intenta no ser arrogante y verte abierto a los otros, eso genera confianza y un buen Rapport. Un ego que genera rechazo, así que, si quieres caer bien, te tienes que mostrar como persona respetuosa y humilde.

Destaca tus características

Tenemos algo único para mostrar, puedes ser experto en una rama del conocimiento, que genere curiosidad en los otros, que tengas mucho sentido del humor. Si no sabes qué es lo que puedes ofrecer, mejor que tengas un autoconocimiento ya mismo, bien, no es lo mismo seducir a una chica o a un chico que seducir a alguien que entrevista en un puesto de trabajo. Así que puedes tener en cuenta esto en el momento.

Sé empático

Para que conectes con otros, tienes que ser empático, esto quiere decir que, si ves la situación desde un punto de vista de los otros, estarás más cerca de saber cómo actuar y dejar una buena impresión.

Bonus: Vístete según la situación

Tienes que intentar ser tú mismo siempre que puedas. Hay muchas ocasiones donde tengas que mostrar una imagen determinada, si aspiras un puesto en una multinacional y usar un look serio. En este caso tienes que identificar necesidades de las situaciones y si quieres esto, te vistes correctamente.

Funciones de la ropa

Es de las creaciones más útiles en el ser humano, desde casi cuando comenzaron los humanos. La vestimenta reviste de importancia la calidad de vida de cualquier persona. Es una descripción y presentación de quienes somos ante los demás. transmite tradiciones, preferencias, gustos, como manifiesta posturas sociales o políticas. Genera también escenarios se conflictos, especialmente cuando hay igualdad entre hombres y mujeres, en el sentido de formar estereotipos y en aspectos religiosos, de falta de tolerancia y de discriminación.

La vestimenta no solo permite que se cubra el cuerpo, para que el frío no afecte o par el plano estético que reporta placer, especialmente cuando se habla de la moda y del parecido físico. Es un lenguaje que habla, que transmite mensajes.

Es de los elementos que diferencia a los humanos de los otros animales y se caracteriza por brindar muchos beneficios como ya se ha anticipado. Cuando se haba de la vestimenta, se tiene que decir que el valor gira alrededor de la función utilitaria, en aquella que tiene que ver con proteger el cuerpo.

El ser humano desde que comienza la existencia se tiene que contar con prendas que permita defender el cuerpo del clima duro e inhóspito. Así como también enfermedades. La vestimenta de los primeros hombres era primitiva, simple, hecha en base a elementos animales que haya, el hombre de la antigüedad puso desarrollar prensas excelsas que muchos envidiarían hoy.

La función de eso es que los seres humanos le dan vestimenta para cubrir el cuerpo y protegerlo de los problemas del clima, especialmente cuando la vida se desarrolla en el exterior, lentamente, dando paso a funciones que fueron apareciendo cuando la sociedad se hizo compleja y las aldeas humanas.

Es así que la vestimenta o prendas que antes solo nos cubrían, poco a poco se convirtieron en elementos para diferenciar las sociedades y para mostrar la pertenencia a una comunidad. El vestir de cierta manera es un elemento de estatus social, puede indicar que la persona es de esta o aquella cultura. Dice que el que la lleva dispone de recursos para acceder a una prenda cara.

Allí surge la importancia de ropa que se vincula con la creación de la identidad, por ejemplo, como pasa con trajes tradicionales típicos en localidades que usan para fiestas, pero también para situaciones socioeconómicas, religiosas, laborales que pueden marcar la indumentaria.

Desde las tempranas formas de organización social, la vestimenta tiene importancia para marcar riqueza o pobreza, es así como el oficio o la labor, estado civil, edad y genero tienen su papel.

Una de las grandes funciones que tiene la vestimenta es la que tiene que ver con lo estético, esto es así porque aparece el concepto de la moda. Según esto, la indumentaria no es tan importante como protección o diferenciación social, sino como una obra de arte en sí misma, donde los diseñadores y artistas se unen para darle forma, hay un público consumidor que quiere adquirirla porque la ubica dentro de lo que viste de acuerdo con la moda y tendencias. Esto reporta reconocimiento y valor positivo en algunos contextos.

La vestimenta se entiende como un modo donde hay un gran negocio mundial con millones y millones de dólares. Que representa una importante movilización, con casas, indumentarias, eventos…

El negocio de la moda impone mucho en lo que vestimos, es difícil huir del mandato de las marcas grandes y seguir la moda implica vestir bien. que lo que nos pongamos siente bien.

Saber vestir implica disposición de un grado de conocimiento alto, de sentido común personal, saber lo que queda bien, lo que no. Es más cómodo de usar según la ocasión que se ponga en marcha.

Si se debe asistir a una actividad en el campo no se puede ir vestido de fiesta, si se tiene un compromiso relacionado con religión no se puede ir con un atuendo que provoque. En ambos casos desentona con el protocolo, de vestimentas que se recomiendan en estos casos, algo sencillo, cómodo, recatado.

A la hora de vestir se tiene que prestar atención, considerar prendas que encajen con el clima que existe donde estamos, las actividades que se dan y también es clave saber lo que queda bien y nos favorece. La moda cautiva y sabe marcar el salto cualitativo, si no se atiende los factores mencionados, no estamos sabiendo cómo vestir.

LA COMUNICACIÓN EN EL VESTIR

La primera impresión o el primer concepto que tiene una persona desconocida va a tener sobre nosotros y dependerá de la apariencia física y de la manera de vestir. La forma en la que nos vestimos transmite información, allí nace la importancia de vestirse de un modo correcto según circunstancias. Por ejemplo, cuando una persona va a una entrevista de trabajo, por lo general lleva ropa adecuada para ella. irá con la ropa acorde al puesto que aspire. Tendrá una forma de vestir, es distinta si aplica para una discoteca o para la gerencia de una multinacional.

La forma de vestir refleja parte de la personalidad de cada uno, puede apreciarse el buen gusto, la estridencia, la elegancia y la provocación. Refleja a la persona que es más clásica o se deja guiar por la moda, si es más agresiva o más pacifica, encuentra diferencias de acuerdo a la edad.

La ropa lleva una búsqueda de identidad o diferenciación con los otros, por eso adquiere importancia para algunos que hallan en ella identidad personal y la pertenencia a un grupo. Los góticos se caracterizan por una zona peculiar de vestir de negro y algo rojo o los raperos con ropas anchas, zapatillas y gorra.

La ropa también supone un estatus social, se sobrevalora la ropa de firmas importantes y se considera como elemento de saber vestir, el tener ropa de marca o la consideran como ostentación o símbolo de riqueza. Otros consideran que no vale la pena pagar por una prenda de vestir por ser de marca cuando muchas veces la calidad no es muy diferente.

A algunos les gusta combinar ropa cara con otra más barata, piensan que le dan un toque original, se sienten a gusto con estas satisfacciones.

No hay maneras correctas de vestir, lo importante es que esté acorde con la forma de pensar y nos haga sentir cómodos con nosotros. No podemos preocuparnos con lo que los demás opinen sobre la manera de vestir. Siempre que sea acorde a las circunstancias.

De acuerdo a la ocasión vamos vestidos de uno o de otro modo, siempre de manera apropiada, no nos vestimos de igual manera si vamos a un concierto de música o si vamos a trabajar en bancos. Cada situación requiere un modo de vestir y saber vestirse correctamente en base a la personalidad, es clave para sentirnos cómodos y seguros

La función básica de la ropa consiste en que nos protejamos de la temperatura ambiente y las situaciones climatológicas extremas como en el caso de los tuareg del desierto que visten oscuro y se tapan hasta la cabeza para impedir penetración de rayos solares, porque el color oscuro repele los rayos del sol, la ropa los protege en el día de las elevadas temperaturas del desierto y durante la noche de bajas temperaturas.

En el caso de los esquimales, quienes por el fío del Ártico se visten con pieles de oso o de focas, en estos casos la ropa tiene el fin de protegerlos.

Pero la sociedad tiene otras funciones, por medio de ella se intenta resaltar la figura, nos sentimos más guapos, atractivo, elegantes. Cumplen con una función estética, satisface vestirse y hace que nos sintamos más seguros, atractivos.

La ropa la usamos para intentar seducir un escote enorme, una vestimenta ceñida o una falda roja, que puede llevar a conseguir un objetivo de seducción. Hay prensas de vestir con fines eróticos.

Hay un lenguaje de ropa amplio. Hay vestimentas con significado, un traje de gala, de boda, la vestimenta de frailes o profesiones que llevan una vestimenta específica como los militares.

El modo de vestir en la vida pública

La vestimenta tiene una gran importancia, es especial para los personajes públicos, al extremo de que algunas personas pagan asesores para mejorar la imagen, como en el caso de políticos, ejecutivos, presentadores de televisión, los asesores ofrecen ponerse en cada momento, especialmente con lo que se quiere decir con la forma de vestir.

Los políticos guardan los trajes y las chaquetas y van con trajes deportivos para dar una buena imagen. En el caso de personajes públicos, los políticos, por ejemplo, usan prendas para expresar personalidad, para proyectar imagen para esos electores que quieren seducir.

Impacta con la vestimenta

La manera en la que uses la imagen determina cómo te van a recibir los que influyen en el nivel de éxito. cuando se contacta con alguna persona, es un proceso que comienza cuando te encuentras con otra persona. Si causas una impresión positiva, el encuentra da con la confianza y tiene potencial para desarrollarse. Entre más atención se preste a la imagen. Menos se necesita a la gente que eres confiable.

El ropero y el aspecto puede ser parte del plan de negocios estratégico. Es clave conocer las tendencias de ropa, peinados, accesorios y anteojos. Si el aspecto o la actitud reflejan otra era, las demás dudan sobre el conocimiento de los temas del momento, actualiza regularmente los factores de imagen, pero no seas esclavo de la moda o acojas a ciegas estilos que no van más allá de lo que te sea cómodo. Si no estás cómo con el aspecto, no te vas a ver sincero ni confiado.

En la tendencia de ahora, de vestirse menos formal, se tiene que buscar un equilibrio entre la etiqueta y la vestimenta informal que se deja para los fines de semana. Aprende a ponerte sin decaer. Actividades que pueden necesitar llevar traje oscuro, reemplazar la camisa o usar una blanca o de color. Diseño o textura que haga que parezcas más informal. Puedes llevar un saco o un blazer deportivo para que te veas profesional. Diseños con camisas, pantalones y corbatas a kilómetros de distancia, con remeras y pantalones de jean.

El tener un blazer para usar en la ropa más formal por si encuentras a una persona en algo informal. A medida que aumenta la temporada llega la época de remeras, playeras o camisetas, las usas con zapatos y pantalones formales en vez de informales y zapatillas.

La cantidad de prensas que se usan por vez, la combinación de colores, diseños y texturas y el estilo de las prendas varían y afectan la formalidad que se percibe en la ropa.

Los tonos oscuros proyectan una imagen de poder, autoridad, especialmente prendas de alto contraste, asimismo cambiar colores oscuros a medios como gris o tostado dan un aspecto más accesible. Combinar un saco de un color con pantalones o falda de otro hará que sea menos formal que un traje conjunto.

Entre más suave y lisa la tela más formal la vestimenta. Las telas de punto son menos formales que las tejidas, las telas de lana peinada y la seda son consideradas de mejor calidad, por tanto, más formales que muchos algodones linos y mezclas sintéticas.

Un traje a la medida con solapa es más formal que una blusa o camisa sin cuello. La vestimenta hecha a medida tendrá más influencia que la menos estructurada.

Las mujeres tienen que usar ropa que cause menos impacto que un traje, a menos que este sea de vestido o que este se lleve con saco formal. La ropa elegante o formal es apropiada para trabajar, así como un traje formal no es adecuado para una reunión informal.

Cuando descifras el tipo de evento y lo eliges estratégicamente, puedes considerar los toques finales de influyen en la calidad del aspecto. La ropa tiene que verse impecable, especialmente en la zona del cuello, en las solapas del saco. Se tiene que ver limpio, arreglado.

Los zapatos, los demás tienen que deducir la situación económica, la atención que se presta a los detalles, se tiene que evitar los zapatos no lustrados, la parte de atrás de los tacos es lo último que la gente ve cuando te vas.

Intenta comprar accesorios de calidad, un maletín, cartera o billetera de cuero se ve mejor. El cinturón desgastado desmerece un traje o pantalón nuevo, es clave un buen lapicero, de calidad, especialmente si escribirás a alguien.

Si llegas al destino para iniciar la tarea, te detienes ante la puerta para acomodarte la ropa. Eliges las prendas con mucho esmero para crear imágenes profesionales, con el reflejo de vidrio, discretamente se controla el peinado y se mira por última vez, se prepara lo que se va a decir y está listo para entrar.

La velocidad y la confianza en el andar evidencia conciencia y control propio, cuando se entra a un sitio no se puede parar sumiso en la puerta, se tienen que dar pasos seguros, pararse firme, con equilibrio, mientras analizas a las personas alrededor. Te acercas a una persona que esté sola o a un grupo de más de dos. Sonríes y te presentas, extiendes la mano para saludar y estrechar dos o tres veces la de otros con firmeza y la sueltas luego.

A las personas le gusta relacionarse con quienes lo ven con éxito, pero la imagen va más allá de los contextos sociales o profesionales. Implica estrategias clave que una vez que se aprenden tienen utilidad profesional, social. Se quiere oportunidad para poder hacer relaciones profesionales. Tienes que asegurarte de que esto funcione.

EL TONO DE VOZ COMO DELATOR

El tono de voz es uno de los elementos que tiene más influencia en la comunicación de los que existen. En este tono hay una serie de parámetros sonoros que le dan sentido, de manera consciente e inconsciente, al mensaje que transmite. Algunos como intensidad de sonido, timbre, velocidad de dicción, claridad, proyección…

Algunas personas dicen la misma frase. Sin embargo, el tono que se emplea cada una hace una información psicológica distinta. Es entonces cuando se da que las palabras, hay un contenido verbal y no verbal, la esfera no verbal o se controla y por eso es auténtica.

El 60% de la comunicación humana no es verbal, el lenguaje del cuerpo es 30% con el tono de la voz. esto quiere decir que el 90% de lo que se dice no está en la boca.

Se puede saber mucho del estado de la persona, examinando el tono de voz, incluso cuando una persona habla en otro idioma que no se conoce, somos capaces de perfilar algo de la forma de ser y de sentir solo escuchando cómo habla. Enseguida hay unas ideas para que se interprete lo que nos dice el tono de voz de una persona.

El tono de voz y la percepción

El Laboratorio de Análisis Instrumental de la Comunicación, sobre el imaginario y la comunicación, de la Universidad Autónoma de Barcelona, hizo un estudio sobre percepción y voz. las conclusiones que sacaron son muy valiosas:

- El tono de voz grave sugiere madurez y genera confianza en los otros. es el que más se usa en anuncios publicitario.
- Cuando el tono de voz es muy grave, remite a sensaciones sombrías.
- Una buena voz nos hace pensar en que el que habla es alguien distinguido e importante.
- Hablar en un bajo tono sugiere que la persona genera muchas habilidades o que es torpe.
- Los que emplean un tono agudo y transmiten poca credibilidad.

La voz es un patrón personal, que se usa actualmente para verificar la identidad y dar paso a sistemas informáticos sirve también como evidencia en un juicio. La confiabilidad es grande o más como una huella dactilar.

Hay psicólogos que se toman el trabajo para identificar los significados ocultos en el manejo de la voz. el resultado es todo un catálogo de interpretaciones para esas sutilezas, las que muchas pasan inadvertidas para muchos de nosotros.

Respiración

El modo en el que respira mientras se habla da una idea del ritmo el cual se vive:

- Tranquila: habla con equilibrio.
- Profunda y constante: tiene dinamismo y energía.
- Profunda, fuerte y constante, ira reprimida.
- Superficial, con falta de realismo

- Rápida y corta, con angustia y ansiedad

Volumen

Se define de forma general como actúa una persona consigo misma y con los otros:

- Normal: autocontrol y capacidad para escuchar.
- Alto: egoísmo, debilidad y poca paciencia.
- Bajo: represión e inexperiencia.

Articulación o vocalización

La vocalización tiene que ver con la capacidad de comprensión y el interés por comprenderlo.

- Bien definida: se abre la comunicación y claridad mental.
- Imprecisa: confusión mental o engaño.
- Marcada: tensión o narcisismo.
- Trabas: con represión o agresividad.

Velocidad

Habla de los tiempo emocionales donde está inmerso al hablante:

- Lento: desconectar con el mundo, poco interés.
- Rápido: deseo de ocultar información y tensión.
- Regular: falta de naturalidad, represión y contención.
- Irregular: ansiedad, rompimiento de la comunicación, ansiedad.

La voz y las relaciones interpersonales

En el tono de voz se imprime un sello al modo en el que una persona emplea para comunicarse con el mundo. aunque la persona no es experta en el tema, de manera inconsciente recibe una serie de mensaje por medio de la voz de otro. Los mensajes le dan forma que tiene sobre los otros.

El tono de la voz comunica el modo en el que quiere tener con alguien. Cuando es cortante y frío, pone distancias, i es algo cálido y susurrante invita a que se acerque. Por el tono de la voz se define el tono del vínculo.

Hay que aclarar que el tono de la voz de una persona no siempre es igual. Pero si hay elementos que están presentes. Son precisamente los patrones constantes los que nos dan la clave sobre la personalidad de una persona o el estado de ánimo. Un buen ejercicio de autoconocimiento es el de grabarnos en distintas situaciones y luego escuchar notas escondidas en el tono de la voz. es una herramienta comunicativa y de interrelación. Es un instrumento que vale la pena aprender a manejar.

Con el que hables es el tono en el que usas

No es una novedad que no nos comportemos de la misma manera con los amigos, los padres, del mismo modo que tampoco en trabajos o en un bar. Sabemos modular perfectamente el comportamiento y esto atañe a toda clase de conductas, incluso el tono de voz.

Hay evidencias de que la voz de una persona varía según con el que se hable. Dado que se sabe que el tono de voz es una forma de comunicación no verbal, en los estudios se aborda la forma en la que varía el tono de voz acorde a si se percibe el interlocutor como una persona que domina, prestigiosa o neutro.

Los participantes tienen 24 hombres y 24 mujeres, con edad media de veinte años. se les dijo que llevarían una entrevista de trabajo simulada que no exigía presencia física del que entrevista. En eso se les veía una de las tres fotos, dominante, neutro o de prestigio, fueron valoradas por otros participantes en un estudio previo de las categorías. Claro los participantes veían la foto con una ficha falsa con un nombre, testimonio y empleo de los trabajadores, peo en los casos hablaba con los experimentadores, lo que quiere decir que los cambios se hallaban en el registro de voz que debía a la información y facilitaba el supuesto entrevistador.

Los resultados mostraron que los participantes cambiaban el tono de voz, en respuesta al supuesto estatus social de la persona, esto sucedía incluso cuando ellos se consideraban de gran estatus. Pero, los que tenían un gran prestigio mantuvieron el tono independientemente del entrevistador al que se le asignara. Los investigadores hicieron hipótesis que era un modo de calma que estaba bajo control.

Ahora, sobre el dominio, una situación como en una entrevista laboral, implica un dominio del que entrevista sobre el entrevistado. Así que tiene sentido que se use un tono más agudo como señal de sumisión y no suponer amenazas, es por eso que se encuentran que las personas que describen cuestionarios previos bajo domino que usaban el tono al hablar. Pero, para las personas que se tildaban a sí mismas al hablar no solo no lo hacían con voz más aguda, sino con un tono más grabe.

Los resultados son prometedores, pero sería bueno que se repliquen con una muestra amplia y con un rango de edad menos específico, porque en muchos casos puede tratarse de la primera entrevista laboral y mostrarse intimidado, más de lo normal. No es prueba de cómo se altera el tono de voz y delata cómo de dominante se percibe el interlocutor o el estatus que se considera tener.

CÓMO ANALIZAR A UNA PERSONA POR SU LETRA (GRAFOLOGÍA)

La grafología es una ciencia con una técnica de psicología, que nos permite hacer un retrato profundo de las personas, analizando y estudiando la forma de escribir. Con una conexión a la hora de escribir, con los centros nerviosos superiores, cortical y subcortical. El grafismo más comúnmente se usa en el estudio grafológico con la letra, aunque usan la firma y la rúbrica, números, dibujos, garabatos.

Como dije es una pseudociencia que pretende describir la personalidad de una persona y determinar las características del carácter, sobre el equilibrio mental e incluso fisiológico, la naturaleza de las emociones, la inteligencia y las aptitudes profesionales por medio de un escamen de la escritura. Además, hay grafólogos que sirve para diagnosticar la salud, la enfermedad mental o física.

Los defensores se apoyan en indicios anecdóticos, muchos estudios empíricos hechos no se han podido confirmar bien. es por eso que por lo general se considera una pseudociencia. No se tiene que confundir la grafología con la caligrafía forense usada en criminalística con la meta de comparar escritos y determinar si un documento se ha firmado por la persona que se supone que hizo, la utilidad también sirve en testamentos hológrafos o notas de suicidio.

En las técnicas se usa el análisis de tinta, papel o máquina de escribir. La caligrafía forense se acepta judicialmente para la pericia de identificación de personas.

La palabra parte de la raíz griega grafos, que es escritura y el vocablo griego logos, que es discurso. Como por ejemplo las palabras: psicólogo, antropólogo, geólogo y biólogo. También hay palabras que tienen la misma raíz, como psicografología, grafometría, grafoanálisis, grafista y grafotecnología.

La grafología se basa en afirmaciones elementales:

Cuando escribimos el ego se activa, pero no siempre es así, la actividad aumenta o se reduce, puede estar en el nivel más alto, cuando se necesita un esfuerzo por parte del escritor y en caso de disminución de nivel cuando la acción de escribir es parte de una costumbre.

Origen de la grafología

Vamos a ir por partes, comienza así:

Edad moderna

Aquí está Huarte de San Juan, (1529-1588), médico, filosofo de España. Tiene una obra Examen de ingenios para ciencias, se menciona la diferencia de habilidades en los hombres y el género de letras que a cada uno le corresponde. Es una gran obra precursora de la psicología diferencial, orientación profesional, eugenesia. Es interesante la aportación de este en la pedagogía, neurología, patología, antropología y sociología.

El filósofo Próspero Aldorisius publica en 1611 la obra Idengraphicus Nuntius, donde explica cómo analizar una grafía. En esta obra expone una serie de axiomas que tienen que ver con la idengrafía, término con el que se acuña la disciplina. En 1625 se publica la obra de Camillo Baldi, Trattato, Come Da Una Lettera Missiva, Si Conoscano La

Natura, e qualità dello Scrittore, que es considerado el primer tratado grafológico de gran importancia, que ha sido detenidamente estudiado por el especialista Robert Backman.

Siglo XIX y XX

En el siglo XIX destacan los estudios del Abate Flandrin y del discípulo Jean Hippolyte Michon. Luego de años de investigación, Michon pone las primeras normas y publica un libro llamado Sistème de grafologie en 1871. Es por eso que se le considera el padre de la grafología moderna.

Casi cuando comienza el siglo XX Crepieux Jamin, la sistematiza y perfecciona. Este publica el ABC de la Grafología en 1930, donde hace una lista de especies gráficas y cada uno hace una descripción, muestra la relación con la personalidad y la hace ejemplo con escritos de personas, como Rousseau, Montesquieu y Beethoven.

La escritura se considera como un todo, por lo que no se pueden interpretar características del grafismo de modo aislado, sin atender al conjunto.

Toma las variables gráficas, y se interpretan las interrelaciones entre sí, coloca el concepto de armonía relativo al equilibrio de los rasgos gráficos en géneros, modos y especies con modos y establece leyes y principios que en gran medida son usados por los grafólogos de hoy. Hay títulos como el Tratado Práctico de Grafología y la Escritura y el Carácter.

La escuela alemana

Aquí lo protagoniza Rudolf Pophal, nacido en 1893 y muere en 1966. Médico especializado en neurología. El deseo de dar a la grafología una base científica lo lleva a la búsqueda de localizaciones cerebrales del movimiento gráfico e hipótesis sobre estructura cerebrales que descubren posteriores y se ha descartado. En cualquier caso, los estudios y las conclusiones son valiosas. El aporte básico son los grados de tensión y dureza, que abarcan las posibilidades I, II, III, IVa, IVb y V, entendiendo que el III es el más tiene equilibrio, une firmeza de presión y control de movimiento. Los grados de tensión que se clasifican según el grado de la tensión, se interpreta, ofrece información rica sobre la actitud vital del que escribe. Defiende que la fisiología del movimiento enseña que la acción de la energía limita la rapidez de los movimientos por eso entiende que las formas de tensión, rigidez y presión. Reducen la extensión de los movimientos, con una débil tensión estimula la motricidad gráfica, la tensión media la acelera, la reduce, el grado máximo la perturba o inhibe. Por otra parte, la presión es el apoyo o la fuerza que ejerce en la superficie gráfica, frena la velocidad, una tensión y rapidez mediana constituye la condición motriz óptima.

Ahora pasamos a Robert Heiss, desde 1903 a 1971. Afirma que todo método que pretenda ser científico aclara esencialmente dos cosas: el estudiar y el principio operativo del que se vale. Ve la escritura desde tres aspectos, el movimiento que usa el espacio para lograr finalmente la forma que se presenta desde el comienzo del proyecto. Los tres están enlazados estrechamente, la escritura no es un mosaico de rasgos sino un conjunto dinámico donde cada detalle está en el conjunto.

Con tres etapas para el estudio de los escritos, con una mirada, disponible con el conjunto que nos hace percibir la fuerza o debilidad del grafismo, la pobreza o riqueza, la totalidad de la personalidad. Luego, ver la escritura desde los tres ángulos luego de la interdependencia entre ellos.

Wilhelm Müller y Alice Enskat. Tienen una obra de grafología diagnóstica, cumple con dos funciones, la de recoger lo esencial de métodos de Klages Crépieux-Jamin, Pophal, Heiss, Pulver, etc., con comentarios y críticas personales, de forma clara y completa. Por otro lado, expone el sistema haciéndolo por ellos mismos. El enfoque de la escritura comprende la clasificación de las variables, las analíticas valoradas en las posibles del conjunto: relación forma/movimiento, grados de tensión, ritmo, grado de originalidad y homogeneidad.

La interpretación de las variables globales es la llave del sistema de Müller y Enskat y la parte del trabajo que ubica la mejor de las concepciones de la escritura y grafología.

Siglo XXI

El uso de la grafología es hoy en día, según un estudio de 2004, hecho en España por el Instituto de Ciencias del Grafismo, se da en los espacios de recursos humanos, donde según este estudio, un 90% de los gabinetes, analizan la letra de los entrevistados, siendo más el grado de uso de la grafología cuando más alta es la responsabilidad de puesto en el trabajo.

Max Pulver nacido en 1889 y muerto en 1952, es autor de tres libros sobre el tema, desarrolla el simbolismo del espacio aplicado a la escritura, se denomina como los campos gráficos y vectores gráficos. Se denominan campo gráfico al espacio físico sobre el que se puede escribir, puede ser un cuaderno de páginas rayadas o con cuadriculas en una hoja de papel, sin renglones marcados o una lis, un pizarrón y hasta un mantel, servilleta. Si se establece el centro del campo gráfico y luego se divide con dos líneas imaginarias que se cruzan, se obtiene cuatro partes iguales, con la representación simbólica de lo que se llaman vectores gráficos. El punto central o la intersección de los vectores es representación de lo emocional. El plano de la sensibilidad, el amor, justicia o sentimiento y sensibilidad aplicada a la vida.

- El vector se ubica a la izquierda, indica percepción, es representación de la figura materna, regresar al vientre materno, temor, inhibición, timidez, represión, egocentrismo, egoísmo, contemplar el pasado.
- El vector se ubica a la derecha que indica intuición, representación de la figura paterna, proyección del porvenir, extraversión, creación, audacia, proyección, visión de futuro y coraje.
- El vector se ubica para arriba, indicando pensamiento,

conciencia, misticismo, espiritualidad, utopía, religión, idealismo, exaltación y ambición de poder.
- El que se ubica para abajo indica sentimiento, necesidades sexuales, excitación, goces, el inconsciente, tendencias y deseos de material, motricidad, trabajos del cuerpo con movimientos físicos.

De la misma forma se puede dividir y medir el campo gráfico lo puede hacer con letras, las cruzan con los vectores y lo ve de esa manera con una parte de la persona que se analiza. Hay una tendencia, por ejemplo, se puede decir si la persona, es un soñador, mítico, si predomina la zona superior, si es más materialista, concreto, si predomina la parte inferior, si le interesa mucho la opinión de lo que dice la familia, tiene timidez o al contrario es más extrovertido. Mira al futuro o vive aquí y ahora, solo centrado en sí mismo. Esto se dice cuando se analiza la letra.

La grafología ha buscado ser usada como un método para descubrir la personalidad de alguien, luego de los rasgos en la manera de escribir. Mucho de lo que la grafología puede aportar la descripción del individuo se basa en la dirección que el mismo le da a la escritura. Investigaciones del tema entran en controversia con el tema que muchos aseguran que es un método efectivo que permite deducir el carácter de las emociones de la persona.

Aunque los pros y contras para este método en la descripción de características del equilibrio mental y psicológico, con las compañías que llegan a usarlo como método para seleccionar personal humano, lo que no está libre de polémicas.

Algo que la grafología tiene es el apoyo a la comunidad científica antes de mediados del siglo XX, los estudios más recientes dan como resultado la capacidad de la grafología de describir la personalidad o predecir el rendimiento en las labores. Por eso, se engloba generalmente en la categoría de pseudociencias.

Las críticas

La verdad es que la escritura de cada persona escribe de manera característica y estable. Es más, no es difícil reconocer la letra de una persona conocida con una escritura con una persona conocida cuya escritura se ha visto antes, teniendo la firma de una persona de valor legal. Aunque no se proponga, es difícil cambiar algunas características de la escritura. Sin embargo, aunque esos hechos no tienen demostración de la afirmación que hay con la correlación estable y constante entre los rasgos de la escritura de una persona con los rasgos de personalidad.

Los críticos que usan la grafología argumentan que la falta de evidencia empírica, es una forma suficiente para no mostrar validez fáctica con la grafología. Entre las críticas concretas se puede mencionar:

- No sigue los postulados del método científico. La evidencia en la que se basa es exigua, poco sólida, informal y totalmente desproporcionada en relación con el pretendido alcance de las conclusiones. Los resultados son difíciles de falsar, incluso imposibles, en el sentido popperiano. Al estudiar la visión de la ciencia real sobre la cuestionada disciplina, demuestra que entre más compleja y exhaustiva es la revisión por pares de la que han sido objeto, entre más elevada sea la reputación del medio publicante, entre más sólida es la formación y los antecedentes de autores y revisores intervinientes, entre más categórico es el rechazo a los elementos que se basan en la grafología.
- Es susceptible al Efecto Barnum, donde supone una dificultad en los métodos que buscan determinar la personalidad. Sobre las deficiencias de base en los estudios y estos pueden perder la capacidad que pretenden garantizar.
- El doble ciego. Muchos estudios estadísticos de los grafólogos no son Doble ciego, es una crítica que se relaciona con la crítica que está en el Efecto Barnum. Los

estudios que son doble ciego, demuestran problemas en la grafología.

- Dependencia del tamaño de la muestra. El grado de validez es inmensamente dependiente del tamaño de la muestra, las probabilidades de error en el diagnóstico se dan en relación inversa a los individuos en el grupo que revelan. Este particular enumera y describe errores en el diseño experimental, la metodología y determinación de premisas cometidos por los grafólogos que basan la investigación.
- El empleo de principios de pensamiento alegórico. La forma de falsa casualidad establece, que un extenso espacio entre dos letras, muestra un carácter retraído y que aísla. Una mujer que escribe el apellido de soltera con la letra ligeramente mayor, que el de casada se deduce que es infiel al marido. Alguien que escribe las letras grandes tiene que pensar en grande. Quien varía el tamaño de la letra en mitad del párrafo tiene una personalidad impredecible. Las relaciones de causalidad no son exclusivas en la grafología, sino que caracterizan a una buena parte del os métodos de determinación de la personalidad.
- Falta total de estandarización. Es común que cada persona forme el esquema analítico. Mientras que otros son de uso común, hay disputas marcadas en el supuesto significado de la mayoría de los signos. Con un determinado rasgo interpretado por un analista como revelador con un comportamiento sádico es por el contrario visto por otro grafólogo como propio de una persona bromista.
- La vaguedad del diagnóstico, es uno de los puntos más débiles de la corriente, es la facilidad con la que el grafólogo puede alterar reglas de inferencia a fin de llevas el diagnóstico que considera probable de coincidir con la realidad que se espera. También, interpreta un determinado signo como positivo o negativo, dependiendo del estatus de la persona.
- La carencia de un cuerpo de datos de buen volumen que permita que se aseguren las aseveraciones de causalidad entre

la ocurrencia de los signos y las manifestaciones en la psiquis. Por eso la evolución histórica fragmentaria, a la nulidad metodológica y a la resistencia a desarrollar con la sistematización propia de las ciencias reales. La grafología ha renunciado a acumular un volumen de información empírica que permite insinuar las relaciones de causa y efecto que puedan existir.

- Hay cientos de estudios científicos han demostrado la inexistencia de asociación alguna de personalidad de una persona y los rasgos de escrituras. Se sugiere que cualquier capacidad de la grafología para adivinar el carácter en la información de género y posición social naturalmente implícitas en la forma y el trazado de letras.
- En 17 estudios donde se habla de la grafología a niveles empresariales, se ha demostrado inutilidad en la técnica para predecir el rendimiento laboral del os candidatos.
- En la investigación no encontraron evidencias de validez en la grafología para predecir el éxito en vendedores.

La sociedad de psicólogos industriales de Holanda consideró 2250 estudios grafológicos y sacó la conclusión de que es un método cuestionable y con mínima probabilidad de valor práctico.

En su defensa, argumentan que la escritura es un modo de personalidad y no algo arbitrario sin significado. Entre los que practican la grafología es común que se apoye en evidencia anecdótica, en la que ve con concordancia entre el diagnóstico y lo visto por uno mismo. Pero, la evidencia no sirve para comprobar la validez científica de la técnica, con todo la grafología ha sido objeto de no pocas investigaciones, con tratamiento estadístico.

Cómo se pone en práctica

Para poder explicar cómo es que funciona la escritura, siempre hay que tener claro que la grafología es como armar un rompecabezas. Si ves una pieza, seguramente no sepas nada acerca de ella, también puede que reconozcas algo en esa pieza, que conecte la pieza con las cuatro que correspondan que puede apreciar algo familiar, seguramente con poco aplomo, pero a medida que vas conectando piezas con la percepción del asunto que se ajusta a la realidad. Puede que te fijes en una pieza que sea característica, por ejemplo, el ojo de tigre que se plasma en el rompecabezas, entonces sabes el significado de la pieza y donde se encuentra ubicada.

Siguiendo con la metáfora del rompecabezas, ahora se escribe sobre algunas piezas en las que los grafólogos se fijan para encontrar el significado de ellas con poca necesidad de conectarlas con otras.

Dentro de todas las variables de escritura partiendo de las que generan interpretaciones, hay un grupo de asociaciones con los que corresponden rasgos de personalidad a los que se refiere. Por lo general son signos estables que se pueden interpretar con simpleza, sin embargo, los grafólogos contrastan más datos, en la grafología las variables generan conclusiones estables sobre la personalidad del sujeto en muchos casos.

Estos son algunos tipos de escritura y lo que quieren decir:

Mezcla de minúsculas y mayúsculas

La situación se da cuando vemos un texto donde siendo predominantes las letras minúsculas, también lo son las mayúsculas, obviando las necesarias para una ortografía correcta. Las mayúsculas se encuentran intercaladas con minúsculas.

El signo se relaciona con la tipología del cajero infiel. Es un signo de tendencia al robo cotidiano y deslealtad. Sin embargo, los grafólogos prestan atención a los demás, presenta el texto y contrastan que no hay confrontaciones razonables en los aspectos que tienen que ver con la lealtad. Comprueban que las otras variables del texto no estén indicando con la seguridad lo contrario.

Sobrealzamiento de zona media

Esto es que, de forma rápida, que el texto, por ejemplo, en una firma es más alto que ancho. La zona media, es toda la zona que queda enmarcada entre el límite superior e inferior del óvalo de una escritura, por ejemplo: la letra -o-; el óvalo de la -d-, -g- o -p.

Esto engloba el área en el que se escriben las letras que no tienen proyección superior, ni inferior, jambas o hampas respectivamente, en jerga grafológica.

En grafología el sobrealzamiento de la zona media es considerado signo en muchos casos negativos, puede sugerir arrogancia en la personalidad, ensalzamiento, soberbia del yo. La persona altiva, engreída, orgullosa, no es muy agradable de tratar a causa de lo superior que se siente seguramente presente en la variable en la escritura en la firma o en ambas. Hay una regla de oro en la grafología, el que no se presente un signo no indica connotaciones contrarias a las presentadas en caso de que lo hubiera.

La filiformidad

Esta hace referencia al tipo de escritura de agarra la forma de un hilo, es común que se vea en los dibujos animados, cuando se ve una carta. Por lo general no se han molestado en representar palabras legibles y solamente hacen una línea con breves oscilaciones y separaciones, que asemeja a la escritura real. La filiformidad es imprimir una raya, o casi una raya, donde se hace una forma, por ejemplo, es común en la M, O y N, los montes menguan hasta que en algún momento debido al dinamismo se traza la raya.

Es bueno que se establezca la distinción entre la filiformidad general y la filiformidad parcial. Puede ser una palabra entera filiforme, puede ser filiforme al final, o las combinaciones de letras, en la grafología, la filiformidad general tiene una interpretación más positiva que la parcial, estando la parcial la relacionada con la sinceridad, falta de autenticidad de la persona o conflictos neuróticos.

Es obligatorio que se establezcan diferencias entre la escritura filiforme ejecutada con dinamismo y la velocidad filiforme lenta, la primera tiene connotaciones buenas, se atribuye, con tendencia, una persona con buenas habilidades sociales. Tiene capacidad de negociación, con buen sentido estratégico, habilidades diplomáticas. El filiforme lento es necesario que nos demos cuenta, que reproduzcamos, que pensemos en cómo ha sido hecha la letra. La filiformidad es normal cuando se acerca la velocidad de la escritura. Es un rasgo que indica la velocidad, sin embargo, una persona que produzca filiformidad a baja velocidad lo hace deliberadamente, el sujeto produce con intención la escritura lenta e ilegible. Normalmente se da la situación de que escribe filiforme y tiene una gran cultura gráfica con lo que la hipótesis de la falta de habilidad para la escritura queda descartada. Escritura ilegible ex profeso, se puede estar ante actitudes esnobistas e inautenticidad.

Disociación

Es una disociación al fenómeno gráfico por el que se separa el óvalo de palote. Eso sucede en letras como la D, la G, y la P, donde se separa lo redondito del resto. En este caso, se tiene disociación de escritura. Es algo difícil de notar, choca a la vista, incluso según el patrón de espacios que mantenga la escritura que confundirnos con la lectura, tomando el óvalo por una O y el palote por una L en la letra d.

El signo se conecta con teorías psicoanalíticas, puede exteriorizar de manera simbólica con una tendencia a la escisión o conflicto entre el yo y el ello. También tiene relación con la calidad de las relaciones familiares, en la infancia, el solo hecho de separarse ambos elementos es una excelente señal de conflicto o desavenencia, signo frecuente en personas que han tenido una niñez con padres mal avenidos y que los han marginado afectivamente.

La rúbrica envolvente

Si se entra en terminología, rúbrica es el garabato al firmar, lo ilegible, la firma la parte legible, es natural que se de cualquier combinación entre ellas en el autógrafo de una persona, puede hacer solo firma, sólo rúbrica, ambas. Se llama rúbrica que envuelve al grafismo con un trazado que envuelve la firma, es común, a lo mejor conoce a alguien que firme así.

En la grafología se relaciona con el gusto porque le cuiden, la necesidad de sentir la protección en el seno familiar o matrimonial. Es un ambiente gráfico positivo que se relaciona con la prudencia y cautela. Corresponde a un movimiento de introversión y la manifestación de un sentimiento de inferioridad juvenil.

Tamaño

Muestra el grado de expansión del sujeto y de la autoestima:

- Si la escritura es muy grande, mayor a 4,5 milímetros de altura.

Corresponde a personas que tienen necesidad imperiosa de llamar la atención, de que no todos estén pendientes de ella, son personas que se sienten muy importantes con respecto a los otros.

- Si la escritura es grande, más de 3.5 milímetros de altura

Es de personas de mucha vitalidad, con una actitud extravertida.

- Si la escritura es pequeña, menos a 2.5 milímetros de altura.

Corresponde a personas que tienden a pasar inadvertidas, viven para dentro. A lo mejor son individuos que ven con información detallada del mismo.

- Si la escritura es pequeña, menos de 1,5 milímetros de altura.

Tiene que ver con los que tienen un pobre concepto de sí mismo y lo pasa mal en contacto con las personas.

- Si la escritura es de distinta altura, o sea irregular.

La desigualdad del tamaño en las letras, corresponde a personas de una intensidad afectiva en el sentido positivo, mientras que, en el lado negativo, corresponde a personas inestables e incapaces de controlar emociones.

Inclinación

La inclinación de las letras tiene que ver con el grado de apertura emocional de una persona y en la medida que se relaciona con los otros:

Escritura tumbada a la derecha:

Corresponde a las personas que pierden los nervios fácilmente, es dramático en los asuntos sentimentales. Es un tipo que entra en el grupo de celosos, tienen una gran necesidad de acercarse a los otros.

Escritura vertical:

Tiene que ver con las personas que controlan los sentimientos, deseos y tienen madurez, estabilidad y ecuanimidad.

Escritura inclinada a la izquierda o invertida:

Tiene que ver con personas que ejercen una gran vigilancia sobre sí mismas, una represión de la necesidad de contactar personas.

Escritura oscilante:

Corresponde con personas que están constantemente en una lucha consigo mismo, refleja inmadurez del que escribe.

Forma

Muestra el comportamiento cultural, moral o ético de la persona.

Escritura Curva:

Tiene que ver con personas que se amoldan, adaptan fácilmente, predomina el sentimiento, ternura y dulzura, además de que le da suavidad y originalidad.

Escritura Angulosa:

Tiene que ver con personas duras, intransigentes, para ella predomina el sentimiento, por lo que generalmente son histéricas y de mal genio.

Escritura Redonda:

Es característico de una persona pasiva, adaptable, tranquila, que roza en lo indolente, no tiene gran capacidad de entusiasmo.

Presión sobre el papel

Muestra un grado de enfermedad, salud, con nivel energético.

Escritura tensa:

Es sinónimo de firmeza de carácter, tanto en deseos como en opiniones

Escritura floja:

Indica que la persona no tiene fuerza interior para enfrentar obstáculos.

Dirección

La dirección de las líneas está relacionada con los estados de ánimo, el grado de optimismo, estabilidad, fatiga o depresión que experimenta una persona. De este modo las líneas guardan la horizontalidad, descienden o suben.

Cuando una persona escribe las líneas ascendentes, que tiene una actitud vitalista, es una persona que fuerza para enfrentar los retos, con alegría y optimismo.

Cuando una persona escribe líneas descendentes se entiende, por un lado, que puede ser porque la situación pasajera de cansancio o disgusto. Si lo hace normalmente la persona tiene la sensación de no poder enfrentar el mundo y tiene tendencia a tirar la toalla.

Si la persona escribe líneas horizontales indica que estamos ante una persona realidad, con carácter firme, que no se deje llevar por el entusiasmo y por el desánimo.

Velocidad

El número de letras por minuto que la persona pone en papel, es algo que tiene que ver con el ritmo de la persona, el pensamiento y la velocidad con la que se hace por culpa de los estímulos externos.

La escritura lenta de hasta cien letras por minuto

Refleja un gran sentido de la realidad, también lentitud en los procesos para asimilar, son personas cuidadosas y realistas.

Escritura pausada que es de 100 a 135 letras al minuto

Es típico de personas precisas, reflexivas y observación.

Escritura rápida que va con más de 135 letras por minuto

Se ve con rapidez de respuesta, con pensamiento rápido, si hay descuidos de letras y signos de puntuación, señala impaciencia, un poco de descontrol. Son personas que tienen don para hacer buenas ideas.

Continuidad

Tiene que ver con el grado de unión o separación de letras en palabras. Esto nos permite conocer la cantidad de constancia o regularidad de una persona en la actividad, pensamientos y vida afectiva.

Escritura ligada:

Describe a una persona con gran capacidad lógica que no deja lo que hace hasta lograr alcanzar la meta.

Escritura desligada:

Se refiere a la capacidad que tiene una persona para poder apreciar los detalles, para ver las partes por separado, se pone de manifiesto los problemas de integración con el entorno.

Escritura agrupada:

Es una escritura que combina con la intuición y la lógica, la capacidad reflexiva con la acción, el equilibrio entre el mundo externo e interno.

Orden

Tiene que ver con la evaluación del texto en una hoja de papel, se tienen que ver los márgenes, la distancia entre los renglones, entre palabras, entre letras, con eso se descubre la claridad mental de la persona, el orden interno y los rasgos como la capacidad de organización y planificación. Entre más orden hay en la hoja. Más orden hay en la organización de la persona.

Puntos en la íes

El punto de la i no es tan simple como se cree, es para los expertos en grafología un test de precisión. Cuando el escrito comienza a falta con los puntos en las íes. Que da información sobre personas que olvidan, distraídos, el análisis de cada signo por separado responde a teorías de la nueva escuela alfabética inductiva que se puede dar en estos casos.

- El punto alto es una tendencia a personas con idealismo y utopía.
- El punto alto y adelantado, que desea conseguir algo que no llega.
- El punto detrás, que es un pensamiento anclado en el pasado.
- El punto hecho con presión, indica timidez, problemas de afirmación.
- Puntos marcados y regulares, son para atención, regularidad y precisión.
- Con el palote, es de un espíritu vivo y polemista.

- Los circulares son de fantasía y deseos de originalidad.

Firma

La firma representa el yo íntimo. Es importante la legibilidad que suele darse en personas de sí mismas, mientras que las ilegibles suelen corresponder a los que prefieren mantener la intriga en torno a la persona.

Texto legible con firma ilegible

La interpretación, con la firma que es legible para los demás. delante de los otros es más claro que en la intimidad, puede haber en unión con otros rasgos, sentimiento de inferioridad o descontento de sí mismo.

Texto ilegible y firma legible:

La interpretación es así. Es una persona que se defiende de un ambiente hostil, pero está contento contigo mismo, tiene confianza en las posibilidades en los méritos y logros.

Firma legible:

La interpretación es así, normalmente es una persona con claridad de intenciones que muestran como es, sin ocultar, asume responsabilidades, es una persona contenta consigo misma, con las posibilidades y méritos.

Firma situada en el centro del escrito:

Nos revela a una persona que tiene control de sí misma, donde predomina la razón sobre los sentimientos. Usa la reflexión antes de decidir, no quiere decir que sea indecisa, sino que piensa las cosas antes de hacerlas.

Firma situada a la izquierda del escrito:

Habla de una persona que es prudente e introvertida, puede haber indecisión y poca iniciativa. Puede aparecer timidez e inhibición. Nostalgia del pasado.

Firma situada a la derecha del escrito:

Es una persona segura de sí misma, con confianza en el futuro, tiene decisión e iniciativa, como negativo puede haber irreflexión y apasionamiento.

Localización de la firma

No revela nada especial de la personalidad. Es el modo en el que firma normalmente, muestra lo que guardas con una distancia adecuada a los otros.

Centrada y lejos del texto

Como se ha visto en el apartado de espaciado, la distancia entre las líneas que muestra la distancia que quieres con los otros. si la firma está en el centro del documento y lejos de la última línea escrita, significa que presentas un afán de guardar distancias.

A la derecha y distancia normal

En el caso de que la firma se encuentre a una distancia normal del texto y en la parte derecha de la hoja, se deduce que tiene capacidad normal de sociabilidad y que eres alguien espontaneo.

A la derecha y alejada del texto

Si la firma se aleja mucho de lo demás, se encuentra en la parte derecha del mismo y puede indicar que hay problemas para abrirse y exponer a los otros.

A la izquierda y distancia normal

De modo general indica que tienes personalidad cauta y prudente. es un tipo de firma que se encuentra en personas jóvenes, si la firma está a la izquierda tiene una distancia normal. Puede sugerir un intento de separación con la familia, especialmente si la firma es ascendente.

En caso de que la firma sea descendente, puede revelar que presentas problemas para imponer ideas y opiniones, muestra una actitud sumisa con determinadas personas.

A la izquierda y alejada del texto

Si la firma se ubica y aleja del escrito, puede indicar que tiene reparos en ayudar a personas desconocidas, que no forman parte del entorno cercano.

Márgenes

Los márgenes revelan el nivel de introversión o extraversión, así como la capacidad de organización.

Margen izquierdo

La existencia de un margen es estrecha, apunta a que eres una persona introvertida, tímida que prefiere moverse en entornos que se conocen. Puede indicar que tienes una necesidad de protección.

Es muy ancho, indica que eres extrovertido, abierto al mundo, a los otros, que busca experiencias y sensaciones.

Finalmente es irregular, indica que el pensamiento varía o que tienes sentimientos, contradicciones con los que es el aspecto de la vida.

Margen derecho

Si el margen derecho es amplio, puede indicar que eres una persona retraída, con afán de relacionarse o que tiene miedo de afrontar el futuro.

Si ves que este margen es estrecho, puede señalar que eres alguien con afán de relacionarte con otros y moverte en otros entornos.

Margen superior

Es un margen amplio, es señal de que eres cauteloso o indeciso, por lo que sueles pensar consecuencias de conducta antes de decidirte.

Al contrario, si dejas un margen superior y pequeño, puedes señalar que eres alguien impaciente con figuras de autoridad, como jefes, profesores o padres.

Presión de la escritura

Aunque la presión del trazo tiene que ver con varios factores, como lápiz, o lapicero, así como materiales sobre el que se escribe, este es un aspecto de la escritura que se puede revelar algunas características adicionales a la personalidad.

Presión suave

Se puede manifestar con trazos pequeños, claros que no pasan el papel. Si el escrito tiene estas características de presión, se deduce que eres una persona sensible, que te adaptas al medio, y las personas con las que estás.

Presión fuerte

Se considera que la escritura tiene presión fuerte cuando los trazos se marcan por detrás del documento, presentando líneas gruesas y oscuras.

Esto señala que tienes propósitos firmes en la vida y ve al mundo valientemente. Revela que eres una persona llena de energía, que defiendes los derechos y expones las ideas y opiniones.

Espaciado

La distancia tienen palabras de la escritura que tiene relación con la distancia que se muestra entre tu y los otros, por lo tanto, revela datos sobre el nivel sociable y del espacio personal

Claro, la distancia entre cada palabra que escribes es proporcional con el tamaño de la letra. Los autores consideran que el espacio normal tiene que estar entre el ancho de una N y el ancho de la M.

Espaciado estrecho

Si el espacio entre las palabras que escribes es menor que una N de la escritura, refleja que disfrutas estando cerca de otros.

Esto puede ser que eres una persona sociable y que tienes un círculo social amplio, pero cuando el interlineado del escrito es estrecho, quiere decir que puedes necesitar compañía par aspectos importantes de la vida, como tomar decisiones.

Espaciado ancho

Si la distancia entre palabras, es mayor a la M indica que prefieres a los otros que respeten el espacio personal, de manera física y emocional.

Si se le suma la distancia que hay entre una línea y otra del párrafo es amplia, puede revelar que tienes problemas para enfrentar a otros.

Espaciado irregular

Es común que se presente el espaciado, tanto entre palabras como entre líneas. Esto revela que en diversos momento de la vida, vas a querer estar solo o acompañado.

La grafología es parte del repertorio cuando se lee a una persona

En el análisis e interpretación de las escrituras, hay reglas que desde el primer momento está presente, si preguntas a un grafólogo, lo más probable es que se parezca a "qué significa cuando se inclina a la derecha" o "qué es eso de los que firman con garabatos que no parece de una u otra manera".

La respuesta es lo más normal, que resuelva las dudas presentadas, al menos en un primer momento, luego de esto que haga el profesional que se ha preguntado que mencione la necesidad de contrastar con este particular que le has planteado con las otras variables presentes en la escritura para una correcta interpretación.

La necesidad de los contrastes con las otras variables, viene de la diferenciación entre ambiente gráfico positivo o ambiente gráfico negativo, puede tener la misma variable de la escritura con interpretaciones diversas en el ambiente gráfico donde se encuentre. El ambiente gráfico se determina por unos aspectos con la valoración que se haga aparte de la extensión.

EL FUNCIONAMIENTO DE LA MENTE INCONSCIENTE EN LA COMUNICACIÓN

Una persona que va y compra de más en el supermercado o que va y vota por un político conservador luego de año de andar con la centroizquierda, asegura que ambas fueron decisiones propias y conscientes. No considera que las compras son influenciadas por la música triste que suena en el super que hizo que la persona quisiera hacer esto o que el nacimiento del hijo aumenta la seguridad y por esto modifica las convicciones políticas por unas menos progresistas.

La idea de que las decisiones que se toman no dependen de nosotros y puede ser aterrador, la conciencia y la libertad son los superpoderes, los que nos distingue de los demás animales, la criatura humana es la única que puede avistar un destino y perseguirlo ¿Qué pasa si la elección de ese destino es mediada por el inconsciente?

Esta es una inquietud incómoda que ha estado en la carrera de John Bargh, psicólogo social de la Universidad de Yale, quien por más de tres décadas ha estudiado la influencia del inconsciente en la conducta y las opiniones de las personas. Los límites del libre albedrio como él los llama, este año publica el primer libro de divulgación al respecto ¿por qué hacemos lo que hacemos? El poder del inconsciente.

Barsh es miembro de la Academia Estadounidense de Artes y Letras, autor de muchos trabajos académicos sobre el poder del inconsciente, es fundados del laboratorio Automatismo en Cognición, Motivación y Evaluación de Yale. El nombre que es contrario al objeto de estudio es totalmente consciente.

De cierta manera el Correcaminos, esa ave que el coyote intentó capturar tantas veces que todo lo que tenía era marca Acme, es la mente inconsciente, inteligente, veloz e inteligente de lo que se piensa, mientras que el Coyote es la mente consciente, maquinadora, no tan inteligente como creemos. La visión de Bargh no es conductista ni busca negar la consciencia de las personas, con una mejor comprensión de esta, partiendo de explorar los alcances del pensamiento inconsciente. La premisa es que en todo momento la mente se influencia por el pasado, la memoria genética y las experiencias anteriores, por el presente, las respuestas instintivas del entorno y el futuro, las motivaciones, deseos y otras cosas de lado. a juicio del psicólogo, el estudio de los procesos que afectan el comportamiento no es claudicar con la autonomía, son un reconocimiento de las limitaciones para aumentar el libre albedrio.

Si se entiende el poder del inconsciente en las decisiones, se puede perder el interés en la vida. La clave a la que ha llegado en la investigación es que los procesos inconscientes de la mente son nuestros como los conscientes. No es como si fuera controlado por fuerzas ajenas que reflejan los valores, influencias del exterior que aplican a personas que de antemano tienen la meta o la motivación particular, los estudios en supermercados indican que cuando se ven personas con sobrepeso que han tomado la decisión de actuar en este problema. La etiqueta dietética solo se influencia a hacer cosas que inconscientemente ellos querían hacer. Se cree que las influencias son impulsos para que hagamos lo que queremos.

Cuando el inconsciente trabaja es para ponernos a salvo. Quienes se suicidan se tienen que sobreponer al miedo instintivo a herirse a sí mismos. Lo que se cree que sucede en ese caso es que, en realidad, se asesina al que no quiere sr. Por lo que los instintos usuales de autoprotección no aplican.

En casos excepcionales, la labor del inconsciente es cuidarnos la vida, por eso si estaos en una casa que se quema, y tenemos que tomar control de los hijos en brazos y correr desnudos a la calle, es algo que se hace sin duda, movidos por el inconsciente.

Normalmente, l labor del inconsciente es mantenernos con vida. Los avances en robots y personas artificiales, son interesantes. Hacen cosas tratando de lograr que imitan el lenguaje corporal de la persona con la que habla. Las personas responden, por las influencias inconscientes de empatía que genera la mímica, viendo los robots como algo que es más cercano cada día.

En los robots todo es inconsciente, pero cuando se desarrollan los procesos inconscientes para responder a las situaciones, los hace más humanos, similares a como se es realmente. La conciencia no viene de un sitio mágico o especial, con nosotros mismos. Las decisiones conscientes se nutren del pasado genético y las experiencias vividas que se alojan en el inconsciente, pero a la vez por medio de las decisiones o deseos que alimentamos. También por medio de decisiones o deseos que se alimenta y modifica con las operaciones inconscientes. Un ciclo, se piensa que en ese sentido no somos tan diferentes a una inteligencia artificial sofisticada. Si las motivaciones y respuestas similares, creo que puede ser incluso más humana que nosotros. Solo que no se está seguro de si es lo que buscan los desarrolladores de inteligencia artificial, que se quieren crear formas superiores de razonamiento, sin los problemas de los humanos.

Si nos ponemos a ver el inconsciente, podemos hablar de la xenofobia, desafortunadamente los pensamientos que enfrentan un grupo contra otro, han sido nociones naturales a lo largo de la evolución. Por millones de años, la constante siempre se ha dado con comunidades, unas contra otras. Las emociones de rabia ayudan a luchar y a sobrevivir, aunque se vive en una sociedad moderna, las predisposiciones se mantienen. Se cree que ahora se saber que considerar que otra raza o país son inferiores con pensamientos que destruyen. Se sabe intelectualmente, pero las nociones están allí dentro que proviene a millones de años creciendo. Es algo de lo que no se quiere librar tan fácil. Se confía mucho en eso que hacía de manera distinta. Es tanto que justifica, nos decimos que debe haber una buena razón para que no guste la persona, a lo mejor es un criminal o alguien que trate de herir, de robar el empleo. Por eso se ha demostrado que es más fácil que una persona progresista se haga conservadora, incentiva el miedo inconsciente que lo contrario.

La política actual manipula de manera inconsciente. Es más Karl Popper, filósofo de la ciencia que como judío debió escapar de Austria en la segunda Guerra Mundial. Escribe el maravilloso libro llamado La sociedad abierta donde dice que por años el sistema político ha estado basado en la disputa en tribus y que la democracia es algo nuevo, frágil, pequeño. Algo que solo ha estado en un pestañeo en la historia de la humanidad. Es fácil caer en la mentalidad de confrontación. Es una idea vigente, en el siglo XX Hannah Arendt advierte, no se quiere oír, que los horrores del holocausto pueden pasar en Estados Unidos. Sea donde sea, si se dan las circunstancias y las fuerzas lo incitan, por ejemplo, en la campaña de Donald Trump, calificó a los rivales como asquerosos. Las sensaciones que eso activa se relacionan con el inconsciente, además de la seguridad física que se programa para evitar enfermedades y gérmenes.

Activar los pensamientos sobre la enfermedad y la suciedad incentiva a actitudes de racismo y xenófobas. Este tipo de discursos, las fuerzas incitadoras están en el país por mucho tiempo, no solo con Trump, sucederá también con Biden.

Es importante conocer el inconsciente, se debe usar de manera positiva, no tienes por qué ser afectado por este sin hacer algo al respecto. El hecho de que haya influencias sobre nosotros que no percibimos, solo se traduce como el control que creíamos, no que no tengamos control.

El inconsciente en la vida cotidiana

Sigmund Freud, quien es padre del psicoanálisis, reparó en fenómenos que a otros de su tiempo no les había llamado la atención. Uno de los que trató fue el inconsciente en la vida cotidiana. Con las observaciones nace una obra que se convierte en un clásico del tema que es la Psicopatología de la vida cotidiana.

Esta es una obra donde Freud identifica los pequeño fenómenos del día a día, que se ubican en lo que se llama no racional, se trata de expresiones que rompen la lógica, por decirlo de algún modo. Allí se ubican conductas como olvido selectivo lapsus, actos fallidos y otros.

Uno de los aspectos que más interesan a Freud y al tema en particular es que con los postulados se derrumba la idea de que las personas pueden conducirse a una razón exclusiva, el procesamiento de lo consciente. Lo cierto es que en la manera de pensar, sentir y actuar hay agentes de influencia que no pasan por la consciencia, lo importante de esto es que Freud apunta que esos elemento que no pasan por la conciencia son los que se expresan de manera involuntaria. También están los contenido ignorados que termina cronificando el sufrimiento y al final los enferma.

Ahora hablemos de los lapsus, estos son errores en el lenguaje, queremos decir una cosa y se termina diciendo otra, casi siempre esta es una confusión que causa risa, no se le da mayor trascendencia, pero el ojo clínico de Freud vio el lapsus más que los errores sin significado, los lapsus son una de las formas en la que los deseos o contenidos se manifiestan. Los lapsus se pueden escribir o hablar, hay algunos famosos como cuando Mariano Rajoy el ex presidente español dijo en un debate que: "Lo que nosotros hemos hecho, cosa que no hizo usted, es engañar a la gente".

O cuando el presidente Juan Manuel Santos, quien es también premio Nobel de Paz en 2016 y ex presidente de Colombia, dijo durante una controversia: "Eso no invalida el número de votos que fueron depositados a favor de la corrupción". Lo que quería decir era "votos que fueron depositados a favor de la reelección".

En los ejemplos que se exponen lo que sería la confesión de una culpa, el lapsus es una forma de buscar expiación por medio de la confesión. Es uno de los modos en los que se expresa el inconsciente en la vida diaria.

Los olvidos son una manifestación del inconsciente en la vida diaria. El contenido de la memoria no está disponible siempre, todos sentimos alguna vez como parte de ese gran almacén estaba cerrado justo al estar allí por un recuerdo, esto pasa con elementos concretos, como las palabras, lo que es más extraño, olvidar algo que se debe tener presente y tiene incidencia sobre lo que frecuentemente hacemos.

Es como cuando se olvida hacer una tarea que teníamos encargada, o cuando se olvida el nombre de un compañero de trabajo que se ve todos los días. También a las personas con las que quedamos en blanco en medio de una exposición que hemos preparado. Todo esto tiene un paradigma en el psicoanálisis, manifestaciones del inconsciente, lo que pasa es que hay factores que llevan a rechazar contenidos porque se relacionan con los deseos o contenidos que no se han racionalizado.

Se olvida la tarea que no se quería hacer, el nombre de una persona con la que tenemos algún problema no reconocido, el discurso en el que se dicen cosas con las que no se está de acuerdo.

Otra de las cosas son los actos fallidos, son similares a los lapsus, pero no tienen que ver con el lenguaje, sino con la acción como tal, algunos la llaman actos logrados, esto es porque se trata de situaciones donde íbamos a hacer alguna cosa, pero terminamos con otros sin saber las razones. Lo inconsciente vence a la consciencia, porque el deseo escondido es más poderoso que el reconocido.

Un acto tiene lugar cuando, por ejemplo, vamos a algún sitio en el transporte, estamos seguros de haber leído la ruta, pero terminamos lejos del destino, porque erramos al toma el bus o metro. La hipótesis es que nuestro rechazo a la cita con el odontólogo hace que se imponga el deseo de no ir por esta u otra razón. Las manifestaciones del inconsciente en la vida diaria revelan lo que hay en lo profundo

El curioso caso de Anna O

Viajamos al año 1880, a la consulta del psicólogo y fisiólogo austriaco Josef Breuer, quien llega a la zona donde se considera el paciente cero, la persona que permite a Freud asentar las bases de la psicoterapia, para que inicie los estudios de la estructura de la mente y del inconsciente.

Se trata de Anna O., el seudónimo de Bertha Pappenheim, una paciente diagnosticada con histeria, con un cuadro clínico que supera a Breuer a tal punto que pide ayuda a Freud. La joven contaba con 21 años, desde ese momento tiene que hacerse responsable de su padre enfermo, comienza a padecer alteraciones graves y raras, el comportamiento es único, no faltan aventuras para decir que la mujer tenía un demonio dentro.

Jean-Michel Quidonoz, psiquiatra reconocido, miembro de la Sociedad de Psicoanalítica Británica, describe el caso en el libro de escritos sobre Sigmund Freud, donde dice lo siguiente:

- El caso de Anna O., no podía ser más interesante, la joven padecía muchos episodios de ceguera, sordera, parálisis, estrabismo, y lo que más atrae, instantes donde perdía el habla. Incluso se comunicaba con idiomas que no conocía, como francés o inglés.
- Breuer y Freud intuían que esto iba más allá de la histeria, en un momento Bertha, deja de ingerir líquidos. El problema es tan grave que el padre del psicoanálisis recurre a la hipnosis para evocar un recuerdo, la dama de compañía de Bertha le había proporcionado un vaso igual al del perro. Luego de desbloquear el recuerdo inconsciente, la joven pudo volver a consumir líquidos.

Desde este momento las sesiones siguen la misa línea, traer a la consciencia traumas pasados. El caso de Anna O., fue tal que ayudó a colocar estudios de histerismos en un modo revolucionario de la psique humana, un concepto que cambia por completo los cimientos de la mente.

Entre 1900 y 1905 Freud desarrolla un modelo topográfico de la mente por medio de la cual describe características de la estructura y del funcionamiento de esta. Para hacerlo usó la analogía que a todos nos es familiar, la del iceberg.

- En la superficie está la conciencia, es ahí donde se desarrolla un modelo de pensamientos donde se focaliza la atención, que sirve para desenvolvernos y usar con accesibilidad inmediata.
- En el preconsciente que se concentra en lo que la memoria puede recuperar fácilmente.
- La tercera esta en el inconsciente, es amplio, vasto, a veces con misterios, en la parte que no se ve del iceberg y la ocupa la mente.

El modelo de la mente

Freud no descubre el inconsciente, lo sabemos, no es el primero en hablar de él, pero es la primera persona que lo hace en este sistema constitutivo de la persona. Dedica a esto su vida entera, al punto de decir que muchos de los procesos psíquicos son en sí mismos inconscientes y que los procesos conscientes no son sino actos aislados o fracciones de todo esto que está bajo el iceberg.

Es más, al día de hoy puede que se deje de lado la relevancia que tiene el inconsciente en nosotros. Los estudios como el que sale publicado en Frontiers u human neurosciencie, el doctor Howard Shevrin de departamento de Psiquiatría de la Universidad de Michigan, dice que los conflictos inconscientes son el camino de muchos de los trastornos psicológicos y las enfermedades.

Por otro lado, hay que recordar que entre 1920 y 1923 Freud dio un paso más con la teoría sobre la mente para colocar lo que se conoce como el modelo estructural de las instancias psíquicas donde están las entidades el yo, ello y superyó.

- El ello: el ello o id es la estructura de la psique humana que queda en la superficie, la primera que aparece en nosotros, que la rige el comportamiento en la infancia. Es la que busca el placer inmediato, se rige el instinto por esas pulsiones primitivas, de la esencia y contra las cuales solemos luchar siempre
- El yo: a medida que crecemos hasta llegar a los tres o cuatro años y va apareciendo el concepto de la realidad y de la necesidad de sobrevivir. En este contexto que nos rodea, así, con el desarrollo de ese Yo, que se ve con una necesidad para controlar el ello o que lleva a cabo acciones para satisfacer las pulsiones de un modo aceptable y correcto socialmente. De la misma forma para conseguir la conducta que no sea descarada o muy desinhibida y hace uso de mecanismos de defensa.
- El superyó: este surge partiendo de la socialización, de la presión de los padres, de los esquemas de contexto que transmite reglas. Guías de comportamiento. La entidad psíquica tiene una finalidad concreta, velar porque se cumplan las reglas morales, esto no es sencillo, porque por un lado se tiene al Ello que detesta lo moral y desea satisfacer las pulsiones y por el otro al Yo que solo quiere sobrevivir y mantener el equilibrio.

El superyó enfrenta a ambos, no se tienen que sentir culpables cundo se desea algo que no se puede alcanzar o porque las normas sociales no lo permiten.

Los sueños como camino al inconsciente

Hay una película que es una obra de arte, se llama Recuerda, de Alfred Hitchcock, donde entramos en el mundo de los sueños del protagonista gracias a los escenarios de Salvador Dalí quien los creó para el films. La verdad es que pocas veces se muestra tan perfectamente el mundo inconsciente, es un universo de trauma escondido, de los recuerdos reprimidos, de emociones soterradas.

Entonces, un modo para poder evocar parte del recuerdo guardado bajo llave en los rincones de la mente, era por medio del análisis de los sueños. Freud creía que la comprensión del mundo de lo onírico era el camino real para el inconsciente, es donde el poder vencer los mecanismos de defensa y lograr el material reprimidos para las distorsiones inconexas y extrañas.

La teoría del inconsciente de Freud fue vista como una herejía en su momento, luego se alza como un concepto vertebrador donde el análisis y la comprensión de las conductas se da. Hoy se ve como un cuerpo teórico, tiene sus limitaciones, pero con avales científicos y perspectivas empíricas.

Se sabe que no todo el comportamiento, la personalidad o la conducta puede explicarse en ese universo de lo inconsciente. Se sabe que hay miles de procesos que son inconscientes en el día a día, solo por la economía mental. Por la necesidad de hacer automáticos algunos heurísticos que permitan tomar rápidas acciones. Con el riesgo de hacer eternas las etiquetas no justas.

La psicología y la neurociencia de hoy no pierden valor en el inconsciente, al contrario, es un mundo fascinante, de gran valor, donde hay muchas conductas de elecciones diarias, con preferencias. Un tejido psíquico que forma parte de lo que se es y que el descubrimiento se logra con la figura de Freud.

EL LENGUAJE NO VERBAL EN EL AMOR

Hay un lenguaje corporal para el amor, los gesto, la postura, la manera en la que mira, lo que delata. Hay que aprender a interpretar las señales en el lenguaje corporal, lo que hacen los hombres y las mujeres cuando se enamoran.

Es una manera de comunicarse, sutil, pero real. No se trata de suposiciones, es la quinésica, una ciencia que estudia el lenguaje del cuerpo. Con énfasis en la seducción, a veces sobran las palabras, una mirada, un gesto, todo esto puede decir mucho, es un lenguaje que responde a instintos básicos en el ser humano. es como el cortejo de los animales, antes de aparearse, en la época de celo y se entiende que los seres civilizados tienen un modo de expresar el interés por alguien.

La idea es saber interpretar estos gestos, es importante para poder dar paso al acercamiento y dejar las cosas claras cortando por lo sano. La atracción por el sexo opuesto se manifiesta en detalles pequeños que en muchas ocasiones se dan y con el paso para entablar una comunicación verbal y alguna relación.

Los ojos hablan

La mirada es uno de esos indicios infalibles, los ojos hablan, si mira un chico de reojo o el bajar los ojos cuando le pillas, es una mezcla de timidez, curiosidad, deseo por conocer. Es normal tender a recrear la vista en cosas agradables, así que, si sostiene la mirada en ti, el significado del gesto es claro, hay atracción.

Otro de los detalles es la sonrisa sobre el contacto visual que se da cuando los dos están en grupo, te busca con los ojos entre los demás. esto quiere decir que no le interesa mucho la reunión, o que la conversación que se mantiene con alguien en ese momento, la única intención que hay es que se acerque lo más que sea posible.

Su sonrisa

La sonrisa es otro gesto espontaneo o estudiando, lleva a que se inicie un acercamiento y un diálogo. Si se sonríen los dos, con simpatía, es que hay algo. Un momento compartido con risas pude ser camino a la empatía, siempre que no se trate de algo constante, como alguien que ríe con todos, en este caso el mensaje es subliminal.

Su postura

La postura que se tenga, con más o menos cercanía a la hora de hablar dice mucho de las intenciones de la otra persona y las tuyas. Sin que te des cuenta te acercas a la persona con la que te sientes más a gusto, hablar al oído por el ruido del tráfico en la calle o por la música alta en una disco, que quiere estudiar junto a ti en todos los sentidos.

Una postura abierta con los brazos relajados, sin cruzarlos, es señal de rechazo, o de estar a la defensiva, mirando de frente o hablando a tu lado, cerca, es un ejemplo de cómo el lenguaje del cuerpo expresa la atracción y el deseo de proximidad. La verdad es un síntoma errado de que se comparte, la verdad es un síntoma errado de que comparten algo, un espacio común, de que las barreras entre ustedes comienzan a desaparecer.

Cuando se comparte el espacio, el contacto físico, más o menos errado, está a punto de llegar. El colocar la mano en la cintura, lo atraes a ti para oírte mejor, otra mano que se entrelaza con la tuya para ayudarse a bajar un escalón, un brazo amigo en los hombros, gestos simples que indican confianza y comienza a reinar en nosotros y da paso a algo más.

Su imagen

Hay detalles curiosos que hacen referencia a la importancia que tiene. A la imagen que proyecta en ti, puede ser ese compañero que se pone la corbata bien antes de hablar contigo, o que camino a la mesa se acomoda el cabello, síntomas de que quiere agradar y que se interesa por la opinión.

También en esto, el lenguaje se da por la preocupación de que seas tú, con detalles como ponerte el mechón del cabello, eres maravilloso y ese pelo afecta tu belleza o quitarte una pelusa de la chaqueta, buscando complicidad y confianza, además de un sutil contacto físico.

Para terminar, puede ser que el lenguaje corporal amoroso desprende interés, por ti y lo que tienes alrededor con cada gesto insignificante.

La simpatía no implica querer sexo

Los hombres confunden la simpatía de una mujer con interés sexual, pero también caen en el extremo contrario cuando no pueden interpretar señales de atracción que mandan las mujeres. Esta es una conclusión a la que llegaron los expertos luego de un experimento hecho por la Universidad de Indiana.

Para no meter la pata es de gran ayuda prestar atención al lenguaje del cuerpo, porque las mujeres y hombres de manera inconsciente dirigen la parte superior al tronco y a eso que les interesa, aunque los ojos miren a otro lado, algo que puede ser útil.

Ni lo intentes, no le interesas

Al contrario, cuando los síntomas claro de que no le interesas son, por ejemplo, el alejamiento cuando habla contigo, la constante distracción o los pequeños gestos como que mire el reloj todo el tiempo, que se sujete la cabeza con la mano apoyada en la mesa, un gesto que desalienta y síntoma claro de que aburre la conversación. Esto es malo.

El lenguaje en el hombre enamorado

Se sabe que los hombres, por término medio son más reservados al momento de expresar los sentimientos. Aunque esto no es tan acusado como antes, aún hay muchos que son torpes para seducir en el lenguaje emocional. Es por eso que tenemos que cuidar el lenguaje corporal. Revela lo que no es capaz el otro.

La verdad es que las personas no están constantemente comunicando, a veces lo hace con palabras, otras usa otros medios. Por medio de la mímica se puede saber más de alguien que si se ciñe a palabras. En este sentido el lenguaje del cuerpo de un hombre enamorado tiene algunos elementos que veremos a continuación.

El lenguaje no verbal es más sincero, pero muchas veces también es más ambiguo. Por otro lado, el amor es de esos sentimiento que por intenso que sea bloquea la dialéctica, no sucede lo mismo con el cuerpo. Veamos esas señales.

La mirada revela

Tanto en ellos como en ellas el brillo del amor se traduce en la mirada. Cuando ves algo que te atrae, los ojos brillan más. La atención se centra en lo que te interesa y eso hace que las glándulas lacrimales se muevan más de lo normal y aparece ese brillo.

Uno de los elementos más reveladores en el lenguaje del cuerpo de un hombre enamorado es la mirada fija, la que sigue donde vas, la que busca cuando te alejas y te confundes en la multitud. La mirada que no se enfoca a ningún lado, mientras estás, vienes o te vas.

Hay otro elementos en la mirada que actúa como delator, te mira los labios, sin importar si hablas o si callas, en el lenguaje del cuerpo de un hombre enamorado el tipo de miradas lo dice todo.

En el rostro se ve el lenguaje corporal de un hombre que está enamorado. Además de la mirada hay gestos faciales que muestran interés, puede ser levantar cejas, si arquea un poco estas, puede que esté contigo y diga que le interesas.

Sucede lo mismo con la sonrisa, un gesto que se presenta en las mujeres con el mismo sentido, cuando hay amor, lo que se ve es el rostro que hay en esa sonrisa tonta, que parece imposible borrar. Es algo espontaneo, constante. Sale de la sensación de agrado por la compañía y es una expresión de bienestar que genera estar junto a la otra persona. Es frecuente que cuando le gustas a un hombre, este acabe imitando gestos faciales sin que se dé cuenta. Se cree que se imita lo que se admita, lo que se toma como referencia y en el deseo de identificarse contigo, no nota que reproduce las expresiones del rostro.

Otros gestos que delatan

Cuando un hombre siente atracción por ti va a mostrar los gestos de manera inconsciente, se relacionan con la apariencia persona. Se acomoda le pelo, también se fija en ello, es moral que se acomode la chaqueta, la corbata o la ropa cuando te ve llegar. Otro gesto es el de apoyar la mano en la parte baja de la espalda como si condujera.

En el fondo puede tomarse como un gesto atávico, que se relaciona con la posesividad, en el amor de pareja puede haber más o menos, con este gesto que lo delata rozando suavemente. Notas que al hablar se inclina hacia ti, si está de pie, sobre todo al momento en el que se encuentra, echa hombros para atrás saca pecho y se yergue.

Es una posición de empoderamiento, se prepara para ir a lo que quiere, s se está sentado, en una cena, jugando con servilletas o cubiertos, en los breves lapsos que mi te mire. El lenguaje del cuerpo enamorado en muchos casos responde al prototipo que se ha descrito, lo que revela admiración e interés. Ahí sabes que siente algo por ti cuando te oye, te apoya, puede ser sensible a los deseos y necesidades.

TIPOS DE PERSONALIDAD

Uno de los intereses más fervientes de los psicólogos es que se describen los rasgos de personalidad, lo han hecho desde siempre en la ciencia. Sea para entrevistas laborales como para los crímenes en investigación. Los psicólogos que se encargan del proceso encasillan a los candidatos o a los sospechosos en un tipo de personalidad u otro.

Carl Jung es uno de los psicólogos que se encarga de investigar y escribir los tipos de personalidad. Lo populariza como introversión y extroversión. Jung admiraba a Freud, lo conoció. Dicen que el primer encuentro duró 13 horas, con este colabora profundamente en las investigaciones y ambos son figuras del psicoanálisis y los trabajos siguen siendo hasta la fecha esenciales en el desarrollo de la disciplina.

Jung funda la psicología analítica, el abordaje teórico acentúa la conexión entre estructura de la psique y los productos. Las manifestaciones culturales. Esto impulsa a incorporar nociones que vienen de la antropología, la interpretación, alquimia, interpretación de los sueños, el arte, la mitología, filosofía y religión y también a la parte de los científicos riguroso que miran con buenos ojos.

Desde sus primeros pasos por la universidad Jung trabaja con pacientes psicóticos, colabora con Freud y la comunidad, lo que hace que pueda estudiar enfermedades mentales a las que dedica parte de su obra. Partiendo desde 1916 comienza a formular los conceptos sobre la estructura del inconsciente.

Jung divide los tipos de personalidad en extrovertidos e introvertidos y desde estos construye los tipos de personalidad. Según el psicólogo y psiquiatra, los introvertidos tienen timidez, dirigen la atención a los estados internos y a menudo es difícil estar acompañados, mientras que las personas son extrovertidas, se caracterizan por estimular lo que sucede alrededor, son sociables, les gusta estar con gente y no se sienten incómodos ante situaciones desafiantes. Desde las premisas Jung tiene estos tipos de personalidad.

Pensamiento introvertido

Le interesan más las ideas que los hechos, es la realidad interior antes que los otros, es decir que están más enfocados en los pensamientos que lo que pasa en el mundo exterior.

Gusta de los pensamientos abstractos, las reflexiones y desafíos teóricos como los que presenta la filosofía.

Sentimental introvertido

Este tipo de persona introvertida es poco habladora, pero a la vez puede ser empática, simpática, puede tener facilidad para crear vínculos afectivos con círculos pequeños. Aunque no se demuestra el apego.

Sensación – introvertido

Los que tienen personalidad sensible, se enfocan en los fenómenos subjetivos más que los objetivos que se dan alrededor como las demás personas introvertidas. Pero la diferencia es que en estos casos los fenómenos se relacionan con las impresiones sensoriales y las sensaciones internas. Según Jung este tipo de personalidad se describe con las personas que se dedican la artesanía o el arte.

Intuitivo – introvertido

Son muy soñadores, fantasean acerca del futuro, al punto de dejar caso de lado el ahora, puedes reconocerlos por el carácter soñador.

Pensamiento extrovertido

Crean explicaciones del mundo y de lo que le rodea, partiendo de lo que ve alrededor, se crea reglas que no se mueven sobre la realidad, las personas no cambian las reglas fácilmente, la forma de ver las cosas también. Además, intentan imponer la visión a los otros.

Les sucede también que a menudo intentan reprimir las emociones y sentimientos.

Sentimental-extrovertido

Son personas llenas de empatía, tienen facilidad para conectar con los otros, mientras disfrutan de la compañía. Es un perfil bueno, para las relaciones humanas, porque cuentan con habilidades sociales. En general presentan baja inclinación a la reflexión y el pensamiento abstracto.

Sensación – extrovertido

Este tipo de personalidad mezcla la búsqueda de sensaciones tangibles con la vivencia del entorno y con los otros. las personas con este tipo de personalidad se sienten bien con la interacción con otros y deben cambiar los estímulos constantemente.

Intuición- extroversión

La personalidad de tipo intuitivo extrovertido, tiene una tendencia a emprender los proyectos y las aventuras de duración media a larga, quiere comenzar devuelta cuando una termina.

Les gusta viajar, transformarse, interactuar con los otros, con el entorno y vivir en sí todo tipo de aventuras, la personalidad normalmente, el interés de que algo está puesto hasta que lo consiga.

Tiene una moralidad que no es intelectual ni sentimental, es propia, es la fidelidad, la intuición, el sometimiento a la fuerza, es poca la consideración por lo que se refiere a los que le rodean.

Los 4 temperamentos del ser humano

Hay una teoría que explica los cuatro temperamentos principales. Uno de los grandes ámbitos de la psicología es el estudio de las personas, pero a la hora de buscar modos de clasificar y describir el estilo de comportamiento y pensamiento de las personas, no solo se habla sobre personalidad, son que hay otros conceptos que a lo largo de la historia también se usan para intentar captar singularidades de cada uno. El concepto se llama temperamento e intenta dar paso a las inclinaciones y tendencias de cada uno que son más fijas, invariables y difíciles de cambiar.

Los tipos de temperamento de cada persona acostumbra a ser entendida como una estructura básica encima de la cual se hace la personalidad de cada uno con todos los detalles y particularidades.

En los últimos años el término temperamento se ha usado para hacer referencia a la genética de cada persona, la parte que se hereda de la personalidad, lo que quiere decir que el temperamento de cada uno permanece sin alterarse, independientemente de las cosas que pasen, el modo en el que se aprenda a gestionar emociones, etc.

¿Cómo es que nade la idea de que las personas tienen distintos tipos de temperamento y los hace distintos unos de otros?

La respuesta es la teoría de los cuatro temperamentos básicos, que parten de la idea de que la manera de ser depende de las sustancias o humores que tienen el cuerpo.

Una de las primeras personalidades históricas en desarrollar esta teoría de los cuatro humores es el médico griego Hipócrates.

Esto fue por el siglo V y IV antes de Cristo, en la antigua Grecia, donde vive Hipócrates, tenía mucha importancia la creencia de que todo lo que hay en el planeta se compone por elementos combinados entre sí. Hipócrates tenía mucha importancia, se componía de pocos elementos que se combinaban. Esto se forma por sustancias llamadas humores.

Estos son los humores:

- Sangre para el elemento del aire.
- Flema para el elemento agua
- Bilis amarilla para el elemento fuego.
- Bilis negra para la tierra.

Hipócrates no dejaba de ser un médico, por eso hizo esta teoría humoral que entraba en el campo de la medicina y en la de la psicología y personalidad según él, el hecho de que el cuerpo tenga estas sustancias, hace que estemos sanos, mientras se descompensan los niveles que producen enfermedades

Sería Galeno de Pérgamo quien en el siglo II antes de Cristo, hace más esfuerzos para transformar la teoría de los humores en temperamentos básicos.

Galeno parte de la idea de que todo se constituye por cuatro elementos y que cada uno de ellos corresponde con os humores del cuerpo para aplicar la visión a la psicología de esa época que era bastante primitiva.

Para este médico, los niveles en los que se presenta cada uno de los humores en el cuerpo explican los estilos de personalidad y el temperamento de este, lo que lleva a ver cantidades de estas sustancias que pueden saber el estilo de comportamiento de una persona y cómo expresa las emociones.

Galeno propone estos temperamentos:

Temperamento sanguíneo

Las personas sanguíneas se caracterizan según Galeno por ser personas alegres, buscar la compañía de otros y ser optimistas. Se ven cálidos a la hora de actuar obedece más a los sentimientos que a las conclusiones generadas por el análisis racional. Además, cambian de parecer fácilmente y son poco disciplinados, porque se guían por la búsqueda del placer inmediato, por eso dejan cosas a medias, el elemento asociado es el aire.

Temperamento flemático

El temperamento flemático muestra propensión a un modo sereno de comportarse, un modo de acercarse a las metas, se basan en la racionalidad y son perseverantes.

La teoría que tiene Galeno es que las personas que se destacan por esto valoran mucho la exactitud a la hora de pensar y hacer cosas, pocas veces se enojan y no muestran mucho las emociones, llegan a parecer frías. Se muestran un poco tímidas y evitan ser el centro de atención o sostener el rol de líder. Según la teoría de los cuatro temperamentos, esta personalidad es del elemento agua.

Temperamento colérico

Las personas que destacan con el temperamento colérico pueden ser enérgicas, independientes y proactivas. Tienen una tendencia a dedicarse a una actividad o emprendimiento de proyectos, defienden con ahínco las opiniones y posturas de las situaciones que hay.

Confían en el criterio y no temen entrar en confrontaciones con otros, los que le hace asertivos y no se alejan de posiciones de liderazgo, pero este tipo de temperamento es extremo, puede dar paso a aparición de conflictos y hostilidades. El elemento que se relaciona con estos es el fuego.

Temperamento melancólico

Las personas que tienen este tipo de temperamento se caracterizan por ser sensibles, creativos, abnegados, introvertidos y perfeccionistas. De algún modo este tipo de personas se puede relacionar con el concepto de personas muy sensibles.

Pueden hallar placer en tareas con esfuerzo, que requieran sacrificio, les cuesta decidirse a la hora de comenzar proyectos justos por un espíritu perfeccionista, y la preocupación que da la inseguridad de no saber lo que pasará. El humor varía fácilmente y muestra propensión a la tristeza. El elemento de este es tierra.

Los cuatro elementos la psicología

La obra de Galeno es un referente con muchos siglos de historia, pero no es válida en la psicología y la medicina. Los motivos son que por un lado no se formula la idea y las posturas aceptadas, por otro lado, que el modo en el que se describen son diferentes, ambigua. Esto quiere decir que, aunque inspire se refleja la personalidad en algunos de estos temperamentos, puede que parte del interés cause el sencillo sistema de clasificación por el efecto Forer, como sucede con el eneagrama de la personalidad.

A la larga, en la época de Galeno la psicología como ciencia no existía, apenas se comenzaba a comprender el funcionamiento del mundo y el cuerpo humano, se acudía a conceptos poco conocidos, compuestos por ideas que, aunque de manera intuitiva se podían relacionar entre sí. Más allá de esto no hay justificación de que se unan. Por ejemplo, no hay motivo por el que dentro del temperamento flemático aparezca el carácter unido con el modo de pensar racional.

Aunque, la teoría de los cuatro temperamento no tiene validez científica, no quiere decir que no haya servido como inspiración para varias teorías de la psicología moderna. Muchos estudios de la personalidad se han basado en el concepto del temperamento para desarrollar el test. Herramientas de medición de personalidad y que se considera herencia genética con un papel importante en la forma de ser.

EL CIGARRILLO Y EL LENGUAJE

Por la manera que fumes es que te van a conocer. Fumar es una acción que se hace para descargar tensiones propias de la agitada vida moderna. Las personas que fuman cada tanto, sienten que se baja el estrés cada que inhala el humo. La nicotina sirve para ayudar a controlar o disimular la ansiedad cuando la persona inhala cigarrillos. Sin pensarlo se rememoran los actos de succionar el pecho materno, se sienten, por medio de la seguridad se disimula la ansiedad, cuando la persona inhala el cigarrillo rememora de manera inconsciente el pecho materno, siente la seguridad que le brindaba el encontrarse protegido de los brazos maternos.

Es así como el acto de fumar nos puede dar pautas para determinar si una persona en algún momento se encuentra con nervios o ansiedad. Puede decirnos mucho sobre la personalidad de un individuo, por eso estudiemos detalladamente la forma de fumar.

Arnold Schwarzenegger en sus comienzos era arrogante se sentía superior a los demás, fumaba y exhalaba el humo mirando hacia arriba, con un placer y un ego alto.

Veamos entonces lo que implica fumar y lo que dice.

- Exhalar el humo para arriba es propio de personas egocéntricas, seguras de sí mismas o que se encuentran en estados positivos.
- Exhalar el humo hacia abajo, cuando veas al fumador echar el humo para abajo, verás que este gesto viene de la mano de otros gestos que tienen molestia o frustración, a lo mejor preocupación. Es un gesto que indica un estado anímico negativo.
- Encender un cigarrillo y apagarlo antes que acabe indica intranquilidad, deseo de acabar la conversación o irse.
- Golpetear constantemente el cigarrillo en el cenicero, indica inseguridad y nerviosismo.

Puedes ver el estado de ánimo de las personas al entrar en un salón, solo viendo la manera en la que fuman. Puedes mirar en la sala de un hospital y ver las personas en cuatro modos de fumar, lo que te hará ver según las condiciones particulares en la que se hallan. Puede ser un nacimiento, entonces exhala hacia arriba, celebra la llegada de ese bebé, el que le den una mala noticia de un familiar frustrado fumará hacia abajo. El que tiene horas esperando una respuesta del personal médico o que se pone impaciente sobre un familiar no sale del pabellón encenderá y apagará el cigarrillo constantemente o te va a golpear constantemente el cenicero

Ya ves que no es difícil interpretar el lenguaje corporal por medio del cigarrillo.

EL LENGUAJE DE LOS ANTEOJOS

Vamos a cerrar con el lenguaje de las gafas o anteojos. La manera en la que se use puede mostrar gestos, usuales, que se hacen con ellas.

Cuando te quitas las gafas en una conversación estás pidiendo tiempo y silencio, quien te mira por encima de las gafas te juzga, cada gesto que se hace al jugar con los anteojos dice algo de la autoestima o sociabilidad.

Que un candidato a un empleo juegue con las gafas, es un mecanismo para poder aliviar la ansiedad, pero en el caso de que no se haga naturalmente y se acentúe, habría que detectar a qué obedece el grado de ansiedad, si se hace solo al inicio no se le da mucha importancia, si se hace durante la entrevista se puede pensar que es un candidato nervioso.

Algo bastante típico es llevar la varilla de las gafas a la boca, es un gesto de afirmación de la seguridad ante estrés o nervios, es un acto de autoafirmación para tranquilizarnos y ganar seguridad. También se usa cuando necesita tiempo o retrasar alguna decisión. El quitarse las gafas y limpiarlas es otro modo de ganarse unos minutos lo que mejor se puede hacer si la persona se queda en silencio, puedes pide sin palabras un momento para poderse decidir. Además, los gestos que siguen a estos movimientos son idénticos para saber lo que quiere la persona o si lleva gafas, tener dominio de la conversación.

El que se ponga gafas luego de quitárselas y limpiarlas quiere decir que quiere ver de nuevo las cosas. Te da permiso para que avances en el contenido, las guarda cuando la conversación haya terminado.

El ver por encima de las gafas se interpreta como un juicio crítico, por lo general alguien que recibe esta mirada se siente ofendido, se cruza de brazos y piernas y llena el paso de sentimiento negativos. La verdad es que a veces quienes miran por arriba de las gafas es que tienen unas de visión corta y den detallar algo más con la vista larga. Entonces no se las quita, sino que se las bajan hasta la mitad de la nariz.

En resumen, te puedes quitar las gafas cuando hablas y ponértelas cuando escuches. Relaja a la persona con la que conversar y enseña a guardar silencio cuando te las quites.

Consejos para que escojas anteojos

- Ancho: los extremos de la montura se deben alinear con los lados de la cara. Anteojos muy pequeños hacen ver a la gente más gorda. Montura muy grande esconde la personalidad.
- Oscuridad: en caso de las gafas de sol, mostrar un poco los ojos, evitando que los cristales queden opacos le da más interés y sensualidad a nuestra estampa.
- Diseño: la regla general es que los lentes redondeados son apacibles y pacíficos, mientras que los que tienen ángulos son más agresivos.

CONCLUSIÓN

Como se pudo ver en este contenido, el lenguaje no verbal dice más de nosotros que las palabras que empleamos. Son muchas las técnicas y hartos los estudiosos que han profundizado en este tema. Lamentablemente aún son muchos los que no aprovechan los atributos.

Vamos a cerrar rememorando la importancia que tiene el lenguaje no verbal. Seguramente las personas te han percibido acorde a lo que proyectas. Los jefes, compañeros de trabajo, colegas, así como muestras el cuerpo, así te perciben.

La comunicación no verbal es más importante que la verbal, aunque la palabra tiene poder, no se parece en nada a la comunicación no verbal. Los movimientos, los gestos, llegan a la persona antes que la voz, por eso, es que se tiene que trabajar la confianza en ti mismo.

La comunicación verbal es importante para dar el mensaje correcto, el poder del lenguaje del cuerpo es un factor elemental de cómo se puede sentir a una persona. Recuerda que el 93% de la comunicación no es verbal, una cifra nada pequeña para analizar la importancia que le hemos dado a la comunicación verbal.

Se debe tener en cuenta que el lenguaje corporal es antiguo, innato, es así porque las personas ciegas usan las mismas expresiones de lenguaje corporal que las personas que ven. Es como si hubiera un programa no verbal que viene ya programado en nuestro cerebro.

La comunicación no verbal ejerce un gran papel en la comunicación, no podemos olvidar que hay una influencia en lo que sienten los demás, lo que piensan, por esto es útil que se aprenda a gestionar y a sacarle provecho a nivel profesional.

Hay acontecimientos peculiares en el lenguaje corporal, por ejemplo, en las empresas es bueno conocerlo para poder contratar o desarrollarse mejor en los negocios. Puedes elegir entre los tipos de posturas, una es la pose del poder y la otra es la que no tiene poder alguno.

El estudio revela que la pose de poder ayuda a conseguir empleos y nos hace sentir con más éxito y mejores. No hay que hacer mucho, solo cambiar la posición de los brazos o las piernas. Si hay cambios en el lenguaje corporal, hay cambios en el cuerpo.

Recuerda la posición de los pies, ponles atención a ellos, muchas veces nos enfocamos en la parte superior, pero los pies revelan más sobre las emociones de lo que se podría pensar.

Cuando te acercas a dos personas conversando, se puede percibir en dos formas. Si los pies de los colegas se quedan en su lugar y tuercen solo el torso superior en tu dirección. No se quieren unir a tu conversación, pero si los pies se abren para incluirte, sabes que tienes paso para que participes.

Recuerda que para saber si las conversaciones terminan, tienes que ver que cuando hables con un compañero de trabajo, que parece que te pone atención y que tiene la parte superior inclinada hacia ti, pero las piernas y pies están mirando a la puerta, la conversación ha llegado al fin. Los pies dicen que quieren irse. La posición de los pies pueden ser reveladores, aunque se crucen las piernas.

Recuerda que las personas que sonríen sin sentirse felices, pueden hacerlos más felices. La manera en la que nos sentimos sobre las emociones no depende del cerebro, hay partes del cuerpo que ayudan a reforzar sentimientos que tenemos.

Hay que practicar poses de poder por tres minutos, previo a tener conversaciones importantes, lo puedes probar en un sitio silencioso y ver si tienes los mismos resultados. Otro de los consejos es que si buscas cambiar la posición al tener una charla podrás reducir la tensión en conversaciones y llegar a soluciones más rápidas. Si físicamente te alineas con esa persona, sentado, parado, hombro con hombro en la misma dirección para calmar la situación.

El tono de voz se puede transmitir con una gran cantidad de información, que va desde el entusiasmo al desinterés e incluso la ira. Analiza cómo el tono de voz afecta las respuestas de otros, si ves que estas no son lo que querías, trata de usar un mejor tono, puedes enfatizar ideas que quieras comunicar, si quieres mostrar n interés en algo expresa el entusiasmo con un tono más animado.

Ya para ir terminando esta experiencia, recuerda que el contacto visual es una parte importante de la comunicación, pero tenemos que recordar también que no significa ver fijamente a los ojos a alguien sin parar, hay expertos que recomiendan este tipo de comunicación, que se haga en intervalos de contacto ocular que duren entre 4 y 5 segundos, de manera intermitente.

A veces parece tener habilidades especiales para el uso de la comunicación no verbal efectiva y la interpretación de señales de otros. pero si no eres muy afortunado, ten en cuenta que es una habilidad que se puede trabajar si se ensaya.

PSICOLOGÍA OSCURA Y MANIPULACIÓN

CÓMO APRENDER A LEER A LAS PERSONAS, DETECTAR LA MANIPULACIÓN EMOCIONAL ENCUBIERTA, DETECTAR EL ENGAÑO Y DEFENDERSE DEL ABUSO NARCISISTA Y DE LAS PERSONAS TÓXICAS

INTRODUCCIÓN

La psicología oscura y la manipulación está presente desde que el hombre se puede comunicar, no solo verbalmente sino con el lenguaje corporal. Unos siempre han buscado la manera de manipular al otro.

Es utilizada para poder manipular a otros, ¿cómo lo hacen? Es lo que estamos a punto de descubrir, hay muchas formas de hacerlo y sin excepción en algún momento de la vida hemos aplicado la manipulación, solo que con la gran diferencia de que hay manipulación sutil y unas que hacen personas que son realmente maquiavélicas.

La psicología oscura se ha estudiado por científicos para intentar entender qué es lo que permite a las personas seguir los sueños de manera despiadada a expensas de toda la gente alrededor.

Hay principios científicos de persuasión, y los que usa la persona para afectar a otros que no estén de acuerdo con él, aparentemente por voluntad propia.

Son técnicas de control mental que usan personas que logran descubrir las vulnerabilidades de otros y así les cambian su realidad y los tiene a su voluntad.

Conoce por qué engaña la gente que la lleva a actuar así, también entiende por qué las personas se dejan manipular, cómo es que en realidad funciona el control mental.

Hay muchos tipos de manipulación, desde los indirectos que no se perciben hasta algunos que las personas no quieren ver porque tienen afectos combinados que hacen que no dé el paso para librarse de las manipulaciones.

Conoce los secretos de la manipulación, las afectivas, que son las más comunes. Si no sabes si te están manipulando, conoce los secretos de la manipulación y cómo te puedes librar de ellos. En las relaciones las manipulaciones son comunes, conoce cómo identificarlos, tantos para las mujeres como para los hombres.

No todo lo que se habla en este libro es de lo malo que hacen los manipuladores, hay manipulación buena y es la que busca convencer a otro de que dé un paso, o para generar un impacto en otros y convencerlos de lo que sea.

Ten presente los objetivos finales que quieres con esa manipulación, aprenderás a hablar con la audiencia usando un lenguaje persuasivo, apoyando el mensaje con imágenes y dejando una apertura en cada uno de los que te oyen. Paso a paso conocerás cómo generar una buena imagen y que las personas conecten contigo.

Una de las maneras en las que se da la manipulación es por medio del lenguaje no verbal, conoce todas las estrategias para bien y para mal que incluyen al lenguaje no verbal y a la manipulación.

Podrás saber cuándo te manipulan y también cómo manipular, esto combinado con lo anterior de saber dar un discurso es el boleto para que sepas cómo conectar con los demás.

Sabrás con este contenido, cómo dominar conversaciones, esas donde todas las miradas se posen en ti, que te escuchen y lo que le digas lo tomen como convincente y real. Ideal para quienes necesitan dar un discurso o vender. Hay secretos de una buena conversa que se pueden aprender sin mucho esfuerzo y dejan grandes resultados.

Este contenido aborda todo sobre la persuasión, desde la que sucede en la pareja, hasta la avanzada, que se da con la manipulación de los medios, como nos colocan ideas en la mente desde comerciales a políticos y también por la hipnosis, tanto la benigna que busca ayudar hasta la colectiva

La psicología oscura está presente en nosotros, a donde miremos hay alguien intentando meternos ideas y hacernos cambiar de parecer, por eso, es importante conocerla a fondo.

LA PSICOLOGÍA OSCURA USADA PARA FINES PERSONALES

La psicología mental es un término que algunas personas ponen en marcha para hacer referencias a rasgos oscuros o inquietantes en una persona como el maquiavelismo. La psicología oscura ha englobado rasgos de personalidad que no son deseables, como la manipulación y el control que se ejerce, entre otras cosas además son peligrosos, lo que lo podría llevar a ser una víctima

¿Qué es la psicología oscura?

La psicología oscura como tal no existe, no hay una rama que diga que está presente. Sí hay áreas de la ciencia que se ocupan de indagar el comportamiento de criminales, como lo es la psicología criminal, la que avoca a estudiar el comportamiento de los que la han cometido, con el plan de determinar, cómo o por qué la persona actúa de determinada manera.

La psicología criminal se encarga de estudiar cuáles son los tipos de delincuentes y cuáles son las conductas delictivas en las que se puede caer. Para el caso de la psicología forense, esta estudia los tipos de delincuentes y las conductas que tienen, también los procesos mentales y lo que presente esta persona. Con el propósito de presentar algún informe. De esta manera, mientras la psicología criminal involucra estudios a las víctimas, delincuentes, la psicología forense dedica más el estudio de la personalidad y comportamiento criminal.

Es por eso que se hace mención a este tipo de psicología, aclarar los conceptos y acotar que una persona que encaje en los patrones de conductas que se señalen en la psicología oscura, no es que esto se traduzca en que es un delincuente.

Pueden serlo, claro, pero una de estas personas manipuladoras, controladoras, pueden estar en cualquier lugar, pueden ser familiares, hasta uno de nuestros padres, no en una prisión, puede ser el vecino, el maestro que va a las clases, cualquiera de estos.

Hay algo que se estudia ampliamente en la psicología clínica. Se llama la triada oscura. esto también ha tenido consideración en departamentos de gestión empresarial.

La triada oscura hace referencia a las personas que lanzan altas puntuaciones en evaluaciones que muestran probabilidades para molestar y dar problemas, lo que es un problema para ocupar más liderazgo.

Las personas que alcanzan puntuaciones altas, generan malestar en el ambiente donde trabaja, porque tienen perfiles que se muestran poco empáticos, compasivos, no caen bien…

Lo que se denomina triada oscura si se aborda en el campo de la psicología y cubre los rasgos de personalidad propios de narcisismo, maquiavelismo o psicopatía. Se llaman con esto oscuro, porque tienen un toque de maldad, frialdad, las emociones las expresan mal. Así como comportamientos agresivos, falsos, carentes de sinceridad.

Los que comienzan a hablar de la triada son los autores Delry L. Pauhlus y Kevin M. Williams, en 2002.

Aunque el psicólogo Moraga Fernando, tiene un estudio que se llama: La triada oscura de la personalidad, maquiavelismo y psicopatía, una mirada evolutiva.

Señala que el origen de este estudio aparece en 1941 en la obra The Mask of Sanity de H. Cleckey. En el 91, Robert Hare logra que la triada contara con un trabajo Psychopathy Checklist-Revised (PCL-R).

Veamos los rasgos de la psicopatía:

En el 76, Cleckey propone rasgos que pueden definir psicopatías subclínicas:

- Pésimo encanto superficial, lo que atrae desde el inicio.
- Gran inteligencia.
- Falta de pensamiento irracionales
- Sin alucinaciones.
- Nada de muestras de nerviosismo.
- Poca sinceridad o falsedad.
- Conductas antisociales sin justificación.
- No siente vergüenza.
- No siente remordimiento.
- No ama
- Egocentrismo
- No tiene intuición
- Poco afecto
- Insensibilidad
- No aprende de las experiencias.
- Actúan exagerados, bien sea bajo efectos de alcohol o no.
- Vida sexual frívola
- Amenazas de suicidio que pocas veces se dan.
- No hacen plan de vida.
- Relaciones afectivas inestables.

Cuando se menciona el término de psicología oscura, se hace mención a esos detalles que acabamos de ver. Cobran relevancia y se estiman de gran importancia, caen en actos deshonestos para escalar posiciones, crean conflictos, entre otros actos.

¿Por qué engaña la gente?

Las personas engañan. La confianza mutua es de los pilares en las relaciones románticas y las relaciones de amistad o laboral. ¿qué pasa cuando se rompe la confianza?

Una falla es capaz de causar estragos en las relaciones. Como se da con análisis recientes, por ejemplo, las principales causas de divorcio son las infidelidades. También puede ser causa de manipulación, de mala salud mental, depresiones, ansiedad.

Que la persona engañe causa una serie de consecuencias adversas, tanto a nivel personal como en relaciones, las personas engañan.

¿Por qué lo hacen?

Una investigación donde le preguntan a casi 500 personas sobre las experiencias pasadas engañando a otros. Les piden que confiesen el engaño, que podía ser desde un amigo, hasta infidelidades, el 95% respondió que era para fines propios, para placeres personales y egoístas, es decir, pensaron en ellos mismos antes que en los demás.

Se han hecho varios estudios al respecto, en muchos casos hace falta una investigación empírica. Estos son algunos de los motivos por los que las personas engañan.

- **Perdían el amor o afecto**: en ocasiones, un déficit de afecto hace que las personas engañen, les importa poco o tienen una carencia de amor con esa pareja, si es en casos de parejas. En ocasiones ya los afectos están en otros lados, y es una de las razones por las que terminan engañando.
- **Buscan variedad**: pasa también que las personas se hacen infieles como respuesta a patrones donde se aburren. Muchas personas andan buscando variar, es por eso que buscan variar la vida.
- **Las fuerzas de las situaciones**: muchas veces las personas engañan porque les falta algo, a veces daban con oportunidades que no habían previsto.

- **Para subir la autoestima**: puede sonar contradictorio, porque cuando engañan dicen que es por problemas personales significativo, el tener aventuras supera el ego y la autoestima. Muchos dicen que engañan para intentar aumentar la autoestima.
- **Por enojo**: esta es otra de las razones, por papeles importantes, aventuras. El engaño es un modo de vengarse.
- **Falta de compromiso**: la falta de amor y de compromiso por los demás hace que la gente falle, que engañe, simplemente no le importa nada.
- **Por deseos sexuales**: cuando sucede con parejas, se da que la persona tiene deseo sexual para con otra y les llena el impulso de tener esa aventura. No se comprometen con las relaciones. Las parejas no se están comprometiendo con la frecuencia del sexo que les hace falta. Los hombres reportan esto con un mayor número de mujeres en los estudios.

El control mental

Seguramente has sido sometido al comportamiento doloroso y dañino que las personas hacen sin tener escrúpulos.

Puede que hayas sido víctima de humor negativo dado para meterte con los puntos débiles y ser vulnerable.

Lo bueno es que te puedes proteger de estas estrategias oscuras para que evites ser manipulado o arrastrado a la realidad a expensas de la cordura.

El arte de psicología oscura se ha estudiado extensamente por científicos para que entiendas lo que permite a las personas seguir los sueños, con todo alrededor.

El proceso del control mental

El control que los demás ejercen sobre nosotros es la búsqueda de controlar el comportamiento, usan técnicas de persuasión o control mental, tratando de eliminar las capacidades críticas o autocríticas de la persona. Tienen un gran rango de tácticas psicológicas que pueden subvertir el control de una persona sobre el pensamiento, emociones, comportamiento o decisiones. Los métodos por los que puede tener ese control, son el foco de estudio entre sociólogos, neurocientíficos y psicólogos. Aunque el control mental lo tenemos también en la religión, política, televisión, prisioneros de guerra, operaciones encubiertas, totalitarismo, cultos, tortura, terrorismo y manipulación neurocelular.

Hay maneras de manipulación que pueden ser altruistas, pero la manipulación tiene normalmente una connotación que no es buena, que evoca manipulaciones, comportamientos egoístas, lavado de cerebro, las que llevan al suicidio o comportamientos genocidas.

Están los que distinguen la manipulación mental, es un término general de la dominación, donde procura lograr que la persona o grupo se comporte sin consciencia clara del origen exterior de la sugestión, del modo previsto por los manipuladores, usando violencia. De algún modo es frecuente en las sociedades, sean o no democráticas, en el plano profesional, familiar o conyugal, porque desde que existe, deformación, mentira u omisión voluntaria de la verdad. Se mantiene en presencia de tentativas de manipulación, a veces se califica de manipuladoras, a personas que solo tienen una actitud para convencer sin tener objetivos, egoístas, algunos toman que la publicidad es un modo de control mental.

Decir manipulador es decir que se es proclive a personas de todos os orígenes sociales. El manipulador tiene una estructura psicológica perversa del tipo psicópata, puede verse tipo psicópata, aparecer como simpático o no, puede verse como víctima parece que cada uno es más o menos manipulador en la vida.

Sobre las definiciones se pueden mostrar varios tipos de manipuladores, los que usan sin remordimientos, que actúan con narcisismo, con poder, pueden actuar mostrándose como estafadores, con malas intenciones. Pueden apoyarse en mentiras, en seducción, en coacción por amenazas o por la fuerza, puede desestabilizar de manera psíquica, ser una herramientas de algunas formas de tortura.

Se puede entender el comportamiento como algo perverso o torcido, de un desorden de personalidad, con causas que se remontan a la infancia, a la educación del manipulador, si ha sido manipulado por los padres o educadores, los psicólogos normalmente ven comportamientos de manipulación, en las familias y en el entorno laboral o educacional.

La manipulación mental es un modo de egoísmo, muchas veces el manipulador demanda en los otros comportamiento aceptable, sin adecuarse a ellos mismos. Se apropia de ideas de otros. intentando hacer tomar por otros las responsabilidades. El manipulador argumenta que lo que hace es moral o lógico. Usa pretextos, como la norma, el buen comportamiento que se da tener en la sociedad o grupo, saber dar uso de los puntos débiles de otros, hacer que se sientan ridículos, culpables, lo que ubica o mantiene la situación favorable para manipulación.

La manipulación mental se apoya en varios registros:

- El emocional que es el miedo, la vergüenza, angustia, pudor, inmadurez, timidez, esperanza, necesidad de que le reconozcan, confianza, amistad, lazo familiar, deseo, conciencia profesional. Sentimientos que pueden ser explotador por el manipulador.
- La explotación del sesgo cognitivo por informaciones que no son reales, las simplificaciones o jerga retórica y los sofismas y órdenes paradojales.
- Las presiones psíquicas o físicas, repetidas, son una dinámica de grupo que el manipulador busca controlar.
- El mantener el rol de chivo expiatorio, donde un grupo se mantiene como perseguidor, aislado del grupo. El registro de dominación se desarrolla con el miedo y los principios de recompensa, sumisión y castigo.

Tener poca autoestima, es un sentimiento que genera culpa o inferioridad y vuelve a las personas más vulnerables a la manipulación, así como con otros escenarios tales como:

- Depresión. Que puede ser resultado de la manipulación mental.
- Shock traumático, en las situaciones donde hay pérdidas, como de un padre, de un ser cercano, separaciones, perder el empleo, atentados, violaciones, acusaciones… todo esto crea neuróticos que culpa y que pueden ser manipulados por personas psicópatas
- Traumas reprimidos que han sucedido en la infancia.
- Esquizofrenia de la persona.
- Alguna droga, estupefacientes, medicinas, toxinas que anulan la lucidez y la conciencia, por esto volver a ellos hace la manipulación más fácil.
- La edad, los niños y jóvenes son más influenciables, los pueden sugestionar, por tanto, manipulables, pero las personas son dependientes, sensibles a argumentos fundamentados.
- Devoción, aficiones o fanatismo especial de personas que les mantenga sumisos a la voluntad del que manipula que aparenta conocer más o ser erudito de la devoción.
- La sugestión por llegar a un nivel de hipnotismo en personas como inmaduros o niños, los medios masivos, con propagandas políticas en donde sugestiona y se siente identificado con el imaginario ganador, aunque los medios para ganar, como el asesinato.

Aunque a veces lo dicen, el estudio no siempre protege de ser manipulable ante ciertos entornos.

La manipulación con comunicación, con vaguedad

Son hábiles para la comunicación no verbal, con lo que no dan mensajes que sean constructivos, pero a nivel no verbal dejan el mensaje contrario, dicen que sí, pero que no, una ambigüedad que nos deja sin poder reaccionar.

Los manipuladores se escudan tras estrategias de comunicación que dominan a la perfección, que crean una falsa impresión en los otros o desconcierto que hace difícil actuar en el momento y no permite defenderse.

Los discursos indirectos como manipulación

Son muchos los discursos indirectos o ambiguos que no dicen nada pero que pueden significar todo. Estos mensajes despiertan la mente y busca posibles interpretaciones, al final se entra en un bucle que provoca inseguridad.

Hay ironías, bromas, sarcasmo, lanzan muchos mensajes inapropiados, hostiles, ante las quejas que se dan.

También se les da muy bien el manipular las emociones, pueden mostrar equilibrio emocional hasta que en un momento dado se enfadan mucho, se indignan, se ven hundidos, preocupados, tienen tendencia a dar credibilidad a las emociones que normalmente aparecen, las personas logran lo que quieren.

Pasa que el manipulador usa un registro emocional, va por ahí, mostrando que está triste, como víctima, culpa a otros, va de inseguro y resuelve los problemas de siempre, la hostilidad que causa miedo.

En otras muestran emociones positivas, seducen, llenan de halagos, consideraciones, esto encanta, genera confianza en la persona, y se pasa al otro lado de las emociones, donde se critica de forma desmesurada y nos ignora.

Ellos hablan con tanta contundencia, sobre cómo somos y lo que somos, dicen que somos débiles, que no nos preocupamos, que no llegaremos a sacar adelante la empresa, que nos dejan sin palabras y con miedo.

Si somos personas que nos gusta hacer todo bien, valoramos el esfuerzo, siempre nos sentiremos menos.

Otra manera en la que manipulan es ocultando información, de esta manera provocan que nos sintamos fuera de lugar o menos importantes.

Causan rumorología y difamaciones con otros. de una manera sutil, ellos no son protagonistas de las difamaciones, pero sí los que lanzan el primer dardo.

El vocabulario de manera sutil o directa muestra una coacción o amenaza. Si no haces lo que quiero, no tendrás lo que necesitas.

Para rematar, multiplican el efecto de la manipulación, si usan las estrategias ante las personas. El ser manipulado ante otros implica que los presentes caerán bien, en la influencia del manipulador crea una sensación negativa sobre la persona que es manipulada y causa rechazos, falta de apoyo.

La influencia emocional para engañar

Este es un tipo de manipulador que controla, las cosas deben ser a su manera y además le gusta tener seguidores, esos que no se oponen a nada, se rodea de personas que le admiran y nunca le ponen en tela de juicio las decisiones. Puede que esa persona explote, pero lo hace por la causa, sea la que sea y hace de la causa algo suyo por encima de las necesidades reales.

Está la manipulación del amor, la tiranía por las reglas del cariño y del amor. Esta persona manipuladora nos quiere, nos lo hace saber de muchas maneras, pero detrás de esto está la necesidad de dañar para lograr los objetivos o satisfacer las necesidades. A veces es inconsciente, pero genera daños grandes porque las personas que manipulan parte de la red de apego y las relaciones seguras.

Pongamos ejemplos.

Ese gran amigo que al final se queda con un proyecto porque se ha sabido sacar la información y se ha presentado primero escondiendo a uno lo que hizo.

Se obliga a la pareja a ser parte de un curso de baile, cuando no le gusta a esa persona los cursos. Pero es algo clave para no sacar el tema que provoca tantas discusiones.

Un padre que tiene un discurso que dice que da todo por los hijos, que quiere que sean felices. Se siente incómodo con que uno de los hijos haga lo que él considera correcta y anda con momentos tratando de hacer críticas desajustadas o hacer sentir mal.

La frase de "Quién te va a querer como te quiero yo" un mensaje avocado para que haga lo que quiere por miedo al abandono.

Ante situaciones determinadas en personas reacciona con emociones desproporcionadas, que puede ser que tenga habilidades de gestión suficiente y estimule algunos momentos.

También puede ser que las personas hagan teatro, para causar en los otros daño.

La agresividad, hostilidad que permiten que se cuele en una cola y salirse con la suya. El miedo terrible o pánico que hace que las personas no afronten responsabilidad y que otros la afronten por ella.

Muchas emociones no se desajustan, o no son engañosas, un manipulador puede usar la expresión de emociones y sentimientos sinceros, necesarios de una persona para manipularlas y atacarlas, impide que la persona se puede expresar libremente, con necesidades de liberación emocional, de autoafirmación. A largo plazo las personas se anulan con una autoestima baja.

Lo primero que se tiene que hacer es identificar estas presiones y manipulaciones.

El proceso que se pone en marcha para engañar

Una persona que es manipuladora se ve amistosa, encantadora, algunos. Pero luego comienza a colonizar la mente del que tiene enfrente, con manipulaciones absurdas, progresa en el comportamiento y pasa a ser un tirano, admirado, respetado, temido, sin que se dé cuenta, la víctima cae en una espiral de culpa. La sensación que provoca es de intimidación, que falta libertad e inquietud. No obra sin miedo a que el resultado no sea de su agrado.

También se puede actuar con este tipo de enredos en un momento determinado, con cumplir metas, pero hay una gran diferencia entre hacerlo cada tanto y ser un profesional manipulando, entonces esto es lo que pasa cuando tienes a un manipulador cerca.

Se hace pasar por humilde, cautivador

Se suele ver es que se muestra próximo a las personas y sugerirles lo que puede ser una amenaza, causa sentimientos donde dice que solo puede confiar en mí, en nadie más. La persona manipuladora tiene que ser cautivadora, humilde, ante lo que puede parecer desde el enojo y la dominación y que no se puede manipular.

Lo otro que tiene es la habilidad para generar sentimientos de culpabilidad, mostrando desvalimiento excesivo que a lo mejor es consecuencia de falta de ayuda, la persona que manipula siente que tiene u poder que no usa con generosidad.

Muchas veces es un comportamiento que pasa en la infancia, cuando el niño se da cuenta de que puede manejar a los adultos a su antojo, ponen el chantaje emocional para la supervivencia. Debe ser rentable porque no es una actitud exclusiva de los humanos, según estudios publicados.

Uno de los estudios es del Instituto Max Planck colaborando con universidades, publican que los chimpancés también pueden mostrar una conducta similar y chantajear a los ojos si son eso logran más recompensas.

Es una forma agresiva e irrespetuosa de comunicación, con el objetivo de lograr lo que uno quiere sin tener en cuenta los deseos o necesidades de los otros, hay tres tipos de psicopatías, narcisistas, personalidades límites, antisociales. En el primer caso, la persona dentro de los delirios de grandeza, belleza y poder, actúa siendo prepotente, sin nada de empatía.

Creyendo que goza de más derechos que nadie, por su parte los antisociales manipulan de acuerdo con el temperamento impulsivo o agresivo, sin remordimientos. Donde las personalidades límite se da así, la manipulación se da en la inmadurez emocional, miedos y sensación de vacío. Pasa de la idealización extrema de la víctima a la devaluación despiadada.

Las armas que tiene con victimismo, chantaje emocional y amenaza de suicidio.

En qué áreas de la vida somos más engañados

Estos son los principales tipos de manipuladores, a pesar de los conflictos no es imposible detectar estos casos de engaño seguido.

Estas son las estrategias de manipulación que adoptan las personas manipuladoras, según la personalidad o el contexto en el que se trata de engañar a alguien.

Falsas víctimas

Hay personas manipuladoras que se escudan en situaciones desfavorecedoras que en muchos casos es ficticia. Siempre tratan de exagerar, el objetivo es claro, dar lástima.

Esta es una estrategia que apela a las partes del cerebro que se relacionan con el sistema límbico y la memoria emocional y tiene un efecto potente en la conducta de otros, es más, algunas personas no pueden evitar el ceder a lo que piden de manera directa o indirecta, los tipos manipuladores a pesar de intuir que son engañadas.

Buscadores de atención

Son personas que se ven narcisistas, la atención es un recursos preciado que se dispone para elaborar estrategias con finalidad de encontrar eso. En muchos casos las estrategas incluyen una parte de manipulación y engaño.

Se da en personas que fingen poder, que no tienen solo para una forma de destacar sin hacer mucho, que simula interés por las personas, solo para hacer que el interés se dé hacia uno mismo por parte del otro.

Este tipo de personas manipuladoras saben que para los otros es extraño, es suponer que todo lo hacen por la atención que ni se plantean, por eso es probable que sean descubiertas.

Autoridades en la materia

Es una clase de manipuladores que hacen suya la falacia de que saben todo, para poder ejercer control sobre los otros. la idea es que ellos saben mucho de algo en concreto. Por eso son líderes, saben que deben tener la última palabra en todo.

La posición moral sobre la deciden qué hacer los demás es solo una fachada que cumple la función, engañar a otros.

Manipuladores de cámara de ecos

Se trata de personas que quieren medrar a nivel social o económico, dando una figura de autoridad, se abstienen de ofrecer el punto de vista para reforzar decisiones con alguien poderoso.

Esto afecta a los otros, que ven cómo hay un equilibrio de poder claro, como a la persona que ejerce de líder, porque no puede llegar a estar informada cuando las decisiones y emociones tienen defectos.

Desprestigiadores

Si los dos son manipuladores anteriores, se fundamentan en la autoridad, con esta clase es lo contrario, se intenta dañar la posesión de alguien para no tener competencia.

Por eso, las personas pueden posicionarse sistemáticamente en contra de lo que hace la persona seleccionada, suele pasa que hablen mal de ella, no se manipula al que perjudica directamente el entorno.

Manipuladores de falso premio

Este tipo de personas se caracterizan por brindar recompensas para seguir planes. Claro, cuando llegue el momento de dar recompensa, se irán, se trata de un estilo de manipulación que se relaciona con una tarea en concreto.

Aduladores

Son personas que se desviven hablando bien de alguien para que ese crea que está en deuda con ellos y acceda a hacer lo que piden, tal como sucede con las víctimas, puede que se caiga en la trampa a pesar de ser parcialmente consciente de que se es manipulado.

Trileros argumentativos

Tiene que ver con las personas que para manipular optan por caminos de juego verbal, son afirmaciones que pasado un tiempo manipulan para que parezca que decían otra cosa, hacen las mismas cosas con los discursos de otros, de un modo que parezca que dijo otra cosa.

Es algo que sucede mucho en las discusiones, para ganar la opinión pública, por ejemplo, si una persona afirma que un candidato a gobernador no tiene estudios y otra señala que sí, el manipulador va a responder que tener un título es determinante. En este caso se juega con distracciones y con memoria de audiencia para manipular, hablando de cosas que no pasaron.

EL FUNCIONAMIENTO DE LA MENTE HUMANA

La mente tiene una serie de procesos y actividades que trabajan en el desarrollo de la psiquis de una manera consciente inconsciente, en su mayoría son de carácter cognitivo. Es una facultad del cerebro que permite a las personas retener información, analizarla y sacarle conclusiones.

Se puede decir que la mente tiene responsabilidad de la creación de pensamientos, el raciocinio, entender, tener memoria, la emoción, la imaginación. Habilidades cognitivas de una persona que surge de los procesos mentales.

Es normal que haya confusión entre el cerebro la mente, el cerebro es un órgano que se halla en la cavidad craneal y tiene una serie de neuronas. La mente en cambio emerge del cerebro como resultado de su funcionamiento.

Las personas hacen las cosas por motivos personales, incluso los que ayudan

Las personas han dicho que es malo pensar solo en uno mismo. Lo dice la moral, la religión y hasta las costumbres familiares. Pensar en uno mismo está bien, pero es malo que por pensar en uno mismo se pase por encima de los otros. siempre hemos pensado en nosotros mismos incluso en las ocasiones donde ayudamos a otros, las cosas las hacemos con un fin, hasta el darles amor a nuestros seres queridos se hace a cambio de algo, esperamos que esas personas también nos den amor, así digamos que no.

L neurociencia muestra que todo es distinto, no tiene tanto que ver con la virtud, sino con las necesidades de supervivencia. La capacidad para ver más allá de uno mismo es también el rasgo de la inteligencia evolucionada, por si esto fuera poco, se comprueba que incrementa la serotonina y la sensación de felicidad.

Esto es algo que afirma Matthieu Ricard, quien es biólogo molecular francés, quien luego se hace monje budista. Él es hijo de Jean-François Revel. El filósofo famoso. Participa en una investigación sobre el cerebro llevada a cabo en Estados Unidos, luego se va a Nepal adopta el estilo de vida del lugar y quedarse allí.

Matthieu Ricard tiene claro que el egoísmo es una fuente de infelicidad, el que se esté pendiente del yo obliga a adoptar la posición paranoica sin que te des cuenta, todo el tiempo tienes que pensar en cómo mantener ese yo o en cómo exaltarlo o en hacerlo por encima de los demás.

El resultado de pensar solo en ti mismo es que te llenas de miedo, amar es romper consigo mismo, permitir que se deshaga, el egocentrismo lleva a que se hagan barreras, esto lleva a ponerte a la defensiva. Te sientes amenazado en alguna medida y también solo.

Y le das todo el tiempo la vuelta a las ideas que van en torno a ti mismo, limitas la percepción del mundo, la costumbre se hace que sea difícil que mires desde otro punto de vista y rápidamente te hace sensible.

El egoísmo te hace infeliz. Aunque el ser humano es un lobo de dos caras una es la del bloco cruel que solo piensa en sí mismo, la otra es la de un lobo en manada. ¿Cuál gana? Ese al que se alimente.

Para este monje budista, pensar solo en ti te lleva a la indolencia, además tienes que pensar que se pasa fácilmente a la crueldad. En tal sentido solo se dan pensamientos de indiferencia o de odio. Se da a los demás como una estrategia para exaltarse a uno mismo. Los demás son malos y los demás son torpes, solo uno ve la luz.

Cuando la persona queda atrapara, la sonrisa se apaga. El enfado se convierte en un estado de ánimo normal. Los otros no son fuente de felicidad, pero también de desdicha, fastidian, molestan, esos que no cumplan la función de complacer al ego. En estas condiciones, de ahí a la amargura solo hay un paso.

En el laboratorio, mientras hacía investigaciones del cerebro, Ricard comprobó que servir a los otros hace feliz a las personas. Es más, ser más solidario es un método que se aplica para levantar el ánimo a las personas que se deprimen. Con la solidaridad pasa lo contrario al egoísmo, entre más altruista se es, más se sensibiliza el mundo.

La mente y el corazón se abren para poder comprender la realidad de otro, te haces más inteligente, perceptivo. Esto permite que veas el mundo desde varios puntos de vista y enriquece el mundo emocional. Puedes hacer relaciones de más calidad. Para Matthieu Ricard el nivel más alto de solidaridad es la compasión.

El monje llama la atención sobre un hecho histórico. El mundo ha progresado a formas de compasión cada vez más elaboradas. Los derechos de las mujeres y luego la de los animales, son prueba de la evolución.

Para este monje budista comenzó una gran revolución en el mundo, la de la compasión. Esto genera condiciones para que haya mejora económica. A mediano plazo eleva a más calidad de vida y al final, alcanza la preservación del medio ambiente. Poco a poco nos damos cuenta de que la humanidad solo tiene un camino para existir: la cooperación.

Quieren que les traten como si fueran únicos

Creerse el centro del mundo, sentirse más importante que los otros, pensar en sí mismo y creer que lo que se opine y pienses vale más que lo que dicen los otros, son algunos de los rasgos de personas que se creen únicas.

Son esas personas que se proclaman a sí mismas como especiales, superiores a otros, con una arrogancia que les acarrea problemas en las relaciones sociales.

Los ególatras pueden tener personalidades encantadoras, comportarse como déspotas, las relaciones familiares y de pareja se basan en ser manipuladores, aprovechados. También encuentran complicaciones para trabajar en equipo, les cuesta tener amigos, mantenerlos. Se creen especiales, no aceptan que les critiquen y menosprecian a otros.

Las personas de este tipo se sienten infalibles, se presentan como personas seguras, sobradas d autoestima. Las armas las usan como mecanismo de defensa porque en el fondo son personas solitarias, con inseguridades, por eso se sienten adulados y admirados por otros.

Los tipos de personas y sus egos

El egocéntrico parece que vive solo para él mismo, se mantiene en esa posición de superioridad, se esclaviza. Hace una clasificación donde reconoce los diversos tipos de egocéntricos, acorde a lo que quieren satisfacer y que les hace sujetos de sí mismos.

Nerón

Es la persona que practica el egocentrismo deseando por sobre todo dominar a los demás. tienen sentimiento de superioridad y de que los otros deben estar a Mercer suya, provoca que las actividades se dirigen a someter a los otros.

Destacan por ser personas que nunca piden un favor, porque la máxima que tienen es que, a pesar de esto, usa, exige y necesita de los otros para hacer cosas o conseguir metas.

Estrella

Este es el que busca que los admiren a como dé lugar. Quiere aplausos de los demás. buscan llamar la atención, por eso intentan llevar la voz cantante o una actitud que haga que las miradas se posen en él.

Cenicienta

Es una persona que busca la protección ajena. Hace el sufrimiento y el victimismo, la usa como arma para conseguir la atención de los demás, se siente digno de compasión.

Por esto nunca se hace responsable de los errores, sino que proyecta todo en los demás, los hace culpables. Siempre es la víctima, el pobre diablo al que siempre le pasa lo malo.

Tortuga

Es un tipo de ególatra que reivindica la soledad. Necesitan un mundo para despreciar, se ven como personas desarmadas, que no tienen corazón. Se protegen por un caparazón para el amor, solo quieren que les dejen en paz.

Esto no se aleja mucho de aquellos a los que se les puede englobar dentro del trastorno narcisista de la personalidad. Se caracteriza por estos criterios:

- La persona tiene un sentido inmenso de autoimportancia, exagera los logros o espera que le reconozcan como superior.
- Se preocupa por fantasías de éxito ilimitado, brillantez, poder, amor imaginario…
- Cree que es especial, único a la vez que cree que puede ser comprendido, solo se relación con otras que son especiales o de gran estatus.
- Tienen admiración desmedida y excesiva.
- Tienen una conducta pretenciosa.
- Son explotadores a nivel interpersonales, sacan provecho de los otros para sus propias metas.

- No tienen empatía.
- Tienen envidia o creen que los otros le envidia.
- Son soberbios, arrogantes.

Son esclavos de sí mismos, hay muchas formas de combatir el egocentrismo. La voluntad del ególatra es importante para poder reconducir a ser, cómo se adelanta, repercute negativamente en relaciones sociales.

Es importante que la persona se analice, que sea sincera consigo mismo. Que tome conciencia de las fortalezas y debilidades y las asuma como tal. Si no acepta ni se es consciente de lo que pasa, no habrá soluciones.

Otros pilares para vencer el egocentrismo son combatir a otros, participar, ceder en actividades altruistas y hacer deportes o juegos de equipo para valorar el trabajo y los esfuerzos de otros.

Cualidades de una persona manipuladora

Las personas manipuladoras las vemos en todos lados, en círculos de amigos, en los trabajos en los círculos cercanos. La verdad es que muchas veces no podemos identificarlas porque el comportamiento es confuso, a veces se ve como es, pero a veces no es amable ni comprensivo.

La personas manipuladoras son malas para nosotros. Porque no velan por nuestro bienestar, sino que andan con sus metas propias, sin importar lo que haya para conseguirlos. Nos comportamos de una manera manipuladora, en algún punto de la vida, pero también las personas manipuladoras hacen de este estilo un hábito, una parte sustancial del carácter.

Estos son algunos de los comportamientos comunes:

- Cambian rápido de comportamiento: seguramente te ha pasado que una persona que nunca te había siquiera mirado, ahora te mira y te deja un cumplido. Los manipuladores acuden a las acciones para levantar un poco el ego del otro.

Entonces allanan el camino para pedir algo, si una persona que no es cercana intenta convertirse en tu mejor amiga, presta atención.

- Detecta las debilidades o inseguridades que tengas. Cuando las encuentras, las usa en tu contra las veces que sea necesario.
- Son convincentes, las personas que manipulan son muy convincentes en los argumentos. Las personas son capaces de convencerte de que renuncies a los valores, objetivos e intereses con tal de servir a sus intereses.
- Son expertos en que te sientas culpable, para que sientas remordimiento, hace que una conducta tuya te haga sentir mal.
- Asume que piensas cosas, aunque no lo hayas dicho, porque te conoce bien, sabe lo que piensas. O eso es lo que dicen ellos.
- Suelen justificar el comportamiento con frases como "es que no soy el único que piensa esto", es una forma astuta de quitarse algún grado de responsabilidad y sustentar el argumento.
- Crean confrontaciones, tratan de triangular las cosas, ponen a unas personas contra otras.
- Buscan que sientas lástima por ella. es una manera de manipulación sutil, las personas suelen ponerse en el papel de víctimas, de este modo usan la empatía en tu contra, si logras que te sientas mal por ella, eres sujeto de manipulación. Evita a las personas en la medida de lo posible, si te es imposible haz acciones para no caer en el juego.
- No caigas en provocaciones, antes de creer una palabra de lo que diga, haz preguntas correctas y confirma los hechos, verifica siempre la información, crea un ambiente de transparencia para que la manipulación sea inviable.
- No reacciones, en muchas ocasiones las acciones pasivo agresivas tienen como plan generar una reacción agresiva en ti. No reacciones, actúa tranquilamente. Piensa antes de responder.

Ejemplos de manipulación

Verás a continuación una lista de trucos que las personas manipuladoras usan normalmente para coacciones a otros en una posición de desventaja. Aunque no todos los que actúan así están buscando manipularte. Hay personas que tienen hábitos pobres, en cualquier caso, es bueno que reconozcas interés y seguridad.

Ventaja territorial

Las personas que son manipuladoras pueden pedir que se reúnan o interactúen en espacios donde ellos puedan ejercer el dominio. Puede ser la oficina de estos, el coche, la casa. Donde sea que no tienes el control.

Deja que hables primero para establecer la base y tus debilidades

Muchas personas de ventas hacen esto cuando están buscando prospectos. Cuando hacen preguntas generales de sondeo, ponen líneas de base sobre el pensamiento desde el cual pueden evaluar las debilidades y fortalezas. Esto lo hacen con planes ocultos también puede pasar en lugares de trabajo o en relaciones personales.

Manipulación de hechos

Inventar excusas, mentir, ser doble cara, culpar a la víctima de causar la propia victimización, deformar la verdad, divulgar estratégicamente o retener la información clave. Usar eufemismos, mostrar un sesgo unilateral del problema.

Abrumarte con hechos y estadísticas

Hay personas que disfrutan de las bromas intelectuales, presumir que saben mucho, conocedores de áreas, aprovecharse de ti, por medio de la imposición de hechos, estadísticas y datos de los que se tiene poco conocimiento. Esto se puede dar en situaciones de ventas financieras, en discusiones y negociaciones profesionales. Es así como en argumentos sociales y relacionales, cuando se asume el poder experto sobre ti, el manipulador quiere poner cosas a favor de manera convincente, hay personas que usan esto por el simple hecho de superioridad intelectual

Abrumarte con procedimientos y burocracia

Hay personas que usan la burocracia, procedimientos, papeleos, leyes y estatutos con otros obstáculos para poder mantener la posición de poder y a la vez te hacen la vida más difícil. Es una técnica que se puede usar para retrasar la búsqueda de hecho y de la verdad, con defectos y debilidades y evadir el escrutinio.

Levantar la voz y mostrar emociones negativas

Hay personas que levantan la voz en las discusiones como una forma de manipular de manera agresiva. Suponen que si proyectan la voz lo suficientemente fuerte o muestran emociones negativas te someten a la coerción y le das lo que quieres. La voz agresiva se combina con frecuencia con un lenguaje corporal fuerte, como el estar de pie o hacer gestos exagerados para aumentar el impacto.

Sorpresas Negativas

Hay personas que usan sorpresas negativas para desequilibrarte y tener ventaja psicológica, esto puede variar desde lanzar una bola baja en una negociación, una declaración que se da de repente, de que ella o él no va a ser capaz de cumplir lo que dijo, por lo que tiene poco tiempo para prepararse y contrarrestar el movimiento. El manipulador puede pedir concesiones adicionales para seguir trabajando.

Dar poco o ningún tiempo para decidir

Esta es una táctica de ventas y negociación, donde el manipulador ejerce presión para que decidas, antes de que estés listo. Cuando se aplica la tensión y control se espera que rompas y cedas a las demandas del que agrede.

Humor negativo diseñado para tocar tus debilidades

Hay manipuladores a los que les gusta hacer comentarios llenos de críticas, normalmente disfrazados de humor negro, para que te sientas inferior, menos seguro, los ejemplos pueden incluir variedad de comentarios, que van desde el modo de vestir, apariencia, móvil actual, antecedentes, credenciales, a hacerte ver mal y conseguir que te sientas mal. El agresor espera imponer superioridad psicológica sobre ti.

Constantemente te juzga y critica para que te sientas inadecuado

Distinto al comportamiento anterior donde el humor negativo se usa como cubierta, el manipulador se molesta directamente, cuando margina, descarta o ridiculiza de manera constante. Ella o él te mantienen fuera del balance y constantemente. El agresor fomenta la impresión de que siempre hay algo mal contigo, no importa lo que lo intentes, nunca serás bueno, el manipulador se centra en lo malo sin proporcionar soluciones reales y constructivas, y ofrecer formas significativas de ayudar

La ley del hielo

Cuando no se responde deliberadamente a las llamadas, mensajes, correos y otras consultas. El manipulador ejerce poder, te hace esperar y tienes la intención de sembrar dudas e incertidumbre en la mente. La ley del hielo es una forma donde el silencio se usa como ventaja.

Fingir demencia

Esta es una clásica donde se juega al tonto, a fingir que no entiende lo que quiere, lo que se quiere hacer, hace las cosas difíciles, hay quienes usan la táctica para retrasar, detener y manipular. Para que hagan lo que ellos no quieren hacer, hay personas que usan la táctica cuando tienen algo por ocultar, obligaciones que tienen que evitar.

Culpar

Ejemplo de esto es culpar de manera irracional, yendo a los puntos débiles, haciendo responsable a otro de la felicidad, del éxito del que manipula, de la infelicidad y los fracasos.

Cuando se dirige a las debilidades emocionales y la vulnerabilidad del destinatario, el manipulador coaccione al destinatario para que ceda con las solicitudes y demandas irracionales.

Victimizarse

Hay cuestiones personales exageradas o imaginadas, problemas de salud que se exageran, dependencia, jugar al débil, al mártir. El propósito de la victimización es a menudo la de explotar la buena voluntad de los otros, el sentido del deber y la obligación o el instinto protector y de crianza, con la finalidad de ofrecer beneficios y concesiones irracionales.

Técnicas que usan los manipuladores

Los psicópatas no son solo villanos que vemos en las películas y los cuentos, caminan entre nosotros, en las oficinas a diario, parecen como personas normales. Un estudio encontró que una pequeña pero importante porción de líderes empresariales, un 4%, cumple con los parámetros de psicopatía.

Aplica lo mismo para las personas narcisistas, la ciencia muestra que tener narcisismo puede ayudar al éxito en las empresas, pero puede ser pasar un tiempo en el mundo de trabajo y descubrir profesionales dejando el amor propio les vuelva locos.

Para no ir lejos, en el transcurso de una carrera comercial, casi se garantiza que se encontrarán pocos narcisistas y psicópatas que son tóxico que tratan de abusar y manipular.

Estas son técnicas comunes que usan para obtener lo que se quiera:

Gaslighting

Luz del gas, se llama, es una táctica para describir distintas variaciones de tres palabras, esto no sucedió, lo imaginaste, o estás loco. La luz de gas es una de las técnicas manipuladoras más insidiosas que hay, funciona para distorsionar y erosionar el sentido de la realidad, te lleva a confiar en ti mismo y te hace incapaz de insultar y maltratar.

Te tienes que calmar a ti mismo, a veces escribir cosas mientras suceden, contárselo a un amigo, reiterar la experiencia a una red de apoyo, sirve para contrarrestar esto.

Proyección

Las personas tóxicas afirman que toda la maldad de lo que les rodea no es su culpa, sino la tuya. Esto se llama proyección, todos los hacen un poco, pero los narcisistas y los psicópatas lo hacen con frecuencia. La proyección es un mecanismo usado para desplazar la responsabilidad de comportamiento y rasgos negativos de una persona que lo atribuye a otra.

La solución es que no se proyecte el propio sentido o compasión en una persona tóxica y tampoco con alguna de las proyecciones de tóxicos, pero tiene la consecuencia potencial de enfrentar con mayor explotación.

Generalizaciones

Puede pasar que un compañero de trabajo no considera las ramificaciones a largo plazo de ciertas decisiones financieras. El psicópata de la oficina dice que lo llamaste un cañón suelto. Se nota que el trato podía ir al sur si ocurren las condiciones C o Y. el colega narcisista le dice al jefe que el trato era un desastre.

¿Qué pasa? No solo es que el némesis no entendió lo que dijiste, es que él o ella no tenían interés en comprender.

Los narcisistas malignos no son intelectuales, muchos son en verdad perezosos, en vez de tomarse el tiempo para considerar con cuidado una perspectiva distinta. Generalizan todo lo que dices, hace afirmaciones generales que no reconocen los matices en el argumento o que tenga en cuenta las perspectivas que se han homenajeado.

Para poderlo contrarrestar se tiene que mantener la verdad y resistir la generalización, las afirmaciones y darse cuenta de que son formas de pensamientos ilógico en blanco y negro.

Moviendo los postes de la meta

Narcisistas y sociópatas emplean mentiras conocidas como mover postes del objetivo para asegurarse de que tienen las razones para estar insatisfechos contigo. Es cuando luego de haber proporcionado las pruebas en el mundo para validar el argumento, toman acciones para cumplir los pedidos, ponen expectativas sobre los que demandan pruebas.

No juegues ese juego, válida y aprende, sé consciente de que eres suficiente y no te tienes que sentir deficiente e indigno de algún modo.

Insultos

El que hayas estado lidiando con este desde que se encontró con el matón del patio de recreo no lo hace menos destructivo.

Simplemente no lo toleran, es importancia terminar interacciones que incluyan insultos y comunicar que no la toleras. No internalices, date cuenta de que recurren a insultos y carecen de métodos de nivel.

Campañas de difamación

Cuando las personas toxicas no pueden controlar el modo en que te ves a ti mismo, comienzan a controlar cómo te ven los otros, juegan a ser mártires, mientras te etiquetan como el tóxico, una campaña de desprestigio, un ataque preventivo para sabotear la reputación y difamar el nombre.

Los verdaderos genios del mal se dividen y conquistan, enfrentan a personas o grupos unos contra otros. no dejan que tengan éxito. hay que documentar cualquier tipo de poco, asegurarse de no ceder al anzuelo y dejar que la persona lo provoque comportándose de manera negativa. Los abusadores narcisistas hacen esto todo el tiempo.

Devaluación

Ten cuidado cuando una persona parece quererle mientras denigra con agresividad a la última persona que ocupó la posición. Devalúan a los ex, con los otros. comienzan a recibir el mismo tipo de maltrato que el ex compañero del narcisista, pero la dinámica puede suceder en el ámbito profesional y personal.

Conocer el fenómeno es el primer paso para contrarrestarlo. Hay que tener cuidado con el hecho de que la forma en que una persona trata o habla a otra se puede traducir en cómo lo tratará el futuro.

Bromas agresivas

El problema no es el sentido del humor, es la intención que oculta la broma. Los narcisistas encubierto disfrutan haciendo comentarios llenos de malicia. Generalmente disfrazan las cosas con chistes, que se pueden salir con la suya diciendo cosas malas, mientras mantienen actitudes inocentes y frías. Cada que te indignas ante un insensible, hay muchas observaciones, se te acusa de no tener sentido del humor.

No hay que dejar que el abusador de la oficina llame la atención, y pienses que fue una diversión inocente.

Triangulación

Uno de los modos más inteligentes es que las personas son tóxicas, distraen la maldad y enfoca la atención en la supuesta amenaza de otro. Esto se llama triangular. A los narcisistas les encanta informar las falsedades sobre lo que otros dicen de ti. Tienes que darte cuenta de que el tercero en el drama también es manipulado, él o ella son otra víctima, no el enemigo.

Puedes hacer la triangulación inversa, conseguir apoyo de otro que no esté bajo la influencia del narcisista.

Principios de la persuasión

Robert Cialdini es conocido en el mundo por el libro de 1984 Influence, The Psychology of Persuasionuna obra que se ha convertido en libro obligado para hombres de negocios, publicistas, especialistas en marketing. En este libro hay seis principios de persuasión o de influencia. Hay que tener en cuenta esto:

Simpatía (Liking)

El principio de simpatía se traduce como afición, gusto o atracción, señala algo que a primera vista puede verse simple. Se tiene disposición para dejarse influir por personas que agradan, menos por personas que producen rechazo. Acorde al efecto halo, a las personas que se ven atractivas, que se les atribuye valores positivos como honestidad, transparencia, éxito. pero la empatía no está vinculada con la belleza, puede darse por vínculo y familiaridad cuando uno siente que el otro es como uno.

Esto se verifica en la publicidad, con la modelos bellas, como también con celebridades que tienen aceptación y simpatía de determinada audiencia. En política se puede recurrir al principio de simpatía cuando se intenta reforzar la idea de que el candidato es una persona común, preocupada por los mismos problemas que le afectan a uno.

Reciprocidad

Este es un principio que se basa en las relaciones que tienen a la reciprocidad, de tal modo que las personas tratan a otros del mismo modo en que son tratados. Si una persona trata de mantener con respeto y agrado, la respuesta será corresponder. Del mismo modo si alguien recibe un regalo o beneficio, va a sentir la necesidad de devolver el favor. Otra posibilidad es en el campo de confidencias, si alguien cuenta un secreto o algo íntimo, se está dispuesto a contar el nuestro.

La aplicación de esto en publicidad es fácil, por ejemplo, al entregar un obsequio o descuento exclusivo, la influencia de este mecanismo es mayor cuanto más se perciba el regalo como algo personal o dedicado.

Escasez

Este es el principio, donde se tiene más disposición a acercarnos a algo si notamos que esto es escaso o difícil, por eso se tiende a valorar más un ítem raro, una entrevista con una persona muy demandada.

La publicidad es el principio de escasez, se aplica en ofertas por tiempo limitado, o hasta que se agote el stock, también en servicios online a los que se puede ir solo como invitados por alguien que es usuario ya.

Autoridad

De acuerdo con el principio de autoridad tenemos más disposición a dejarnos influenciar cuando somos interpelados por una autoridad, esto no tiene nada que ver con la coacción o con el ejercicio de poder. Tiene que ver con el aura de credibilidad y de estatus que supone la autoridad. Se tiende a creer que se tiene la disposición a opinar. Es un principio que se verifica por ejemplo en la influencia de líderes de opinión que tienen sobre la opinión pública. A veces para poder hacer que una idea o producto sea aceptado, se necesita convencer a otros en este rubro. Esto se verifica cuando una celebridad recomienda usar un producto o defiende una idea. Incluso cuando lo que se promueve no tiene que ver con la actividad.

Compromiso y Coherencia

Este principio de coherencia alude al hecho de que las personas tienen disposición a aceptar la propuesta que corresponde con compromisos o afirmaciones que hacen frente a la persona que las ofrece.

Se tiende a mostrar conductas coherentes con los comportamientos previos, incluso cuando los comportamientos no fueron meditados. Esto explica el por qué, es más difícil captar a un nuevo cliente que mantener a uno que se ha obtenido.

Un modo de poner en marcha el principio es el siguiente, por ejemplo, si se desea que una persona tome la decisión impulsiva y rápida, antes de hacer la propuesta se debe intentar que la persona se defina como espontanea, aventurera o impulsiva, para que tenga disposición a aceptar.

Consenso

El principio de la prueba social es uno de los más interesantes. Se trata de un mecanismo psicológico por el cual se tiende a acomodarse a la opinión mayoritaria, estamos más dispuestos a aceptar algo si los demás lo han aceptado. También si se rechaza si los demás lo han rechazado.

Se ve mucho en publicidad, si se ve que un producto obtiene comentarios positivo en internet, seguramente se compre también, de la misma forma s se ve que una marca tiene mucho seguidores seguramente también se siga.

LOS SECRETOS DETRÁS DE LAS MANIPULACIONES

De un día para otro esa persona que nos parecía tan encantadora, ahora es alguien que nos inquieta, que se ve exigente, desagradable. Es alguien que ha empezado a manipularnos.

Cuando uno ve desde fuera las relaciones de los otros, nos es fácil identificar si una persona usa artimañas para con la otra, para manejarles la vida. Sin embargo, desde dentro del vínculo, la manipulación emocional invisible no siempre se detecta tan fácil.

La manipulación es un proceso de dos fases que comienza sin que se vea, nadie establece una relación de ningún tipo con alguien que desde el primer momento humilla, insulta, o genera molestias. El manipulador va tejiendo una tela de araña para que la otra persona vaya cayendo poco a poco.

Hay que tener en cuenta que no toda manipulación se da de manera consciente y deliberada, hay personas que por sus carencias emocionales tienen necesidad de asegurar la lealtad y dependencia de otros para con ellos. Para poderlo lograr hacen de manera inconsciente acciones manipulativas, las conductas pueden venir desde la infancia, desde que desarrollaron como mecanismo de defensa.

Muchas veces el que manipula no tiene conciencia de que lo hace. Es una persona egoísta, que persigue un solo fin, lograr los propósitos personales, paliar miedos, llenar las carencias, y para eso usa a los otros. sin duda alguna esto no tiene justificación, no resta gravedad, el daño psicológico que puede causar la contraparte abruma.

Además, las carencias de la víctima y la propia historia personal también la hacen más vulnerable a este tipo de relaciones manipuladoras. Tener baja autoestima e incapacidad para poner límites nos pone en una posición difícil donde don darnos cuenta terminamos cayendo en dependencias emocionales

Cuando se da la manipulación esta comienza por la captación, es el primer momento donde le manipulador se acerca a la víctima, despliega los encantos y cualidades, solo muestra virtudes y logros, con la finalidad de que la otra persona los perciba y así sienta que le admira. Se muestra servicial, atento, halaga a la víctima, le ofrece refuerzo constante. De manera gradual y casi sin que detecte se va volviendo indispensable, se establece un relación desequilibrada en la que primero se muestra como una persona admirable, con muchas virtudes que salen para salvar al segundo de las dificultades. Cae en las redes.

Después llega el cambio de roles, en esta etapa el manipulador siente seguridad y sabe que el otro tienen la certeza de que el otro lo necesita, por lo que comienza a quitarse la máscara, si antes se veía exitoso y feliz, ahora se ve negativo, problemático, alguien que requiere atención y apoyo.

Comienza a inundar a la otra persona con sus problemas, exigencias, requerimientos. Aparece el chantaje emocional, las amenazas son estrategias usadas frecuentemente. A su vez, los niveles de apoyo, de cariño se van al mínimo, comienza a sentir molestia en la interacción.

Sin embargo, la baja autoestima y la dependencia que han generado le impiden poner límites al manipulador. El miedo a que se enfade, le rechace o quite el cariño son mayores. De este modo se mantiene la relación de poder y control invisible, preguntando qué ha pasado para que todo cambie y sin detecta que ha pasado una manipulación.

La manipulación es un proceso, difícil de detectar en muchas ocasiones, si queremos evitar vernos envueltos en una relación de este tipo, tenemos que estar alertas. No hay que idealizar a las personas cuando alguien se vea solicito o implicado desde el primer momento.

Tenemos que trabajar la autoestima y la dependencia emocional no hay que ceder el poder a las personas, especialmente tenemos que escuchar las emociones, si una relación se ha vuelto desagradable, entonces lo mejor es salir de eso.

Las manipulaciones afectivas

Además de los nombrados anteriormente, hay otros tipos de manipuladores:

Castigo

Es cuando el manipulador amenaza directa o indirectamente, que, si no hace lo que quiere en ese momento, van a haber consecuencias, como que si no me ayudas vas a saber quién soy yo.

El autocastigo

En este caso la amenaza se dirige a decir cosas malas de sí mismo para hacer sentir culpable al otro. No sirvo para nada, no me necesitas, así que mejor me desaparezco.

Promesas

El manipulador ofrece promesas si se les acata la voluntad, pero no siempre cumplen la promesa. Si sigues conmigo prometo que voy a cambia y haré lo que sea por ti.

Silencio

Los manipuladores lo usan mucho porque supone un modo frío de mostrar enfado, en donde el otro siente que si cede va a lograr que mejore la relación entre ambos.

Victimismo

Está a la moda desde siempre. El manipulador se pone la máscara, se disfraza y muestra culpabilidad, si no vienes estaré todo el día solo y mal. Me pondré muy triste.

Niño pequeño

La persona finge que no sabe para conseguir que otros le hagan el trabajo, el papel lo interpretan alegando la llamada debilidad femenina. Pero cada vez con más frecuencia se encuentran hombres que reúnen estos perfiles. Manipuladores que ascienden en la pirámide laboral, gracias a la labor de los otros.

Elocuentes experimentados

Muchas veces no somos capaces de entender a los otros, los manipuladores hábiles dicen cosas con intención para ofender o herir, especialmente si han prometido algo que no tenían planeado. Vuelven todo contra nosotros para acusarnos de causar malentendidos. Frecuentemente renuncian a compromisos. Manipuladores pillados por el momento en el que dan la palabra.

Promesas imposibles

Recuerda que, bajo presión de otros, se apresuran a hacer promesas imposibles. El manipulador empuja a que prometas lo que quiere él para que luego explotes el sentimiento de culpa. Goza de amistad, y será doblemente difícil darle un no por respuesta. Simplemente no prometas si prometiste, cumple, piensa dos veces antes de asumir obligaciones innecesarias.

Un manipulador viviendo en cada padre

A veces es complicado darse cuenta de que los padres andan chantajeando, se convierten en manipuladores, imponen opiniones a los hijos adultos, dictan la voluntad, controlan acciones e interfieren en las vidas de personas. Tienen que aprender la opinión y no dejar que controlen la vida. No es fácil, pero resulta necesario, no olvides los intereses.

Los padres de tu pareja que ya lo saben todo

Este es uno de los más comunes, los padres creen que hacen todo por la felicidad de los hijos, muchas veces sin darse cuenta destruyen familias felices. Hay madres que no pierden oportunidad de imponer criterio sobre cómo debe ser la pareja ideal para el hijo. Para evitar el tipo de manipulaciones siempre es mejor poner los puntos sobre las í nada más comenzar la relación sobre la familia. Trata en la medida de lo posible de tener tacto, pero a la vez con firmeza, transmitir que la familia son solo tú, la pareja y los hijos.

El culpable inocente

Sin duda, cada uno en su ambiente se ha topado con una persona que cumple con este perfil, no pondera las acciones ni las palabras, reacciona al instante a las circunstancias y ante las acciones de otros, pero la impulsividad termina generándole arrepentimiento por esto, claro, quiere culpar a otros menos a sí mismo.

El manipulador intenta delegar responsabilidad de acciones hacia ti, diciendo que eres el culpable de esto. No temas decir abiertamente a esa persona la causa de su comportamiento.

Perdón, a toda costa

Las discusiones son parte de cualquier relación en la pareja, a veces, las heridas del corazón por agravios son profundas que es difícil curarlas. En este caso el manipulador opta por la vía más sencilla, comprar el perdón con dinero, manipulando sentimientos, confiando en que sientas gratitud por recibir el regalo. Pero no es un regalo, sino un soborno, si deseas expresar sentimiento y el grado de malestar, lo mejor es que renuncies a cualquier regalo.

"Será mejor así"

El manipulador intenta privarte del derecho a elegir, usando el sentido del deber y el amor por los seres queridos, controlando la vida e incluso los movimientos. Si estás envuelto en métodos de manipulación simplemente aplica el mismo truco, ofrece una alternativa que sea conveniente para todos.

La familia es lo primero

Esta es una de las maneras más comunes de manipulación en las familias, el manipulador intenta imponer la idea de que el hilo conductor en la pareja es tener un hijo. Destaca la importancia de los lazos familiares y manipula los sentimientos y quiere sustituir valores familiares por los suyos. Es importante que no piques el anzuelo, conservar el lado racional, piensa si estás preparado para los cambios importantes

Si necesitas tiempo lo dices abiertamente, no tomes decisiones apuradas sobre asuntos importantes de la vida.

Un sentido exagerado de auto-importancia

Si trabajas para un jefe manipulador en algún momento vas a ver algo parecido. Mandan a diestra y siniestra, demuestran su importancia, hacen críticas, encuentran defectos en todo, no toleran objeciones, rompen la dinámica de trabajo gritando. Para que no seas el saco de boxeo de ellos tienes que protegerte y encargarte de sus demandas y funciones laborales.

Un niño adulto

En ocasiones una persona no acepta la vida como es y los padres hacen todo lo que está en las manos por hacerla más fácil. Dando vueltas a la rueda sin pisar nunca el freno. Asumen deudas, están en do trabajos a la vez mientras los hijos adultos flotan en la inercia, manipulan sentimientos de los progenitores. La situación no beneficia ni a ti ni a tu hijo, por lo que, si te has dado cuenta de que eres manipulado, por tu hijo tan querido, muestra la sabiduría paternal de lo que quieres y da un paso importante para que comiences con la vida adulta.

El fanfarrón encubierto

La táctica de esta persona es que nos hace sentir mal o inferiores de manera encubierta. Esta persona comprende que está mal visto vanagloriarse de los logros porque a los otros los van a tacha de engreídos. Entonces adoptan estrategias sutiles. Se lamenta por los logros y nos hace sentir mal porque estamos debajo de su nivel.

El fanfarrón jamás va a decir que tenemos kilos de más, pero se quejará de que no puede entrar en la talla M, cuando nosotros usamos L o hasta XL. Es la persona que se lamenta porque no puede correr más de 30 kilómetros cuando sabe perfectamente que solo se pueden correr 5 kilómetros antes de quedarse tirados por ahí.

El fanfarrón encubierto usa la técnica en las esferas de la vida, se comparan con nosotros para hacer patente que no estamos a la altura, que tenemos que sentir mal por esto. De este modo se erige como una especie de ídolo a seguir para que nos pongamos a disposición y llenemos los deseos.

El plantador de ideas

Las personas que manipulan usan la táctica sutil de presionar con ideas socialmente aceptadas y bien vistas que estemos de acuerdo con las decisiones y puntos de vista.

Por lo general se comienzan por frases como Estoy seguro de que estarás de acuerdo con… o no puedes negar que…

Pueden decir Estarás de acuerdo con que un buen hijo tiene que cuidar a la madre cuando sea vieja y enferma. Son muchos matices y pueden variar de un caso a otro, cuando se presentan así, no tendríamos que decir que no estamos de acuerdo con lo que dicen.

Es más, la táctica de manipulación consiste en que se presenten ideas como valores aceptados socialmente, de modo que si no los compartimos nos volvemos malas personas en automático. Ni siquiera nos dan tiempo para argumentar la opinión, solo hace que nos sintamos mal que nos manipulen con la fuerza para negar las afirmaciones.

El oyente selectivo

Cuando estamos inmersos en una discusión, podeos perder la paciencia y decir cosas que nos haga sentir como que nos arrepentimos, sin embargo, la persona manipuladora se queda aferrada a eso, no vapulea con ella hasta el fin de los tiempos.

No importa lo que se diga, tampoco el contexto en el que se dice, si intentamos disculpar y reparar el daño, la persona usará el error para sometemos a su voluntad, nos hará ver que nos equivocamos y somos malos.

Esta estrategia consiste en esperar a que cometamos un error, sacarlo totalmente y usarlos para manipularnos emocionalmente. La persona solo se centra en las equivocaciones porque son las que permiten alcanzar el objetivo y o que hagamos nos borrará.

El inquisidor

La persona que manipula usa la crítica directa como un arma. La táctica es hacernos sentir que no podemos llevar las riendas de la vida, que no estamos a la altura de las situaciones y necesitamos confiar en ella para que todo se encauce.

Las críticas al inicio son sutiles e indirectas, pero con el paso del tiempo son más ácidas, socava profundamente la autoestima. De este modo se impone la visión de la realidad, los valores, las reglas. Hasta el punto de que nos vemos a través de los ojos.

El inquisidor es un maestro de manipulación emocional, es todo lo que hagamos o digamos se usa en contra de lo que juzgamos y hacernos quedar mal parados.

Dominio de las emociones que se mueven cuando nos manipulan

Para poder enfrentar a un manipulador eficazmente se tiene que comprender cuáles son los puntos ciegos psicológicos. Lo que toca el manipulador y se presiona con las que nos mantenemos atrapados en la red. Para ello se tiene que comprender que las personas manipuladoras hacen leva en algunas de las siguientes vulnerabilidades:

- La enfermedad de complacer, cuando el deseo natural es complacer a otros, incluso a costa de sacrificar deseos.
- Adicción a probar y aceptar a los demás, de manera que terminemos aceptando lo que digan.
- Locus de control eterno, lo que implica que pensamos que tenemos un control nulo o escaso de la vida, de manera que somos más proclives a dejar las decisiones en manos ajenas.
- Sentido nublado de la identidad, lo que nos lleva a establecer pocos límites que los otros traspasan constantemente.
- Poca asertividad para decir que no, cuando alguien intenta presionarnos.
- Emotofobia que es el miedo a experimentar emociones negativas como la frustración, la desaprobación o la tristeza, lo que nos lleva a intentar evitar los conflictos como sea.
- Ingenuidad, el modo que es muy difícil aceptar la idea de que algunas personas son manipuladoras y astutas.
- Dependencia emocional, algo clave de personas inseguras que tienen tendencia a ser sumisos de manera que son más propensos a ser explotados y manipulados.
- Poca autoestima, la que se relaciona con sentimientos de poca autosuficiencia, baja autoconfianza, de modo que se confía en los otros fácilmente.
- Sentido del deber, responsabilidad, lo que impide que una persona corte lazos con el manipulador o que ponga límites, porque piensa que es culpa suya

Cuando se identifican los sentimientos sobre los que está haciendo palanca la persona manipuladora te puedes liberar con más facilidad de las redes porque la situación de manipulación es más evidente ante los ojos.

Sea como sea, recuerda que nadie tiene el derecho de controlarte, no dejes que te hagan sentir culpable o que juzguen las decisiones usando su propia vara de medir, puede que no seas perfecto que hayas errado, como todos, pero no quiere decir que vivas dejando que alguien mueva los hilos.

Cómo saber cuándo nos manipulan

Las personas manipuladoras sean la pareja, amigos o familiares son iguales, bueno, no siempre sin iguales, cada persona tiene su modo de ser, pero tienen la capacidad de comportarte de mala manera por muchas razones.

Lo que sí, es el comportamiento, que te hará sentir del mismo modo, desconcertado, inseguro y aislado. Veamos.

Te sientes desconcertado

La confusión es lo primero que aparece cuando eres manipulado, comienzas a dudar de tu intuición y no sientes seguridad de lo que haces es o no correcto para la relación. Esto es porque las personas manipulan deliberadamente, mandan mensajes desconcertantes que al final te confunden

Todo el tiempo que pasas de manera ansiosa y viendo cómo reaccionará la persona, incluso para cosas triviales, como si estará bien salir a comer o quedarnos en casa, o si se planean vacaciones para X mes.

No sabes cómo va a reaccionar la persona, pero sabes que a lo mejor no aprobará la mayoría de las decisiones que toes, igual, te encuentras con la atención constante.

Te sientes aislado

Las personas importantes en la vida no soportan al que manipula, también pasa que los seres queridos te aseguren que la persona les cae bien, que es agradable, perolo que no soportan es cómo tú actúas cuando estás a su lado.

Normalmente pasa con los que conoces, puedes percibir que no actúas como lo harías normalmente, de manera sumisa, irracional, como resultado te vas y te alejas de las personas que quieres.

No olvides que, aunque es importante sostener las opiniones y luchar por lo que quieres no puedes ignorar las opiniones ajenas, cuando quienes mejor se conocen opina lo mismo.

Sientes inseguridad

Dudas de las opiniones y experiencias, que dañan la autoestima de paso, a veces piensas que no mereces el amor de la persona, o peor que no mereces que te quieran, te pones con celos, lo que es alarmante si es que antes no eras celoso

La capacidad de control se vuelve débil, aunque temas haces cosas de las que te puedas arrepentir después, si tratas de hacerlas con la persona, te atreves a hacer, incluso sabiendo que es probable que seas quien termine asumiendo la responsabilidad si pasa algo malo.

Una persona que manipula no te hace sentir seguro emocionalmente y en algunos caso ni físicamente.

Si en algún momento sientes que pasa esto, tienes que huir, que esto no es parte de una relación saludable, no te hace falta.

Incluso si la cuestión es muy intensa deberías consultar a un terapeuta, el comportamiento manipulador puede cambiar, especialmente si la persona lo hace de manera inconsciente.

También puede pasar que las dos partes de la relación son manipuladoras, tienes que decidir si vale la pena esforzarse para eliminar el comportamiento manipulador, si el daño ha sido tanto que lo mejor es acabar con esa relación, lo que es claro es que este comportamiento no se debe permitir.

Cómo saber si te manipulan en una relación

En ocasiones la manipulación emocional es suficientemente completa para que la persona que es controlada sienta que es villana o que es afortunada de que la pareja les aguante. Sea que el comportamiento controlador tenga abuso, uno que lleve a ataques emocionales y físico cada vez más frecuentes.

No podemos encontrar inmersos en relaciones manipuladoras, a veces ni cuenta nos damos, contrario a lo que puede pasar que seamos consiente de ellos, pero no nos aventuramos a dar el paso para dejarla. Incluso puede que haya situaciones donde nos pongamos vendas en los ojos y de cuando en cuando dudemos de si nos encontramos en relaciones de este tipo.

Las relaciones manipuladoras sean en familia, pareja o amistades causan sentimientos malos como culpa y tristeza, también hacen el cuerpo débil y nos mete en situaciones donde afectan la personalidad.

Son controladores

Aislar a las amistades o la familia puede comenzar de un modo sutil, pero esto suele ser el primer paso para una persona controladora, a lo mejor se quejen de la frecuencia con la que hablan a los hermano o dicen que no les agrada el mejor amigo o que no debería ver a alguien. Puede que intenten volcarnos en contra de personas que normalmente confiamos y buscamos apoyo. La meta es quitarnos la red de soporte para así quitarnos la fuerza, para que sea menos probable y tengamos menos capacidad de enfrentarnos cuando quieren ganar.

Son personas que nos critican mucho, hasta por cosas pequeñas, las críticas como aislamiento, también es algo que comienza sin que se note, e más se puede acabar intentando convencernos de las críticas de la pareja, que son justas o que solo intentan convencernos de que las críticas de la pareja son para ayudar a que seamos mejores personas.

También puede causar racionalización, diciendo que no es tanto problema que no le guste el modo en que vestimos, o hablamos o decoramos o comemos. Pero al final no importa lo individual que sean las cosas, si es parte de la dinámica constante en una relación, se hace difícil sentirse aceptado, armado o valorado. Cada cosa que se hace puede mejorar a la pareja, entonces como ser valorado como un verdadero igual y recibir amor incondicional.

Hay que hacer que la aceptación sea condicional. Si sigues haciendo ejercicio y bajando de peso, serás más atractiva, si no te puedes molestar ni en preparar la comida, no sé para qué sirve esta relación.

Te verías sexy si te cuidarás más ese cabello.

Si terminas la universidad, tendrías de qué hablar con los amigos y no te sentirías excluido.

También cuentan puntos, las relaciones estables y saludables tienen un sentido de reciprocidad, es natural que las personas se cuiden y no cuenten cada que alguien pequeño o grande ayude a otro. Si la pareja quiere llevar un registro de cada interacción, sea para guardar resentimiento, exigir de vuelta o recibir una palmada en la espalda, puede ser la manera de sacar ventajas.

Se enfadan a límites inimaginables

Hay personas controladoras a las que les gusta mantener la influencia bajo el agua, muchos discuten de manera abierta a cualquier conflicto que pueda. Esto se puede volver cierto cuando la pareja es más pasiva y la persona controla, que tiene posibilidades para triunfar con cada argumento que se da, solo porque la pareja es controlada y tiene una naturaleza que evita conflictos o solo porque se cansó de pelear.

Hay personas que ponen todo el esfuerzo en ayudarte, pero otras apenas lo dicen, puedes identificar a los que manipulan porque cada acto re lo recuerda, siempre que pueden. Además, te hacen sentir que tienes la obligación de dar las gracias y si no lo haces eres el malo, que no los quieres, para ellos nunca nada es suficiente.

Olvida el recibir algo de las personas sin que te sientas obligado o con culpa, suelen ser expertos en hacerte sentir mal, a las personas que manipulan les encanta tener el poder y lo buscan por cualquier medio.

Explotan sus inseguridades

Los manipuladores sacan provecho de las inseguridades para que te controles, a veces las inseguridades ni siquiera existen, pero te convencen de que están allí para hacerte sentir pena, puede que escuches frases como:

mis parejas anteriores me han engañado tanto que prefiero que no tengas amigos del otro sexo.

Lo he pasado tan mal antes que cualquier cosa que hagas relacionada con eso causa un gran sufrimiento.

El problema con las relaciones manipuladoras es que poco a poco te alejan de quién eres realmente, las inseguridades te controlan y limitan, muchas de las veces sin que te des cuenta de todo, por eso te aislarás y te mantendrás en un punto que no quieres.

Te llenan de dudas

La mejor manera para reconocer que estás en relaciones manipuladoras es que seas sincero sobre cómo te sientes, cuando llegas al punto donde no crees en ti mismo, necesitas el reconocimiento de esa persona para sentir que haces lo que toca. Las personas manipuladoras hacen lo posible por lograr que desconfíes de ti mismo, de este modo logran tomar el control de lo que haces y piensas.

De esta manera te pueden guiar a que tomes decisiones que ellos esperan, lo ideal para ellos es que siempre busques la opinión y para lograrlo sabotean tu seguridad.

Te responsabilizan de sus emociones

Los manipuladores son irónicos en el comportamiento, por un lado, te hacen sentir que eres responsable de lo que sienten, por otra parte, buscan convencerte de que ellos tienen la razón cuando se trata de decisiones personales.

Con estas personas te sientes raro y en un mundo de caos y sienten tristeza porque haces algo que es puso allí. Si se enojan te hacen revisar el comportamiento para que descubras que hiciste o dijiste algo. La relación manipuladora desgasta porque te hace sentir que no tienes control de la vida y que eres responsable de lo negativo, se convierten en cargas emocionales.

Crees querer lo que ellos quieren

Todas las personas implican un cambio y es clave que en algún punto tomen algunas ideas o sentimientos de la otra persona y los adopta. Pero si comienzas a tomar decisiones que no te hacen feliz, solo por darte el gusto a ti y a alguien más, entonces estás en un grave problema.

Hay personas que crecen en familias donde los padres son controladores, no se dan cuenta porque es lo normal para ellos. Sin quererlo puede que en las relaciones se mantengan con el mismo rol.

Si crees que esta es la situación, te deberías preguntar:

- ¿Haces lo que quieres?
- Si tuvieras la opción de hacer cualquier cosa sin restricciones ¿Qué sería?
- ¿Eres feliz o piensas que puede haber algo mejor?

Estas son preguntas complicadas que ayudan a que descubras si estás en situaciones manipuladoras, porque si no haces lo que quieres, puedes terminar por no ser quién eres y eso te aleja de ti mismo.

No hagas cosas que te llenen de infelicidad

Si estás en una relación manipuladora a lo mejor eres infeliz, sal de ahí apenas puedas, no hacerlo te lleva a sentirte peor, en algún punto puedes perder, sal ahora, búscate a ti mismo, no será fácil y poco gratificante.

Como se ha visto hay muchas señales que indican que podemos encontrarnos inmersos en relaciones manipuladoras. Por lo que, si detectas la relación, tienes que buscar salir apenas puedas, es por tu bienestar.

Les atraen las personas fuertes

Contrario a lo que se piensa, las personas manipulan regularmente, buscan a los que son fuertes, y seguros de sí mismos para aprovecharse de ellos, porque les hace sentir superiores. Apuntar a personas vulnerables no las hace sentir poderosas, así que normalmente van por ti porque ven lo positivo que hay en ti, de la misma manera que una polilla se acerca a una llama.

Si una persona te manipula en el trabajo, a lo mejor es porque se han fijado en las habilidades y quieren ser mejores que tú. Las relaciones tienen a personas que quieren que otros sepan que alguien más grande como tú ha elegido estar con ellos, solo de una manera pueden comenzar a derribarse porque así comienzan a romper la confianza.

La poca autoestima hace que sea más probable que te quedes con un compañero controlador, porque puedes sentir que lo mereces.

Les dan vuelta a las cosas

Las personas manipuladoras son maestras del engaño, si eres el objetivo, van a haber estudiado intensamente la personalidad y conocerán los puntos fuertes y debilidades que son herramientas que necesitas para saber controlarte.

Frecuentemente te van a acusar de las mismas cosas que ellos han hecho, si te han enganchado puede que te acusen de infiel, si siempre cancelan los planes, puede ser que te digan que eres culpable por no darles libertad.

Confundir a la pareja y hacerla sentir indefensa hace que las personas manipuladoras se sientan ganadoras.

Para los manipuladores todo es juego, la única forma de salir es dejar la relación y no establecer contacto.

En los ambientes de trabajo se tiene que aprender a no hacer responsable o a esperar disculpas, cuando sepan que no se pueden irritar van a seguir el camino.

Hacen luz de gas

Este es un término que acuñaron en la película de 1933 Gaslight donde un hombre controla a la mujer al punto de hacerle perder la cabeza. Actualmente se describe cómo los manipuladores se imponen a otros y les hace sentir que se vuelven locos.

Los manipuladores mienten e inventan cosas que nunca pasaron, pero lo dicen de un modo convincente para que las víctimas terminen creyéndoles.

Pasa muy lentamente, primero con una mentira aquí, luego otra allá. De modo que no choque con la víctima y que sea muy difícil despertar después.

Te hacen dudar de tus convicciones

Más allá de la luz de gas, está lo que se llama en inglés Perspecticide, la incapacidad de saber lo que se sabe realmente, lo que pasa cuando una persona manipuladora hace creer a alguien muchas veces, que no son ciertas, que la víctima ya no sabe lo que es real.

Cuando pasa esto, la pareja víctima es prisionera de su vida, no puede hacer nada, ni pensar por sí misma, quien la controla puede terminar con sus recursos, como el dinero, transporte, teléfono para asegurarse de que la víctima no puede hacer nada por sí misma.

A la larga, el que controla termina dominando espacios personales como creencias, religiones, porque la víctima vive llena de miedo todo el tiempo, porque no hace lo correcto.

La unión es traumática

Desde fuera la gente puede comprender las relaciones de abuso, para preguntarse cómo la víctima aguanta en esa situación tanto tempo, una de las respuestas es la unión traumática.

Las personas que manipulan son abusivas sienten a ser crueles con las parejas y las insultan, a veces son violentas, sin embargo, no comienzan de esta manera cuando buscan acercarse a la víctima.

Los manipuladores dan a sus parejas periodos intermitentes de amor para que estén contentos, esos momentos se dan cuando la pareja se ha comportado o ha hecho algo correcto, es un modo de condicionarlos, la víctima se hace biológicamente adicta a ellos.

Cuando buscan algo que quieren, la conexión con alguien que juega al gato y a ratón, entonces el cuerpo de verdad se vuelve dependiente de tener esa aprobación.

Pero… antes no había violencia

Una de las peores cosas que puede decir una persona que vive en una relación dañina y tóxica es, pero no me pegaba. El abuso psicológico es nocivo

Una de las peores cosas que puede decir una persona que vive en malas relaciones es que "antes no me pegaba"

El abuso psicológico es malo, como el abuso físico, pero es más difícil de identificar, porque no hay cicatrices. Tristemente las personas manipuladoras son conscientes de esto y lo usan a su favor.

Una de las peores cosas que puede decir una persona que vive en una relación dañina y tóxica es: "pero no me pegaba".

Ellos saben que la violencia es el punto de ruptura para muchas parejas, por lo que abusarán y controlarán a la pareja en todos los sentidos pero sin llegar allí. cuando la gente dice que no pegaba, lo que a menudo quiere decir que dejarían que la relación tuviera violencia.

Te rogarán porque no los dejes

A los manipuladores no les gusta perder, si das un paso atrás o dejas la relación, te pedirán que no los dejen, te van a rogar a ver si sacan algo de ti.

Puede que te digan cómo cambiar o cómo nunca encontrar a nadie que te quiera como ellos. Todas las promesas están huecas y no interesa volver con ellos por miedo.

LOS SECRETOS DE LA MANIPULACIÓN

Conoce todos los secretos de la manipulación para que caigas bien a los demás y puedas impactar y lograr tus cometidos.

Un discurso convincente

El discurso persuasivo es una manera de comunicarse donde se convence al público para que esté de acuerdo con el argumento, esto lo motiva a tomar medidas para hacerlo. los mejores discursos incluyen temas que son sugerentes e interesantes tanto para tu persona como para los demás.

Cuando preparas un discurso que persuada tienes que tener presente estos consejos para que lo hagas centrado en la meta y así ser convincente.

Ten presente lo objetivos finales

La meta de un discurso persuasivo es que involucres a la audiencia que los convenzas de creer en lo que crees.

Debes mantener el objetivo en la mente a lo largo de la presentación y asegurarte de que la elección de palabras y hechos respalda el argumento. Un consejo que te doy en esto es que te mantengas enfocado, que evites pasar mucho tiempo en la historia de fondo y en cualquier cosa que se puede tomar como queja, la audiencia necesita saber por qué deberían ponerse del lado del argumento. Si mencionas algo malo, no les informes de ello, o te quejes de eso, si no da muestras de valores que les haga cambar y tomar medidas para solucionar los problemas

Habla con la audiencia

Conoce a la audiencia con la que conversarás, el material tiene que ser en un formato que pueda hablarles directamente, si la audiencia sabe poco sobre el discurso, usa un formato de solución de problemas para que primero informes a la audiencia de un problema, y luego muestres la solución válida, esto es también poniendo citas creibles para que influya en el argumento.

Usa un lenguaje persuasivo

La elección de palabras es un elemento muy importante en el discurso persuasivo, con la finalidad de convencer a la audiencia de que se ponga del lado del argumento, tiene que transmitir confianza y evocar emociones. Algunos tipos de lenguaje incluyen.

- Opiniones de expertos.
- Anécdotas
- Apelaciones
- Exageraciones
- Connotaciones retoricas
- Aliteraciones.

Apoya el mensaje con imágenes

Puedes usar las palabras como lo desees para articular los argumentos, pero una imagen poderosa puede evocar emociones fuertes y cambiar la mentalidad de una persona en un momento. Por eso te tienes que asegurar de que pongas un elemento visual en el discurso persuasivo. Entrelaza imágenes con el contenido y así generas en las personas un impacto. Esto es clave en el discurso persuasivo, porque haces que las personas se sientan cómodas y les pones a trabajar los otros sentidos cuando ven las imágenes.

Ten credibilidad en la apertura

Tienes que hacer que te vean como una fuente de confianza lo antes posible, entre más ganes confianza más fácil va a ser que ellos validen los puntos. Puedes crea credibilidad por medio de narración de historias, puedes usar la instancia especifica donde se dio una situación o poner ejemplos con personas en un nivel emocional.

Practica lo más que puedas

Entre más lo practiques, más cómodo te vas a sentir, más confianza tendrás, debes practicar con familiares y amigos, pedir que te proporcionen comentarios constructivos de las áreas que se pueden mejorar, si quieres practicar solo, considera grabarte o dar un discurso ante el espejo.

Las mejores ideas se dan con algo interesante para los oradores. El entusiasmo natural por el tema ayuda a conquistar la audiencia con los argumentos, elige temas que se acerquen al corazón y así podrás materializar las ideas.

Colocar ideas en la mente de las personas

Seguramente un vendedor te ha puesto ideas en la cabeza, y has decidido comprar el producto que venden. Por instinto hiciste algo o decidiste lo que parecía fuera de lugar. Has tenido en esos momentos ideas sembradas en la mente. Aquí aprenderás cómo hacerlo con otras personas.

Seguramente has visto la película de Leonardo DiCaprio *Inception,* podrías pensar que poner ideas en los demás es algo difícil, pero no, es muy sencillo, demasiado y es difícil de evitar. Echemos un vistazo a algunas formas en las que esto puede funcionar.

Muchas personas preguntan cómo hacer algo así en condiciones puntuales. Hay situaciones legitimas, otras no. La idea es que aprendas a detectar esto y que lo uses con fines positivos, no con malas intenciones.

La psicología inversa de verdad funciona

La psicología inversa se ha convertido en un cliché inmenso, este alcanzó su cenit en 1995, con el lanzamiento de Jumanji, la película de Robin Williams, el problema es que muchas personas ven la psicología inversa de manera simple. Por ejemplo, dicen que no les importa arriesgar la vida saltando de un acción, para intentar convencer a otro de que salte. Esto no es psicología inversa, es pasivo agresivo, entonces dejemos todo esto atrás, comencemos de nuevo.

Si vas a usar inversiones lógicas, debes ser sutil, por ejemplo, quieres que tu hijo lave los platos de la cena, puedes usar el enfoque directo:

Hijo, ¿podrías lavar los platos? Te toca.

Pero en este ejemplo asumimos que el hijo es medio flojo y que el enfoque directo no va a servir, entonces toca aplicarla de otro modo:

Hijo, he decidido que ya no quiero lavar los platos, comenzaré a comprar platos desechables, como los de la fiesta ¿qué te parece? Tomaré algo de tu mesada para comprar unos especiales para ti.

Con este enfoque planteas una alternativa terrible a no lavar los platos sin echarle la culpa. En vez de preocuparte por acusar, el hijo tendrá que considerar la alternativa y es así como la psicología inversa actúa. Claro, tienes que verte que hablas en serio.

Rodea la idea en vez de hablar de ella

Hacer que una persona quiera hacer algo puede ser complejo, si ya sabes que no quiere hacerlo, por lo que tienes que hacerle creer que fue tu idea, esta es una instrucción sencilla, especialmente para los que venden, pero es más fácil decirlo que hacerlo. plantar ideas es similar a crear acertijos, poco a poco ofreces a la persona una serie de pistas hasta que llegas al plan obvio que quieres. La clave aquí es que seas paciente, porque si te pones en marcha rápido podrás hacer que forme la idea naturalmente.

Vamos a suponer que intentas que el amigo coma cosas más sanas. Es un buen plan, pero tienes una víctima difícil, es adicta a comer pollo frito, y necesita comerse uno entero al menos tres veces a la semana. Entonces te preocupas, le pides que coma más saludable, entonces hay dos opciones, te da la razón, pero no hace nada para remediarlo o simplemente te pide que dejes de molestar. Para que se dé cuenta de lo que hace con el cuerpo, necesita una epifanía, puedes lograrla alrededor del problema.

Para hacer esto tienes que ser inteligente, sutil, de lo contrario será obvio. No puedes decir que leíste hoy que el pollo frito mata a 3 millones de personas al mes, porque es algo tonto, viene con una motivación muy obvia para decirlo.

Si la meta es el pollo tienes que hacer que el pollo parezca poco atractivo, la próxima vez que estornudes haz una broma sobre la gripe aviar. Cuando vayan a un restaurante los dos, comunica verbalmente la decisión de pedir algo que no sea pollo porque sabes que es procesado y no quieres eso en el cuerpo. Cuando hayas hecho varias cosas de esas y con espacio de tiempo como para que no sienta que es una intención tuya, puedes comenzar a ser más agresivo y dejas de ir con esta persona a comprar el pollo, puede también tomar medidas proactivas para mejor la salud propia y decirle a esta persona lo que haces, lo mucho que te funciona. Luego de unas semanas, si esta persona no ha decidido reconsiderar la opinión sobre el pollo frito, lo puedes mencionar por casualidad, esta persona va a tener una disposición más abierta a tener una discusión real.

Vende a la baja

Una de las manera más fáciles y efectivas es sembrar una idea en la mente de una persona. Es como con la psicología inversa, pero a un nivel menos agresivo. Pongamos por ejemplo que intentas vender un disco duro de 500 GB o un terabyte, quieres vender el disco duro más grande porque es más caro, es más ganancia. El comprador entra con la idea de que quiere gastar menos, entonces no lograrás mucho si le dices que pague más por el de un tera, entones lo que tienes que hacer es irte por su lado y hablar sobre la economía. Veamos un ejemplo:

- ¿Me puedes hablar de este disco duro de 500 GB? Necesito que me sirva.
- ¿Qué tipo de ordenador tienes? ¿Para qué lo usarás?
- Tengo un ordenador portátil que compré hace dos años, lo necesito para guardar fotos, tengo unas 50 GB de imágenes.
- 500 GB es más que suficiente para que guardes las fotos, por lo que siempre y cuando no tengas más programas pesados, pues llena la expectativa.

Esa frase final le mete dudas al comprador, quien se pondrá a pensar en los programas, los documentos y si pondrá o no más fotos. Entonces quiere comprar y que se lleve el disco que le dure un tiempo lleno. La idea es que si parece tener mejores intereses entonces podrá comprar más después.

Una vez más aprovechemos el espacio para recordar que plantar ideas en los otros no es algo bueno, deberías usar esto que te conté para que detectes cuando intenten manipularte a ti.

El lenguaje no verbal

La comunicación no verbal es un proceso de comunicación que se usa para pasar mensajes por medio de gestos, indicios o signos, o sea, sin palabras, al contrario que con la comunicación verbal, que es con gestos, lenguaje corporal, expresiones faciales, recursos que se usan a veces.

La comunicación no verbal se da con varias funciones en el proceso de socializar.

- Define la identidad.

- Demuestra el grado de capacidad que tenemos para relacionarnos.
- Ayuda a acotar y comprender los mensajes sin que se use le lenguaje.
- Transmite emociones y sentimientos
- Influye en las demás personas y en nosotros mismos.

Canales de la comunicación no verbal

Cuando tenemos claro lo que es y las características de la comunicación, conviene conocer los distintos canales que usan los tipos de comunicación no verbal, estos son algunos de ellos:

- **Expresiones faciales:** son el termómetro más claro que muestra las emociones que se sienten y dónde comunican, alegrías, sin palabras, sorpresa, tristeza, miedo, ira, desprecio, asco.
- **Gestos:** son uno de los canales no verbal con más fuerza, son los que van de la mano con el discurso verbal, de los gestos emblemáticos que tienen sentido por sí solos y los gestos que regulan o dan afecto, que ayudan a dirigir la interpretación o transmitir pensamientos y sentimientos.
- **Posturas:** la exposición y la orientación del torso pueden demostrar el grado de interés y apertura a los otros, además las posturas indican el estado emocional y a la vez influye en el estado de ánimo.
- **Apariencia:** nos informa de la edad, el sexo, origen, cultura, condición socioeconómica, etc. de una persona. Es de los canales con más influencia en el lenguaje no verbal.

Técnicas para manipular con el lenguaje corporal

Ahora que conoces lo que es el lenguaje corporal, vamos a cerrar con unas técnicas para que aprendas a manipular sin necesidad de emitir palabras.

Cerrar a alguien con el lenguaje corporal

Por ejemplo, si están cuatro personas ve cerrando a esta persona de tal modo que le des la espalda o que otro se lo dé. De inmediato lo sacas del grupo.

Dar la espalda a alguien para que le quites importancia

Es parecido al anterior, pero lo puedes hacer en conversaciones de por ejemplo tres personas, si hablan tres, cuando alguien hable le das la espalda mira a otro lado, habla con otra persona, así le quitas importancia, cuando le das la espalda a alguien, piensa que le quitas importancia y si eso ven los demás, le quitan importancia también. Esto tienes que hacerlo sutilmente para que no parezcas mal educado.

Desviar el lenguaje corporal a otro lado

Cuando esa persona no te interesa, te aburre, o le quieres quitar importancia. Cuando hables con la persona, si diriges el lenguaje corporal a otro lado, le quitas importancia, le dices que no le interesa lo que dices, es de una manera educada que no captas, el inconsciente sí lo detecta.

Si deseas terminar una conversación, le puedes retirar el lenguaje no verbal.

Sonreír

Cuando le quieras caer bien a una persona, haz esta prueba, entra a un bar y di:

Hola, ¿podrías darme un café con leche?

Al principio si no estás acostumbrado a sonreír, te sentirás un poco tonto, acostumbra a sonreír, especialmente cuando vayas a sitios públicos, por el simple hecho de sonreír, haces que alguien te replique la sonrisa o te tome como alguien más simpático y fuerzas a que caigas bien.

Mirada profunda

La mirada profunda sirve para influir, incluso para seducir, cuando alguien te hable y quieres que se explaye y conecte contigo, tienes que mostrarte con mucha atención en la persona. Eso la persona lo ve, genera más conexión contigo, y te llevarás mucho mejor que si desvías la mirada o hablas y no miras bien perderás la atención de la persona y sentirá que no te importa lo que dice.

Cuando quieran explicarte más

Si quieres tener más poder o ser más interesante, puedes poner el lenguaje corporal para atrás, o sea, ponerte más recostado. Eso hará que la persona se vuelque más hacia ti, eso es que la persona intenta ganarte, y ella te ve y se auto convence.

Esto no hace milagros, si a alguien no le caes bien, no se va a volcar, pero si ves que a alguien te habla, está interesado o incluso puedes provocar que esté interesado, mientras te vas para atrás, verás que la persona te sigue yendo hacia adelante.

Puedes también hablar flojo para hacer que esa persona se acerque y así genera más proximidad. Esto lo debes hacer paulatinamente, hazlo normal y cada vez más despacio, para que obligues a la persona a hablar más.

Cómo dominar conversaciones

Para que vendas es clave que establezcas conversaciones con los clientes potenciales. El problema es que normalmente pensamos que para poder establecer conversaciones con alguien tenemos que ser especiales. Poder contar historias increíbles, ser muy carismáticos, divertidos, guapos, como Henry Cavill o Scarlett Johansson.

La verdad es que para dominar el arte de la conversación no depende para nada de esto.

El secreto para una buena conversa

El secreto para mantener una buena conversación no eres tú, es la persona con la que habas. Cuando estableces una conversación con una persona es clave que consigas que te cuente la historia, que te cuente la tuya, de este modo conseguirás que la persona con la que hablas sea el sujeto de la conversación.

A mucha de la gente le gusta que alguien le escuche, será más fácil que la conversación fluya y que el otro sea escuchado.

Muestra interés real

Los estudios sugieren que tenemos la capacidad para detectar el interés, de alguien en solo 17 milisegundos, lo que quiere decir que conseguir que el otro hable no es suficiente. Tienes que mostrar interés por lo que dice.

El interlocutor tiene que percibir lo que te cuenta para poderlo lograr es clave que uses correctamente el lenguaje corporal y el contacto visual, ser un buen escuchador ayudará a que mejores la calidad de las conversaciones.

Usa el lenguaje corporal, el humor y el contacto visual

Cuando estableces conversaciones con las personas tienes que evitar asentir muchas veces, usar demasiado Ajam… síes, umms…

Muchas veces el lenguaje corporal del espejo, si lo usas de manera sutil, puede ser útil, es simplemente que imites algunos gestos del interlocutor para que se sienta más confortable hablando con alguien que es como él.

Finalmente, el humor, que rían es una forma de generar lazos y empatía con el otro.

Trucos para dominar el arte de la conversación

Estos son los más importantes que tienes que tener en cuenta:

- Haz que la otra persona sea el sujeto de la conversación.
- Expresa opiniones, las certezas pueden ser aburridas.
- Mantén siempre la pelota en tu terreno, a la gente le encanta hablar de sí misma.
- Usa el lenguaje corporal de espejo, hazle sentir que estás a su lado.
- Haz preguntas con final abierto, para que hable.
- Escucha de manera activa, evita muchas afirmaciones con la cabeza.
- Dale la atención
- El humor es clave.

Aprecia a la persona con la que hablas, el mundo tiene muchas personas subestimadas, sin que hagas mucho. Les haces sentir bien.

La estrategias que acabas de ver en este apartado no garantizarán que tengas una venta, pero si una conversación de calidad, algo que es un gran paso inicial.

Además, es un arte que puedes usar en otros aspectos, para que logres la mejor barra de pan cuando vayas a la panadería, una de las mejores condiciones cuando vayas al banco, un mejor precio con el mecánico o lo mejor cuando vayas de fiesta.

Cómo dominar conversaciones difíciles

De vez en cuando tenemos que enfrentar conversaciones difíciles, aunque no queramos, muchos buscan evitarlas, como si se fuera a ir el problema, pero eso no es así. Es más, muchas veces el posponer agrava las cosas.

No se tiene que tener miedo a las conversaciones difíciles, hay muchas formas de enfrentarlas, incluso se pueden dominar para evitar hacer drama con ellas y lograr lo que se quiere, conversación eficaz. Veamos cómo se hace.

Para empezar, se tiene que parar la idea esa de la conversación difícil, cuando lo hacemos anticipamos que tendremos problemas, entonces le paso previo es que nos centremos en ver las cosas con perspectiva, para que estemos atentos a las señales del interlocutor para gestionar los cambios y las emociones.

Escucha sin anteponer los sentimientos

Las personas necesitan ser escuchadas, por eso no solo se tienen que mostrar atentos a escuchar, sino que todo el cuerpo tiene que demostrar que escucha, además la escucha es una condición clave en la comunicación. Si la otra persona percibe la tensión o ansiedad, va a reaccionar manera negativa u no estará dispuesta a escuchar, si al contrario te muestras alentador, calmado o incluso compasivo la otra persona verá fácil calmarse.

Una conversación por difícil que pueda ser, no es una lucha, no hay quienes ganen o pierdan, por eso si quieres sacar algo en claro, tienes que ser calmado, cuando el otro manifieste señales de cambios emocionales.

Las conversaciones difíciles se transforman en eficaces si se pone en marcha la escucha activa.

No antepongas sentimientos, aunque te hayan herido.

Por otra parte, es importante que no antepongas los sentimientos, el otro necesita sentirse validado, saber que los sentimientos importan, necesita saber qué crees en él, incluso a pesar de las acciones y el daño que haya hecho.

Por eso antes que nada cuando quede claro el propósito de la conversación te tienes que interesar por los pensamientos y los sentimientos del otro. Los aceptas antes de seguir, sin que juzgues o eches nada en casa, luego expones las ideas y los sentimientos.

Aprende a interpretar y manejar las señales de cambio emocional. Ante las conversaciones difíciles muchas personas se bloquean, esto causa que se pongan más nerviosas, y que la conversación no termine bien, pero si estás atento y ves los cambios puedes ayudar a que se mantenga la calma y la conversación bajo control.

Si notas un cambio en el tono de voz, como hablar más bajo o acelerado, puedes decirlo a la otra persona. Ahora, también puedes optar por no notificarlo, pero ten en cuenta el significado. A menudo en la mitad de una conversación, las personas cambian la manera en la que hablan, justo antes de decir que es clave para ellos, esto es porque temen lo que pueda pasar, o porque sienten que un problema les impide avanzar.

Otra señal que puedes ver es la risa nerviosa algunas personas se ríen cuando se sienten incómodas o con vergüenza. No se burlan, nada de eso, es más parecido a cuando lloramos de alegría. La risa nerviosa es malestar, es señal que abre la puerta para preguntar al otro cómo se siente e identificar un punto de partida partiendo del cuál se sigue adelante positivamente.

Es un tipo de risa que puede indicar que la persona busca escapar a un sentimiento, por eso es importante que se exprese lo que inquieta o necesita para superar el bloqueo.

Otra de las señales de cambio es la modificación del patrón de contacto visual, la mirada indica que el otro tiene que tomarse un descanso. Si dirige la mirada a otro lado o la mantiene fríamente puede ser que la conversación tiene algo clave. Es el momento de pedir al otro con interés y sin agresividad que comparta el punto de vista, escuchar sin interrupciones ni juicios.

Si notas que la otra persona usa mucho el "pero" es señal de que está a punto de decir algo que le da miedo, pero no sabe cómo soltarlo, esos peros los puedes usar para que le ayudes a terminar.

Es bueno para ambos gestionar conversaciones difíciles. Si quieres entender algo sacar conclusiones o plantear alterativas, tienes que llevar por el sendero correcto la conversación difícil.

No es que tengas razón, ni que demuestras nada al otro, es más, ante este tipo de conversaciones, no hay peor enfoque posible. No hagas nada y pierdes mucho. Si no quieres cerrarte puertas puedes abrir la mente y dejar a un lado los rencores, la ira y la rabia.

Piensa que quieres con esta conversación difícil y se lo dices a la otra persona, es clave que sepan a dónde quieren llegar.

Cómo convencer a las personas

- Comunica siempre en el momento adecuado, es mejor que comuniques en un momento en el que sabes que tienes la atención de la persona.
- No seas directo, comienza hablando genérico, tranquilo, haciendo que comience a dar la conversación fluida y tranquila.
- Ten una actitud valorativa, si quieres que el otro haga algo, no lo critiques, condenes o hagas juicios de valor sobre lo que hace mal.
- Cuando vayas a pedir algo lo tienes que hacer con convicción, dile "Pedro, permite que te explique por qué me importa tanto esto", "María, quiero que sepas la importancia que tiene todo esto", "Carlos, antes de que comencemos a hablar más en detalle de esto, quiero explicarte…".
- Pide y sé claro y directo, muchas veces no conseguimos los resultados que queremos porque no hemos determinado el objetivo. Entonces necesitas ayuda en algo, que lo que hagas sea por medio de unas personas entonces tienes que decirlo claramente.
- Habla en plural, incluyendo a la otra persona, el nombre es la palabra más dulce que hay, úsalo en conversaciones al inicio o final.
- Ten un comportamiento colaborativo, una actitud que sirva para que ganemos, donde saquemos algo importante de lo que se va a hacer.
- Para que una persona dé, tiene que haber recibido también. La generosidad es clave, el que siembra recoge, no hay otra.
- Fija metas, objetivos, luego de negociar un poco, tienes que ponerle fecha y acciones al acuerdo. Muchos acuerdos se quedan con buenas intenciones no en objetivos claros, así que

te tienes que fijar metas, algo que sea visible, medible, chequeable.

- No olvides los pasos básicos en las negociaciones, cede un poco a veces, mantén actitud profesional, especialmente no te pongas en contra del otro, a veces no estará dispuesto a bajar el muro, pero dale tiempo.

Retórica

Por siglos fue elemental en el sistema educativo, el empleo sirvió para la democracia griega y consolidó la paz y la guerra, quitó, puso a emperadores y tiranos, expandió creencias religiosas y se puede decir que, aunque se crea que no existe ya, aún sigue vigente y se aplica adaptada a nuestros tiempos.

Es ese control en las sombras, donde los grandes medios aún tratan la retórica y la usan para sus fines.

Se puede definir la retórica como la disciplina que estudia y sistematiza los procedimientos y técnicas de uso del lenguaje, con el fin de poder persuadir y deleitar estéticamente.

Los abogados la usan para ganar juicios, los políticos la usan para tratar que les demos los votos, para convencernos de que son buenos y nos ayudará.

La publicidad la usa para vendernos tantas cosas que luego ni usamos.

Por eso es importante conocer la retórica para saber cuándo usarla y para que las personas hagan lo que queremos.

La retórica surge en el siglo V antes de Cristo, los tiranos de Siracusa, Grecia, expropiaron masivamente terrenos en favor de los soldados mercenarios. Cuando derrocan al tirano e instalan la democracia se llevan a cabo muchos procesos para la devolución de las tierras ante tribunales públicos, aunque las personas sabían defenderse de manera instintiva de manera innata y reclamaban sus bienes, pronto se dan cuenta de que era una manera efectiva de que alguien se creyera los argumentos.

Es cuando Córax de Siracusa codifica el conocimiento y crea una especie de manual para hablar ante los tribunales con garantía de las fuentes clásicas que afirman que el padre de la retórica sería Empédocles de Agrigento, sería el Córax quien expandiría el conocimiento y otros conocimientos griegos que explotaron el arte con Sócrates y Platón que se centra en la búsqueda de la verdad y emplea también la dialéctica. Sería Aristóteles quien escribiría el gran trabajo, un manual a seguir que se divide en cuatro partes:

- Invención.
- Disposición
- Locución
- Acción.

Después vino el auge e Roma con Cicerón o con el propio Quintiliano en el siglo primero que le agrega una quinta parte: la Memoria.

Veamos con detalle cada una de estas partes de la invención que etimológicamente significa hallar en vez de intentar como podría parecer es la parte donde se crean las ideas, se buscan pruebas y los argumentos existentes sobre lo que se va a tratar, descarta lo que no es propicio, una vez que se tienen las ideas, la siguiente fase es la retórica, la disposición para decir y darle forma al discurso ordenado de una manera eficaz los argumentos y las pruebas, la disposición de los dispositivos que se organiza con tres partes, un exordio o parte inicial que es la introducción para buscar captar la atención de las personas.

Sigue la parte media que es una ratio, se narra o expone la tesis principal del asunto del orador con su argumentación y al final una recapitulación con un poco de provocación para captar la atención de los presentes.

Puedes provocar compasión, indignación, empleando recursos patéticos como la enfermedad o la alusión a la fortuna.

La otra parte es la elocución o en lo que es la etapa donde se agrega estilo de la expresión, el estilo tiene cuatro cualidades, corrección léxica, gramatical, claridad, elegancia y decoro.

Es donde cobra importancia las figuras retóricas que aportan belleza y persuasión al discurso de un modo que tenemos un video expresamente dedicado a las figuras retoricas que puedes verlas por completo, la otra parte es la memorización para poder aplicarlo de un modo oral ante las personas.

Finalmente tenemos la parte oratoria, donde se entra en juego con el tono de gestualidad o modulación de la voz. los géneros clásicos de la retórica son el género judicial, que tiene la finalidad de juzgar lo justo e injusto, ante tribunales con el fin de decidir entre lo útil y lo nocivo, en asuntos de gobierno, como el iniciar una guerra o aumentar los impuestos, y el género epiléptico que se propone valorar lo bello y feo con el elogio o reprobación de algún acto o de una persona.

Después en la edad media, los teóricos agregan otros géneros como la escritura epistolar, las cartas, sermones o las artes poéticas de hacer tratados.

Técnicas de manipulación para encantar al otro

Algunas maniobras permiten que tengas una relación con una persona desconocida. Ganarse la confianza, lograr que sienta comodidad. Este apartado se inspira en algo que compartió el FBI para caer bien a otros. los agentes usan estrategias para lograr crear enlaces con testigos, un delincuente o hasta un potencial asesino, se trata de lograr una declaración, de que el interrogatorio se convierta en una charla entre pares.

Hay mecanismos que ayudan a crear conexiones cercanas con los interlocutores, secretos que no solo son útiles para el FBI sino para las relaciones humanas en general.

No juzgar al otro

Hacer preguntas, oír, explorar lo que piensa, lo que opina, saber lo más recóndito de las personas, pero sin juzgar, más allá de lo que contradigan en nuestros pareceres.

La primera estrategia que se tiene que tener cuando se habla con los demás es validar los juicios, la gente no quiere que la juzguen, no quiere que le miren mal sus pensamientos y opiniones, eso no quiere decir que estés de acuerdo, la validación es que tomes el tiempo para entender las necesidades, deseos, sueños y aspiraciones.

Suspender su propio ego

Muchas personas se desesperan por señalar cuando el otro se equivoca, para de esta manera responder con su sapiencia, aunque no es una actitud que convenga usar, la suspensión del ego consiste en poner las necesidades propias, los deseos y opiniones a un lado.

Cómo ser un buen oyente

Saber escuchar es una de las habilidades vitales a la hora de crear conexiones de confianza con los desconocidos. De acuerdo a agentes del FBI, tienes que dejar de pensar en lo que dirá a continuación para enfocarte en lo que expresa la otra persona. Cuando piensas en la respuesta, escuchas a medias lo que dice porque estás esperando la oportunidad de contar la historia.

La mejor pregunta para hacer

Mostrar interés por las actividades que hacen otros es un modo de que se sientan importantes. Todo el mundo tiene desafíos, hace que la gente comparta las prioridades en la vida en ese momento.

Todo el mundo tiene desafíos, hace que la gente comparta las prioridades de la vida, un pedido sincero de un consejo cuando la charla avanza puede ser útil para fortalecer el vínculo inicial.

Cómo acercarse a un desconocido sin asustarlo

La clave es que expreses que se dispone de poco tiempo, cuando la gente piensa que te vas pronto, se relajan, si te sientas junto a alguien en un bar y dices:

Hola, ¿puedo invitarte una copa? Los escudos se elevan. Piensan en quién serás, qué querrás y cuándo te irás.

Por eso tienes que responder cuándo te vas en los primeros segundos.

El lenguaje corporal ideal

Las palabras que digas tienen que ser positivas, libres de egos, pero necesitas un lenguaje no verbal que lo acompañe.

- Sonríe, es la mejor forma de generar confianza.
- Cuando hables, mantén la barbilla en un ángulo hacia abajo para que el otro no sienta que le miras por encima.
- No intimides, no hables de frente, es recomendable que estés inclinado hacia la posición.
- Mantén las palmas arriba mientras hablas así muestras la apertura a las ideas.
- La comprensión de los labios y cejas trasmiten estrés, el consejo es que arquees las cejas, porque es muestra de interés hacia lo que dice el otro.

Cómo tratar con alguien en quien no se confía

Tienes que preguntar de manera directa no hostil cuáles son los objetivos de la charla, siempre tratando de aclarar los objetivos. Le puedes decir a la persona que te lanza muchas buenas palabras, que es una persona hábil en lo que hace, pero no le interesa. Le preguntas que cuál es su objetivo

Control de la conversación

Esta es la manera en la que puedes manejar la conversación:

Céntrate en ella

Si hablas con una persona, céntrate en eso, así tengas mil cosas en la cabeza, la conversación no interesa por el motivo que sea, no la tenga. Así de claro, si se quiere tener una conversación que nos aporte, que sea productiva, debemos dejar todo para poner atención así que nada de teléfonos móviles, notas mentales sobre tareas pendientes...

No vayas de experto

Entre aportar un dato a ir de experto hay una gran diferencia, para que tengas una buena conversación tienes que asumir que tienes algo que aprender de la otra persona. Si piensas que eres un experto en algo no vas a tardar en ver que ni eres el que más sabe y que hay personas que saben mucho de otros.

Es decir que serás mejor que el otro en algo, aprovechemos la realidad para sacar algo positivo de cada conversación. La clave es que se tenga una mentalidad abierta, se piense que puedes aprender cosas nuevas hasta que termines dejando de dar opiniones, para que la otra parte se exprese con más libertad. Ya podrás responder y argumentar.

Usa preguntas abiertas y genéricas

Entre más abierta sea la pregunta, más le harás pensar y más interesante será la respuesta, si eres específico terminas guiando la respuesta. No es lo mismo preguntar que tuviste miedo ayer a cómo te sentiste. Con la primera pregunta la respuesta se ancla en el miedo, dejará de lado otros sentimientos que pudo experimentar.

Que la conversación fluya

Para que la conversación se maneje en su ritmo y tome vida es clave que la dejes fluir, que sea un toma y daca, con las ideas yendo solas, si te empeñas en recuperar el dato, aquella anécdota que tenías en la mente la dejas de escuchar, además cuando lo sueltes entorpecerás la conversación. Si tenía sentido, lo más seguro es que ahora no lo tenga tanto. Deja ir la frase. No surgirá más la oportunidad. No importa.

Si no sabes algo lo reconoces

No tienes la obligación de saberlo todo, no tienes que ser un experto en cada tema. Opinar sobre todo muchas veces te lo puedes ahorrar.

No compares las experiencias con las tuyas

A veces puede parecer empatía, pero la verdad es que estamos tratando de desviar la conversación, tratando de volver a tomar el control, si te cuentan algo es para que escuches, no para que compares el sufrimiento, nunca vas a vivir las cosas del mismo modo que la otra persona.

No te repitas

Cuando tienes un argumento claro, tiendes a repetirlo muchas veces, del mismo modo con los enfoques o las maneras, pero con la meta de dejar claro el punto de vista una y otra vez. Con que lo digas una vez está bien. Si dudas de la otra persona si lo ha entendido o no, es mejor que se lo preguntes.

Omite detalles

Directamente se relaciona con el punto dos, la otra parte no ha venido a aprender estadísticas, datos históricos o detalles que no tienen importancia, ha venido a verte a ti, además a las personas no le importan tanto los detalles.

Escucha

Se prefiere hablar a escuchar, eso permite tener la situación bajo control y no despistarnos. Muchos no escuchamos en plan de entender, sino de contestar para poder sacar lo positivo de una conversación se tiene que estar presente, prestar atención, olvidar lo demás.

Si no lo quieres hacer entonces para qué conversas.

Sé breve

Aortas valor con lo que dices, con ganas de que entiendas y aprendas, siendo conciso. Una buena conversación es como una falda corta, lo suficientemente corta para mantener el interés, pero lo suficientemente larga como para cubrir aquello...

Sonrisa desbordante

Se puede entrenar la sonrisa, si tienes una sonrisa amplia, como la de Duchenne, tal como la que tienen personajes públicos, desde artistas a políticos, cantantes, presentadores de TV, es difícil saber en qué medida la posición social se debe a un rostro sonriente, pero sin duda las caras que vemos con frecuencia se digieren mejor, si presentan una sonrisa bonita.

Por no ir muy lejos, las camareras que sonríen más le dan buenas propinas, según estudios.

Los silencios

El silencio dosificado puede ser una forma como muchas otras de agresión pasiva. Es un manejo calculado de comunicación donde el silencio tiene un papel clave que tiene el plan de controlar y debilitar a otro o a la posición.

No siempre se manipula por medio de palabras, sino que se hace por medio de los silencios, esto es nocivo por contar con una máscara camaleónica. Se le llama silencio dosificado porque no es constante, como cuando alguien te ignora o deja de hablarte este es un tipo de manipulación que se mezcla con el encuentro y desencuentro, la expresión y su ausencia.

Todo esto se lleva a cabo de un modo arbitrario, el manipulador decide el ritmo de la conversación buscando intereses para la que solo es un instrumento.

Así como el silencio es un modo de expresión que es ambiguo, lo usual es que la víctima llegue a sentirse confundido o angustiado. No sabe qué pensar y gasta mucha energía emocional intentando adivinar lo que quiere decir cada silencio. Se siente inseguro y duda de cualquier paso a dar. Muchas veces termina pensando que es ella la que tiene un problema o no sabe interpretar o les da importancia exagerada a los silencios.

El silencio dosificado se manifiesta de muchas formas, una es cuando el manipulador busca que tú hables primero acerca de todo, no es una cortesía, te deja hablar solo para sondearte, para tomar información de ti y estudiarte, por otro lado, cuidado, no todo el que te deja hablar de primero te quiere manipular. Tendría que ser un comportamiento recurrente o constante. Tendría que verse intencionado. Esta persona habla poco de sí misma o lo hace con evasivas.

Otro modo en el que se presenta el silencio es cuando alguien rompe la comunicación de forma súbita, luego la retoma de manera inesperada. Deja de responder llamadas o mensajes y ni explica. Después aparece como si nada. Si e preguntas los motivos de la distancia, te va a decir que no pasa nada, que son impresiones equivocadas.

Sucede lo mismo cuando hay una censura a algunos temas, sin explicación. Solo cuando intentas hablar del tema, la otra persona evade el tema, no da detalles, esto, claro se aplica a cuestiones importantes para las partes, lo malo no es que alguien no quiera hablar de algo en particular, sino que sea sistemático y no se dé una explicación para ello. Sabiendo que esto afecta al otro.

Para finalizar, un modo usual de silencio es la de callar algo porque no saberlo es mejor para el otro. Se aplica en temas que atañe a una persona que esconde información. Algunos lo llaman hacerse el interesante, pero es en definitiva un hombre errado.

La palabra es poder

Lo que distingue un silencio manipulador de un silencio espontaneo es el propósito. Quien va a esta estrategia de parapetarse en la ausencia de palabra, lo hace con la meta de controlar al otro, sabe que genera desconcierto, proyecta inseguridad y es eso lo que busca. Cuando esconde el silencio deja al otro sin herramientas para actuar en igualdad de condiciones.

No hay que confundirla con el silencio manipulador, no todo el mundo se puede comunicar de manera espontánea, algunos necesitan tiempo y comprensión para mostrar sus pensamientos y sentimientos. No hablan porque son tímidos, inseguros, les falta confianza. Pero el objetivo no es controlar sino protegerse a sí mismos.

El silencio se distingue por el efecto que genera en el otro, se alterna con una comunicación normal. Es una ausencia de palabras que da la sensación de que se esconde algo. Como es sutil, no se puede confrontar, con pena de ser acusado por fantasioso o tener paranoias.

Aunque por muy sutil que sea, causa daño, especialmente en personas. Este tipo de silencio es agresivo, especialmente porque mete la conversa en un terreno de lodo, los malos entendidos, lo que la gente diga, lo pone a la orden del día, y esto difícilmente queda al descubierto, excepto por los efectos del otro. Si este luego de hablar y pedir que cambie, no cesa, entonces no queda más que tomar distancia de algo tan tóxico.

Ransberger Pívot

Cuando alguien dice algo con lo que no estamos de acuerdo, nuestro primer impulso suele ser contradecirlo o corregirlo. Están equivocados. Estamos en lo correcto. Luego pelean de nuevo. El debate se vuelve acalorado, personal y, en última instancia, contraproducente. No se cambian las mentes. En todo caso, ambos lados están más profundamente arraigados.

Si queremos influir en otros para que estén abiertos al cambio, necesitamos un mejor enfoque. Una técnica que puede utilizar para eludir el furioso enfrentamiento es hacer algo llamado Ransberger Pivot.

Como Dale Carnegie nos recuerda en Cómo ganar amigos e influir en las personas, decirle a alguien que está equivocado generalmente no funciona muy bien.

A la gente le gusta tener razón, sentirse importante y ser apreciada. Cuando le decimos a alguien que está equivocado, puede tomárselo como algo personal. Puede ser un golpe para su ego, un asalto a su orgullo.

Y es normal, ¿verdad? Cuando sentimos que nuestra posición está siendo atacada, naturalmente nos inclinamos a profundizar. Nos volvemos más tercos. Luchamos. NO estamos equivocados.

Lo que pudo haber comenzado como una conversación rápidamente se convierte en una confrontación. El marco en torno a la discusión tiene lados opuestos que son diametralmente opuestos.

A partir de este marco de referencia "Yo contra ti" surge el conflicto y las posiciones individuales se endurecen. Una vez que alguien ha declarado una posición, se vuelve muy difícil persuadirle para que se aparte de ella. Nadie se va a convencer de nada en estas condiciones.

El pivote Ransberger

El Ransberger Pivot soluciona este problema cambiando el marco. En lugar de una construcción que tiene personas en lados opuestos de un problema, el pivote coloca a ambas personas en el mismo lado. Reemplaza un ambiente de confrontación por uno de cooperación.

Con ambas personas de acuerdo, de repente hay mucho menos de qué discutir en primer lugar.

Aún mejor, usando el pivote terminas validando a la otra persona en lugar de atacarla, por lo que puedes terminar la conversación como amigos, no como enemigos.

Así es como funciona:

Paso 1: escucha

Deja de hablar y escucha atentamente lo que están diciendo. Sé respetuoso, haz contacto visual y concéntrate en los valores que subyacen a sus palabras. Haz que su objetivo sea descubrir qué es importante para ellos y por qué.

Si no estás seguro, preguntas para llegar al corazón de su punto de vista. No seas confrontativo. Mantente realmente interesado. Como nos enseña Steven Covey:

Si necesita claridad, haga preguntas abiertas como:

"¿Por qué te sientes así?"

"¿Qué hace que esto sea importante para ti?"

Cuando responda, no juzgue, mantenga la calma, respire lentamente y trate de no ponerse a la defensiva. Escucha. Al escuchar, muestras respeto.

Paso 2: Expresa un punto de acuerdo

Busque cualquier punto de entendimiento en el que estés seguro de que ambos están de acuerdo. Haz de sus primeras respuestas una afirmación de estos puntos.

Al estar de acuerdo con ellos, está replanteando la discusión. En lugar de dos lados en conflicto entre sí, está construyendo un puente que les permite unirse en el mismo lado con un objetivo compartido.

"Aprecio tu idea y, como tú, creo que es muy importante que ..."

"Para mí está claro que ambos creemos ..."

"El hecho de que te sientas así demuestra que ambos nos preocupamos profundamente por ..."

Esta respuesta valida los valores compartidos en los que ambos están de acuerdo y de esa manera valida a la persona con la que está hablando.

Admite el malentendido

(Agrega esta parte, pero creo que tiene mucho sentido aquí). Mientras construyes ese puente de puntos en común, si descubres que entendió mal o estaba equivocado acerca de algún punto de ellos, sea honesto y admítalo.

Cuando admites un error o equivocación, es posible que estén más dispuestos a corresponder más adelante en la conversación.

Al escuchar con respeto y luego concentrarse en los puntos de acuerdo, se une a ellos en lugar de luchar contra ellos. Al admitir honestamente el error, les abres la puerta para que ellos también sean más objetivos.

Cuidado con esto

En este punto del proceso, puede descubrir que la otra persona tiene razón. Esto está bien. De hecho, es genial.

Como líderes, nuestro objetivo debe ser la búsqueda de lo correcto. No dejes que se convierta en un concurso sobre quién tenía razón.

Si resulta que tienen razón, puede finalizar el proceso en este punto. Agradézcales por su perspicacia, tal vez estreche su mano, sonríe y luego pase a otra cosa.

Esto puede resultar difícil. Si quiere sentirse bien con esto, felicítese por ser lo suficientemente grande como para superar su ego y encontrar la respuesta correcta al problema.

Hay quienes se mantendrán obstinadamente en su posición por temor a que los debilite como líderes a los ojos de los demás.

Al contrario, creo que es todo lo contrario:

Paso 3: seguimiento

Con la conversación reformulada, ahora ambos están del mismo lado del problema y buscan el mismo resultado positivo.

Este es el momento de comenzar a hablar sobre cómo la idea que tiene ayudará a resolver el problema que les preocupa a ambos.

Mantente enfocado en cómo esta idea cumple con su objetivo común, sea respetuoso y no deje que se vuelva personal. Si ha cambiado con éxito el marco, ambos podrán concentrarse en encontrar respuestas y soluciones en lugar de defender los egos y proteger el orgullo.

La verdad, nunca "ganas" una discusión, y todo el marco de ganar-perder es uno que prepara a alguien para la vergüenza, la humillación o un tiro al ego.

Eso es algo que la mayoría de la gente luchará por evitar.

Es mucho mejor eludir el argumento por completo. Una de las herramientas que puede utilizar para lograrlo es Ransberger Pivot.

Concéntrese en dónde está de acuerdo en lugar de en desacuerdo, y tendrán una mejor oportunidad de encontrar una solución juntos.

TÉCNICAS DE MANIPULACIÓN USADAS POR LOS PREDADORES

Estas son las técnicas de manipulación que usan los predadores para consumirnos la energía y hacer con nosotros lo que quieran. Conócelos para que no seas víctima de ellos.

Reservarse información con fines personales

Esto es para los casos donde las personas no cuentan algo que podría hacerles cambiar de parecer, saben que si te informan esto te podrían perder de forma irremediable

Como cuando un manipulador está seduciendo a una chica que está vulnerable por una relación que acaba de terminar. Descubre una información que puede servir para que esa chica se arregle con el novio, pero no la dice porque sabe que la perdería.

Este es un ejemplo muy cliché en las películas de amor, pero es un ejemplo claro de lo que es reservarse información con fines personales, es, manipular, no contarlo todo y así salirse con la suya.

Decir mentiras

El manipulador sabe que es una mentira rotunda, pero dice esto con cara seria, lo hacen porque establecen un precedente. Cuando dicen una gran mentira hacen que la otra persona dude de si algo es bien o puede ser verdad. El objetivo es mantener a la víctima desorientada e inestable.

La víctima sabe que dijeron que harían alguna cosa, que le escuchó, pero el que manipula no deja de negarlo. La víctima comienza a cuestionar la realidad, a lo mejor nunca dijeron eso. Cuando más pasa es cuando más se cuestiona la realidad para aprender a aceptar la de ellos.

Cuando se trata con una persona que manipula psicológicamente, es clave que se preste atención a lo que hace, no a lo que hacen, lo que quiere decir que son solo palabras, pero lo que importa es el problema que hacen.

Desde que el ser humano aparece en la tierra, el arte de manipular y la mentira también aparecieron. Si la serpiente hubiera hablado con Adán y Eva con argumentos, aún estaríamos buscando al culpable de la mordida de la manzana.

Muchos van a decir la versión y puede que no estén de acuerdo con el concepto este. Pero manipular es presenta lo falso como real, lo negativo como positivo, lo degradante como beneficioso y hasta lucrativo.

Una prueba es la cantidad de realitys que no tienen valores y pasan por la televisión, venden vidas vacías como estructuras de felicidad y poder.

Tanto medios, noticieros, redes, el poder económico, político y religioso usan en algún momento la manipulación para convertir personas en seguidores, consumidores de las mentiras, del morbo, en votantes, compradores o inversores.

El que manipula está intentando distorsionar la percepción de la realidad, incluso el reencuadrar cosas que dice para poner en duda evidencias incriminatorias, es más, la mentiras es la manera más sencilla de manipular.

Otra de las frases de manipulación es la que dice que “no entendiste lo que quise decir” la cual no es una exclusiva de personas manipuladoras, pero se usa para volverse víctimas y dejarle como alguien que simplemente juzga demasiado pronto.

Una sociedad donde se pondera e idolatra la cultura de las personas que juegan vivo, quien no manipule, que sea integro, termina siendo la oveja negra del grupo, esto es triste, caer en esta decadencia ética y sociocultural.

Es probado que manipular y mentir es el peor de los actos que puede haber. El valor más importante de una sociedad es la igualdad, la institución, la ley, el pluralismo, la tolerancia racial, religiosa, la libertad de expresión. También por encima de todo, la credibilidad o confianza que pueda tenerse.

La construcción de la credibilidad tiene una meta, la información que se genera y usa, entre más veraz es la información que se use, más es la fuerza que se tendrá. Es triste que cuando por falta de una comunicación clara, concisa y precisa, los bochinches infundados que algunas personas usan sean más creíbles, que la información que se divulga o investiga.

Una de las primeras víctimas son los manipuladores o mentirosos, ellos son los que caen en falsas verdades para convencer a otros a pesar de estar conscientes plenamente de que tarde o temprano van a caer y que el desprecio será más poderoso que el Hagámoslo que no se dan cuenta.

La mentira por muy elaborada que esté, así tenga apoyo de cómplices, siempre la van a descubrir. La verdad sale a la luz. el cuerpo humano no juega con la mentira, ni con la manipulación. Como dato clave se puede decir que el cuerpo tampoco se hace aliado del cerebro cuando este decide generar acciones. El cuerpo no le miente al cuerpo.

Como sociedad tenemos metas clave, recuperar el estado de confianza para que eso suceda, recuperar la confianza y ser informado sin mucha vuelta y con responsabilidad.

Quien dice una mentira o decide manipular la información no sabe la tarea que ha asumido, porque se obliga a inventar veinte más para sostener la certeza de la primera. Un vaso medio vacío es uno medio lleno también. Un mentira a medias de ninguna manera es una media verdad.

Recordemos la fábula de Pedrito y el lobo, esa es magistral, muestra lo grave que es mentir, manipular, aunque algunos digan que la mentira y la manipulación son un modo de talento, ninguna vive hasta la vejez.

Invertir la realidad

Tienen una gran habilidad para mentir y voltear la realidad, lo hacen hasta que la ponen a su favor. Son tan convincente las mentiras que incluso llegan a hacer dudar al otro de la realidad o la verdad.

Humor variable

El mal humor es algo natural en las personas temperamentales. Todos tenemos buenos y malos momentos donde nos cuesta controlarnos en presencia de los demás, hay personas que parece que encadenan uno con otro. Cuando el humor variable aparece tenemos que aprender a lidiar con eso y trabajarlo para que no sea grave después.

Cuando se convierte en una constante y no lo cortamos a tiempo puede terminar contagiándonos.

El estado de ánimo no debería ser determinado por otros, sino que tendrías que saber trabajar las emociones, pero muchas personas no lo pueden hacer o son más susceptibles que otros a la hora de dejarse llevar por las situaciones. Muchas personas no lo pueden hacer eficazmente o son más propensos a la hora de dejarse llevar por las situaciones. Estas personas son las que se interesan por los consejos. Ellos ayudan a mejorar las gestiones de las emociones, cuando estés con una persona que es temperamental, que se enfada y cambia por culpa de sus manipulaciones, no le sigas el juego.

No intentes imponerte o llevar la razón, estas personas te tomarán como presa fácil, un modo sencillo en el que sacan el veneno y lo esparcen en ti.

Si no puedes evitar a la persona descubre el modo en el que no encajan las palabras, como quien encaja golpes, intenta que reboten y salgan fuera del campo, como el balón que le pega al poste y se sale del campo.

A lo mejor otro va y lo busca, y lo saca nuevamente, pero está en ti que seas persistente y que repitas la operación.

Busca el modo de actuar para desviar la atención para responder sin que entres en el juego, para ellos tienes que parecer pasota, hacerte el tonto, morderte la lengua, toca a veces, sabes que no te dará la razón, que buscará la manera de pasar por encima de ti. Si no juegas nadie gana ni pierde.

Tampoco le pagues con la misma moneda. Cuando pasamos mucho tiempo con las personas que en sus manipulaciones se enfadan a niveles extremos, aparece la tentación de pagarles con la misma moneda, haciendo de nosotros mismos un modo de venganza, pero eso es alimentar el monstruo que detestas.

Te debes parar y pensar en que, si te comportan así, además de alimentar el mal humor, refuerzas el comportamiento, validas lo que hace, le estas diciendo que puede echarte basura.

Debes contraatacar con simpatía y buen humor. La simpatía y el buen humor son como esos misiles antiaéreos que tiene como misión anular el ataque de los enemigos. Lanzan bombas antes de que lleguen a tierra, ser simpático y estar feliz puede contagiar al otro, al menos hacer que considere otro lado como el lugar para sacar los humor.

Quitarle importancia al asunto, verte optimista, enfocar el tema desde un lado simpático, deja claro al otro que no vas a dejarte llevar. Le dirá que no permitirás que descargue la ira contigo, si el otro te necesita hablará para desahogarse, debe hacerlo de un modo que no te hiera.

Cambiar las reglas del juego

A esto se le llama voltear la torta, es decir que rompen el vidrio, patean la mesa, pero eres tú quien termina pagando todo, ofreciendo las excusas. Un ejemplo de esto que es del maestro en manipulación, el esposo, al que su mujer le pilla una infidelidad. Cuando la mujer le muestra la factura del motel donde se entregó con la susodicha, el hombre enfurece, reclama que es una chismosa que le revisa sus cosas personales, le lanza un discurso sobre la importancia de la confianza, donde cada parte se tiene que respetar los espacios.

Es tal el ataque que al final la mujer se siente equivocada, le pide perdón por controlar y se siente responsable de la infidelidad del marido, si ella no fuera tan controladora el marido no drenaría con otras.

Distracción

Los manipuladores usan la distracción por medios masivos con técnicas contenidos muy llamativo. La idea es persuadirnos del problema que hay afuera y que no tiene relación con la cuestión. Así no nos percataremos de los problema que realmente hay.

Es como los países autoritarios donde culpan siempre al enemigo externo para distraer la atención de los problemas reales. Sacan ejercicios militares por el bien de la nación, las guerras de otros países que en realidad no existen, con esto pretenden desviar la atención de problemas reales y cambiar el culpable de las situaciones país.

Sarcasmo

Un ejemplo del sarcasmo es cuando mandan un mensaje que es aparentemente amable, pero tiene un contenido agresivo y escondido:

Tal vez, si te fijaras más, y leyeras un poco, podrías tener otra clase de amigos.

Algo así como que:

Eres tan bruto que tus amigos son otros brutos igual que tú.

Hacerse la víctima

La negación es cuando el agresor rechaza confesar que ha hecho algo malo. Es ahí cuando se hace la víctima, no ha hecho nada. Es un modo que usa para mentir, oculta las intenciones agresivas, es la táctica del quién, yo... donde se juega al inocente, donde se victimiza. Es un modo donde el agresor se da permiso de tener la razón en hacer lo que ellos quieren hacer. La negación no es de la misma clase de la negación de una persona que acaba de perder a un ser querido, que no puede aceptar el dolor y la realidad de la pérdida. Es un tipo de negación de defensa, contra la ansiedad y el daño que se da. Entonces, la negación no es una defensa, sino que es un modo que usa el agresor para lograr que otros se echen para atrás, para descolgarse o sentirse culpables por insinuar que hace algo incorrecto.

Algo que tienen las personalidades agresivas es que saben bien que los demás tienen conciencias diferentes a la suya, los manipuladores son expertos en usar mayor conciencia de las víctimas para mantenerlas con la duda de sí mismos. Ansiosos, sumisos.

Entre más conciencia tenga la víctima, más eficaz es la culpa como arma.

Las personas que son agresivas usan la creación de culpa como herramienta para manipular, lo hacen con mucha eficacia, demuestran distintos tipos de carácter comparándolo con otras personalidades. Todo lo que un manipulador tiene es que sugerir a la persona consciente que ellos no se preocupan mucho, que son egoístas, y demás. la persona comienza a sentirse mal o no... una persona consciente puede intentar que un manipulador se sienta mal por el comportamiento hiriente, reconoce la responsabilidad, admite la maldad, no logra nada.

La táctica implica retractarse como víctima de las circunstancias de alguien más para ganar compasión. Evocar pasión lograr algo del otro. Una cosa con la que cuentan las personalidades agresivas es el hecho de que las personas menos hostiles y crueles no pueden normalmente soportar ver a otro sufriendo. Por eso la táctica es sencilla, convenza a la víctima de que sufres de algún modo y ellos buscarán aliviar la angustia.

Agresión excesiva

Hay dos tipos de agresiones, una es la directa, y la otra la encubierta, cuando una persona quiere lograr algo y es abierto, y directo en su forma de enfrentar, el comportamiento se etiqueta como agresivo. Cuando debe ganar, controlar o dominar, pero sutilmente, o con engaños para esconder las verdaderas intenciones, se es agresivo encubierto.

Para poder evitar estas demostraciones abiertas de agresión, intimidando a otros para que le den lo que quieren, es un modo de ser manipulador poderoso. Por eso la agresión encubierta es el medio de manipulación más usado.

La agresión del que manipula no es obvia. La intuición nos puede decir que luchan por algo, para vencernos, para ganar poder para hacer las cosas a su modo. Nos encontramos inconscientes, a la defensiva. Pero por qué no podemos señalar las pruebas objetivas y claras de que nos atacan. No podemos validad los sentimientos.

Las tácticas usadas por los que manipulan lo pueden hacer menos dolidos, se preocupan, defienden casi todo menos los que pelean, es una táctica difícil de reconocer, es una estrategia inteligente, ellos siempre hacen lo suficiente para que la persona dude de la comprensión natural, de la que es víctima.

La táctica no solo afecta que de manera objetiva y consciente se vea que un manipulador lucha, sino que mantiene la defensiva, estos rasgos son armas psicológicas eficaces donde cualquier puede ser vulnerable. Es difícil pensar claramente cuando una persona huye emocionalmente.

Todos tenemos debilidades e inseguridades que un manipulador hábil descubre y usa. A veces somos conscientes de las debilidades y de cómo los puede usar para aprovecharse de nosotros. Escuchamos a los padres que dicen:

"Sí, tengo un gran botón de culpa"

Cuando los niños llevan a los padres a ese botón, pueden hacerlos olvidar fácilmente, además a veces son conscientes de las vulnerabilidades, los manipuladores nos conocen más que a nosotros mismos, saben qué tecla tocar, cuándo, con qué fuerza. La carencia de conocimiento nos pone en una situación de desventaja para que nos exploten.

La intuición nos dice cómo es el manipulador, desafía todo lo que nos ha enseñado sobre la naturaleza, nos inunda de psicología que nos tiene viendo a todos como personas inseguras, colgada. De esta forma mientras el instinto nos dice que tratamos con manipuladores, la cabeza dice que son personas heridas, asustadas, lo que, es más, la mayor parte de nosotros, odia pensar en sí misma como gente insensible y cruel. Vacilamos en hacer juicios duros o negativos sobre los demás. les queremos dar el beneficio de la duda y asumir que ellos abrigan intenciones malévolas, tenemos más tendencia a dudar y culparnos por atrevernos que a creer lo que dice el instinto sobre nuestro carácter.

Aislamiento

Hay personas que necesitan llamar la atención todo el tiempo, lo necesitan y para eso usan cualquier artimaña y estratagema. La que más usan es la de la víctima, la pena la usan para manipular las emociones, es de las más efectivas.

Otra efectiva es el aislamiento como manipulación emocional. Es decir, se aleja de los demás, para que estos se acerquen. La verdad es que a todos nos gusta obtener atención de otros, pero quien usa el victimismo como táctica de manipulación tiene una necesidad enfermiza. Si no logran tener la atención de las personas que les rodea

La verdad es que a todos nos gusta conseguir la atención de los otros, pero quien usa el victimismo como táctica de manipulación tiene una necesidad enfermiza, si no tiene la atención de otros, harán lo que sea para poderla tener. Aunque ello suponga usar algo tan dañino como la manipulación.

Alejarse de las personas causa confusión en las personas, no saben lo que ha pasado, porque la persona ha tomado distancia, y necesita respuestas, de esta manera el victimista se garantiza tener la atención que tanto necesita, una vez que lo tiene comienza a dar pena, la pena crea remordimientos y estos hace que cualquier persona haga lo que sea para reparar el daño realizado. El aislamiento como manipulación emocional es eficaz en chantajes psicológicos.

Encerrarse en sí mismo con la intención de llamar la atención es un gran error, muestran una total falta de madurez emocional, las personas que no pueden gestionar emocionalmente el enfado, el dolor o la tristeza, se aleja de los demás, esperando que estos acudan a él para tener respuestas. También para reparar cualquier malentendido. Las cosas no se solucionan de esa manera, sino exponiendo lo que nos ha dañado, el victimismo es una postura tóxica y dañina.

Cuando una persona nos ofende o daña lo normal es que se verbalicen los sentimientos y se exprese el dolor a esa persona, esto es vital para establecer límites, y que los otros sepan hasta dónde pueden llegar con nosotros. Esto requiere de madurez emocional.

Los victimistas se sienten ofendido o dañados y prefieren callar, no saben cómo expresar el dolor ni cómo gestionarlo adecuadamente, se meten dentro de ellos mismos, usan el silencio o la manipulación para que el otro se dé cuenta que lo ha ofendido. El que hace la víctima se aleja esperando que el otro vaya a su lado y pida perdón por lo sucedido. Es en realidad un método de castigo, un modo de someter a la persona, es una verdadera relación de poder.

Hay que pensar que es un aislamiento voluntario que tiene como meta llamar la atención de la persona que ha dañado al victimista. Es un método efectivo para que la persona sepa que ha ofendido a la otra, que tiene que reparar el daño, cuando tiene la atención de la persona, usará la culpa y los remordimiento para manipularla.

Realmente el victimismo es una forma muy mala de resolver los problemas. Una persona ofendida siempre se muestra tal como se siente, le dice al ofensor el daño que ha hecho para que no se repita de nuevo, es un método para poner límites, pero los victimistas prefieren aislarse como manipulación como método para que les disculpen, es someter a quienes le han encontrado y les ha hecho daño.

Para la persona que manipula, es importante saber que los otros le buscarán siempre que se aleje. Se siente de ese modo importante, poderoso, necesita tener la atención de quienes tiene alrededor. La manipulación es la única forma con la que consiguen esa atención que tanto desean.

El aislamiento puede ser una técnica efectiva para chantajear a los demás, pero también es un método para victimizarse. Quien se encierra en sí mismo busca en cierto modo creerse víctima, porque solo el que sufre es alguien solitario, es un modo de pensar malo, tóxico, que lleva a la persona a destruirse totalmente.

A pesar de esto, tenemos que reparar los motivos por los que alguien se aísla, entre las razones podemos hallar:

- Para acentuar la sensación de soledad. Cuando se aísla, esta clase de manipulador busca justificación, potencia el sentimiento de soledad, de que nadie le quiere, es un modo de demostrar lo solo que está ante otro y ante sí mismo.
- Para comprobar que el mundo sigue girando, el victimista vea los demás seguir la vida sin él, de ese modo se hace más la víctima, mostrándose como una persona que no le importa a nadie.
- Para llamar la atención, se aleja, el manipulación se garantiza que la persona sepa lo que le pasa, allí el victimista se hace el ofendido y reclamará que le atienda como tanto necesita.

Para aprender a dejar el victimismo se tiene que cambiar el modo en el que se piensa y actúa, no se puede caer en el error de dar lástima para conseguir las cosas. Tampoco el usar tácticas de manipulación emocional. Eso nos da resultados en un primer momento, pero luego las personas aprenden a no dejarse manipular y entonces es ahí donde el modo de actuar ya no deja el efecto que queremos.

El victimismo solo sirve para que nos fañemos a nosotros mismos, nos importe relacionarnos con otros de un modo constructivo, por eso es clave que se hagan cambios en nosotros mismos que permitan que maduremos y actúan mejor

Para poder hacer estos cambios se tiene que pedir ayuda cuando se siente que la situación es completa.

Fingir amor y empatía

Las personas que manipulan saben que si se acaricia el caballo se deja montar. Normalmente comienzan el día mostrándose amables afectuosos, te llenan de halagos, dan muestras de buenos gustos gran sensibilidad frente a las expectativas.

Este es el primer acto, para el otro se comienza a notar el cambio, cuando te tienen convencido de lo buenos que son, pasan a manipularse, y ese encanto sale y caro.

Han lanzado sobre tu persona la red de seducción, te quedas como impedido para evaluarlos de manera objetiva. Ves con buenos ojos lo que hacen y aunque de cuando en cuando te asaltan las dudas, esa persona encontrará el modo de mostrar que no se puede pensar mal de alguien que es tan espectacular.

LA PROGRAMACIÓN NEUROLINGÜÍSTICA PNL PARA MANIPULAR

La programación neurolingüística, es también un arte y una ciencia de excelencia personal. Se puede definir de manera concisa, como un modelo de comunicación que nos explica el comportamiento de las personas, esta nos muestra cómo hacemos lo que hacemos, es decir, qué estrategias internas seguimos para estar tristes, enfadados, alegres, eufóricos…

La PNL es un modelo, no una teoría. El campo es el del modelado de lo que funciona, no de hacer teoría de ello ni de conectar con los sistemas o enfoques de psicología o filosofía. Parte de la premisa de que, si conocemos las estrategias que usan de manera inconsciente las personas brillantes en lo que hacen, se puede aprender a usar estas estrategias de manera consciente, sea para tener éxito en el trabajo o para hacer gestiones de modo más eficaz con el comportamiento de los estados emocionales. La PNL brinda herramientas y habilidades para implementar estados de comunicación y cambios excelentes.

¿Qué es la PNL?

La PNL tiene su origen en los setenta cuando dos norteamericanos, John Grinder que era lingüista y Richard Bandler, matemático, programador informático y psicoterapeuta, se ponen como meta averiguar cuál era la cual por la cual los tres mejores psicoterapeutas americanos, Milton Erickson, Virginia Satir y Fritz Pearls tenían en sus intervenciones con pacientes un número superior al de los demás colegas. Luego de observar el trabajo, llegan a la conclusión de que el éxito radica en el uso de patrones y procedimientos de comunicación.

Partiendo de allí la idea es poder conocer en detalle los patrones de éxito con el fin de poderlos reproducir, así cualquier persona que los ponga en marcha, consigue resultados semejantes, de este modo se convierten en modeladores de comportamiento.

El nombre de programación neurolingüística consta de tres términos:

- Programación: es un término que tiene que ver con los procesos de organización de los componentes de un sistema que hace referencia a programas mentales establecidos que rigen el pensamiento y el comportamiento, los cuales se pueden programar d manera similar a cómo se programan los ordenadores para que hagan cosas que queremos.
- Neuro: viene del griego Neurón, y dice que el comportamiento es el resultado de un proceso neurológico. La acción o conducta está en función con la actividad neurológica que se pone en marcha desde la información que nos llega por medio de los sentidos. La interpretación que le damos a la información es la que nos forma la percepción del mundo que tenemos alrededor.
- Lingüística: se deriva del latín Lingua y nos indica que el proceso neurológico se representa, se ordena y se transmite por medio de la comunicación de la palabra o el lenguaje. Reconoce l parte que tiene el lenguaje como representación del orden mental y de las estrategias de operación.

Cuando hablamos de PNL todos evocan el modo en el que trabajan los ordenadores, partiendo de los datos que se colocan en un programa con el que se trabaja, la máquina hace el proceso, almacena, las actualizaciones. En el caso de datos puestos son las información sensoriales que se reciben de lo externo. Todo lo que vemos, escuchamos, saboreamos, sentimos, es procesado y almacenado y en esa base se programa y le damos un significado.

Cuando encontramos una situación que tiene una semejanza con otras que se han vivido, el cerebro compara los datos que recibimos en ese momento, con el almacenado en la memoria de las situaciones anteriores, y la reacción que vamos a tener en el presente estará en función del significado que le hemos puesto a los datos antes.

Si de niño el profesor te hacía pasar un mal rato cada que te sacaba a l pizarra y los compañeros se reían, terminaste asociando el hablar en público como una situación de angustia y por lo tanto en algo que evitas. Así si aún es posible que o bien lo rechaces y por tanto hayas creado una fobia, o lo afrontes sufriendo previamente el pánico que te causa enfrentar a hablar ante personas, a pesar de que no tienes nada de ese niño o ni siquiera recuerdes el nombre de ese maestro que te marcó. Puedes hasta haber olvidado conscientemente esto, pero el inconsciente no olvida el programa que un día se grabó en la mente y es que hablar en público no es bueno, te hace sentir vulnerable.

Esas son cosas que se pueden cambiar con la PNL, es un instrumento que permite que seas ese que se aprovecharía al máximo de las capacidades, también que reinterpretes la información que viene de lo externo, dando significado a los sucesos. Todo esto que ha venido a lo largo de la existencia con nosotros. La PNL trabaja con experiencia sensorial, que se almacena en el cerebro y para trabajar con ella toca averiguar la estructura y las condiciones en las que se almacenó la experiencia, partiendo de allí se puede modificar sobre nosotros lo que facilitamos al conseguir los objetivos.

La realidad como tal no existe, cada persona tiene una realidad, las personas conocemos la realidad por medio de la interpretación que cada uno hace. En la historia de la humanidad ha habido muchos pensadores que han hecho referencia a la diferencia entre el mundo y la experiencia que tenemos de este. Desde Zenón hasta un pensador alemán llamado Schopenhauer y muchos otros que han estado en la historia del pensamiento que han insistido en que los seres humanos no actuamos directo en el mundo sino en la representación que creamos de este y de cada uno de nosotros, es la representación personal que determina el modo de percibir la realidad y las opciones que se pueden tener a nuestra disposición.

Basado en nuestras vivencias, del sitio donde tuvimos que nacer, de la familia que tuvimos, del comportamiento de las personas alrededor y de las experiencias que tocaron, sacamos nuestras conclusiones de cómo es el mundo. es decir, creamos los llamados mapas mentales de la realidad por eso cada uno tiene sus mapas mentales, eso condiciona el comportamiento y configura la vida y las relaciones.

La PNL por medio de las técnicas y herramientas permite que conozcamos el mapa y el de los otros, para así poderlo modificar e incluso para ampliar y lograr los objetivos que nos propongamos. Una terapia implica un cambio en el modo en el que la persona representa la experiencia del mundo.

El método que usa la programación neurolingüística es el del modelado, consiste en que se hallen los componentes de la conducta que intentan reproducir para que se halle un resultado equivalente.

El modelado es un proceso que permite recrear comportamientos de éxito es un proceso que consta de dos fases.

- La primera se basa en estudiar a detalle las actitudes y comportamiento del sujeto a modelar, para así averiguar cómo se hace el modelado.
- La segunda es transmitir de manera clara y comprensible las conclusiones que se extraen de la observación de modo que otras personas que no hayan participado sean capaces, partiendo del modelo creado de reproducir el comportamiento que se quiere aprender y lograr resultados similares.

Para poder modelar eficazmente es clave que se hagan una serie de destrezas específicas como lo son:

- Agudeza sensorial: es preciso que se cuente con los sentido en disposición de apreciar los elementos por insignificantes que puedan parecer. Es decir, abiertos y entrenados para captar la información que transmita el sujeto a modelar.
- Habilidades verbales y no verbales para poder obtener información de gran calidad. La PNL se basa en buscar más el cómo que el por qué. La pregunta por qué se enfoca en averiguar las causas que generan el problema y por tanto llevan a ver el problema. La pregunta cómo se enfoca en el modo en el que se hace algo, por lo tanto, es generadora de cambios. Desde la perspectiva del cómo una cosa se hace de un modo, pero también sería posible hacerla de otra, por lo que es susceptible de ser modificada.
- Una actitud especial que implica tener curiosidad, ubicarse en un permanente estado de recursos, además de pasión, compromiso con lo que se hace, así como disposición de flexibilidad al cambio.

Esto se puede resumir en tres palabras que definen el proceso de modelado, la curiosidad, la flexibilidad y la experimentación.

Tanto Bandler como Grinder, luego de mucho tiempo observando y luego de modelar a personas exitosas, lo extrapolaron a personas que querían introducir un cambio en las vidas, se centran en descubrir el proceso por el que la persona con la que querían trabajar, coloca un determinado momento la información con la que causa una visión de una situación que fue lo que constituyó el problema.

Desde allí se produce la ayuda para desaprender lo que habían grabado en el cerebro, coloca un programa nuevo que permite eliminar el automatismo de conducta o pensamiento y dirige la dirección al objetivo que quiere conseguir.

Todo esto comentado conlleva una serie de objetivos y aplicaciones. La fundamentación de la PNL no es de ahora, la aplicación se ha viralizado en los últimos tiempos, pero tiene tiempo usándose.

El poder que tiene

La PNL nos dice que el modo en el que nos comunicamos y las palabras que usamos delimitan la realidad y la manera que tenemos para comprender el mundo, una perspectiva personal que a veces no coincide con la de los interlocutores.

Además de esto, las personas tenemos dos tipos de comunicación, la interna, que es lo que se piensa y sentimos dentro y a externa, donde además de las palabras que decimos con la voz, está lo que dice el lenguaje no verbal.

Las personas nos diferenciamos en el modo en el que captamos la información, algunas personas se guían por lo visual, otros por la vía de la audición, otros por las sensaciones. Así que te paras un momento en la idea.

Busca recordar un momento el pasado, cómo te llega a la mente este recuerdo, mira cómo analizas y captas la información alrededor, si eres más visual o auditivo

El anclaje

Otro modo en el que se logran los objetivos se basa en este concepto. Se usa en la psicología conductual y es una de las técnicas de la PNL básica.

Vamos a imaginar una situación que nos angustia mucho, que nos da ansiedad, como hablar en público que ya lo usamos antes. Un modo de afrontar esta realidad es anclar un instante agradable a esto. Algo relajado, positivo de la memoria, se va asociando por medio de técnicas de visualización y respiración a la situación que causa estrés.

Pasear por la playa cuando somos niños, un atardecer junto a la pareja, música relajante, todo esto nos ayuda a debilitar el miedo y a programar l nueva realidad, donde la armonía reine. Nos anclamos en la situación tranquila y agradable para afrontar un evento que nos resulta estresante.

El tiempo

El tiempo tiene una gran importancia en las personas, pero tienen que saber gestionar de modo correcto. En el pasado se aglutinan los recuerdos y las emociones, un baúl del que a veces se pueden sacar buenas cosas para cambiar el ahora.

En el presente donde priman las experiencias sensoriales en la cual se dan los sucesos importantes donde invertimos todos los esfuerzos importantes y donde invertimos el presente. Es clave en la PNL para sembrar el futuro que queremos.

El futuro está ahora, de ahí que se establezca como el punto donde se enclavan los deseos para empujar el presente, el ahora.

Ecología de sistemas

Las personas tienen un sistema de creencias y valores, hechos en la vida, con motores que llevan ejes neurológicos, somos lo que creemos, las creencias son las concepciones del mundo, lo que lleva la acción y el comportamiento. Las creencias se arraigan en el ser que ni siquiera nos damos cuenta de si son beneficiosas para nosotros o no, puede que nos estemos haciendo daño sin saberlo, de ahí que la PNL ahonde en la ecología de sistemas para hacernos tomar conciencia y reorganizar las estructuras de un modo más beneficioso y óptimo.

Esto es visto a grandes rasgos los pilares de lo que es la PNL, donde prima el modo en el que interpretamos la realidad y organizamos la información, los sentidos, el lenguaje, las palabras, el tiempo, recuerdos, creencias. Son las hojas que configuran el árbol de la vida.

Las técnicas PNL ayudan a que variemos el enfoque de modo distinto para que encaminemos las partes en la vida para ir a varias metas.

El Swish

Esta es una de las técnicas que se enseñan en cursos sobre PNL. Es una técnica que trabajo con las submodalidades y tiene mucho poder. Se aplica para cambiar conceptos y comportamiento que ya no se desean tener. Es ideal para conductas de bloqueo o compulsiones.

La clave de la técnica del swish es que, como un camino, instala un rumbo para cambios, lo que actúa como disparados de lo que no se quiere, actúa también como disparador de lo que no se quiere. Una de sus características es que establece una dirección para el cambio, en vez de ser un patrón estático, esto quiere decir que en esta técnica no se deja casi nada al azar o a la casualidad.

Por eso se combinan las submodalidades, las cualidades sensoriales, críticas en una secuencia. Como siempre, entre más se ponga en juego, mejor es el resultado, se usan sonidos, tonos de voz, gestos, posición en el espacio, investiga los que dan mejores resultados.

Los pasos para poder hacer esto es así:

Imagina eso que cuando lo ves dispara la conducta que quieres cambiar. Por ejemplo, ves la mano con un cigarrillo, y te das cuenta de las sensaciones relacionadas con la imagen.

Técnicamente desde la PNL esa imagen se puede mejorar si queremos que el ejercicio tenga mejores resultados. Porque cuando se ve la imagen de la mano con el cigarrillo, ya se dispara la conducta que se quiere evitar.

Si se pone en una mano el paquete de tabaco, cando se va a tomar el cigarrillo seguramente es más efectivo. Se debe escoger la imagen de lo que se ve justo cuando va a comenzar la conducta compulsiva.

La otra imagen es la que habrá luego de que se supere el obstáculo. Es una imagen disociada donde se vea a sí mismo are limpio y se aprecia los olores de la naturaleza.

Cuando se tienen las imágenes en la pantalla de la mente, se cambian las submodalidades. Así se va cambiando la conducta.

El uso de los anclajes

La técnica de anclaje es una de las modalidades de PNL que ayudan a situarse en un estado emocional en concreto. Inconscientemente normalmente nos exponemos a anclajes, por ejemplo, podemos escuchar una canción y viajar a un estado emocional porque la canción nos recuerda a una persona o una situación. Cuando escuchamos las notas, las emociones retornan al estado en el que escuchamos la canción. También cuando olemos un perfume o el aroma para recordar algo del pasado, entramos en un estado emocional que tuvimos, por ejemplo, en una situación negativa, con un olor en concreto, s luego volvemos a oler el aroma, sentimos malestar porque ya tendríamos ese anclaje anterior y el olor se relaciona con lo negativo.

El origen del estudio y la importancia de los anclajes se remonta a Iván Pavlov, psicólogo y fisiólogo ruso ganador del premio Nobel de medicina en 1904, los anclajes de Pavlov eran la asociación de un estímulo a una respuesta fisiológica, la salivación, esto se producía por la asociación conductual del reflejo condicionado.

Se pueden crear anclajes para tener buenos estados emocionales, por eso sigamos con los otros puntos:

Cuál es el estado emocional que se debe tener

Se tiene que identificar el estado emocional que se tiene tener, cuando se lleve a cabo la técnica, lo más demandado es volver a estar en un estado de tranquilidad, bienestar y paz, obtener un estado de alegría y euforia, se suele desea pasar de un estado negativo a uno positivo.

Es importante que nos centremos en lo que queremos tener, no en lo que no queremos, por ejemplo, estaría mal pensar que “no quiero tener ansiedad” allí el cerebro no identifica la negación y se queda con el “ansiedad”

Si nos ponemos a pensar en que no quieres ver un gato naranja, seguramente la mente va a crear en la imaginación a ese gato naranja, por eso se tienen que dejar atrás las negaciones y centrarse en lo que sí se desea. Cambiar la negación de no querer estar nervioso por la afirmación de estar tranquilo.

El cerebro tiene muchos problemas para crear una imagen, es más sencillo para nosotros crear la imagen de tranquilidad, que una imagen de no estar nervioso. Lo primero es crear una imagen afirmativa, con lo que se quiere, del modo más nítido y con más detalles. Esto nos afecta y ayuda a visualizar mejor. La imagen cobra vida propia mejor.

Creemos un anclaje para relajarnos y poder dormir cómodamente en las noches. Cuando se tiene claro que se quiere crear un estado de relajación se pasa al otro punto.

Identifica cuándo tuviste ese estado que deseas

El otro paso sería pensar en alguna situación de las vidas donde hayamos tenido este estado emocional, que deseamos obtener. Por ejemplo, queremos relajarnos para dormir por la noche. Se tiene que detectar el pasado, donde se haya estado relajado e imaginar la situación lo más detallada posible.

A la vez se imagina ese día relajante, se tiene que poner la mano en el pecho, la mente asocia el movimiento de poner la mano en el pecho con la situación que puedes imaginar. Entre más detalles haya, más veces se repite el ejercicio.

Un ejemplo de anclaje

Mientras se lleva la mano al pecho, se cierran los ojos y se imagina un domingo en la mañana, al pararse para ir a la playa, el día antes acostado en la tarde, se va a la playa y apenas te tumbas en la toalla, en traje de baño, con una gorra beige, te quedas relajada, con sueño, oyes el ruido de las olas del mar, sientes el sol en la piel.

El gesto no tiene por qué ser colocarse la mano en el pecho, elegir lo que más guste, como apretar un dedo, tomarse la muñeca, enlazar dedos, apretar la oreja. Entre más detalles se recuerden del día, mejor funciona. Si puede ser, hay que ver colores en el cielo, ropa, sensaciones, accesorios, olores...

Cuando has imaginado con todo detalle con ojos cerrados y manos en el pecho, la mente ya asocia el movimiento de la mano con un día relajado en la playa, entonces, una noche que estás nervioso y no puedes dormir, te llevas la mano al pecho, y revives el día relajado en la playa y el relax vuelve al cuerpo.

Se tiene que practicar mucho, repetir a menudo el anclaje, entre más se repita más automático se vuelve el hecho de llevar la mano y sentirse relajado, el pode de la mente es grande, y ensayando se pueden dominar las emociones. Muchos usan la técnica del anclaje sin darse cuenta, por ejemplo, cambian de ropa para hacer una función y esa ropa les cambia las emociones, porque asocian la ropa al ensayo que tuvieron, la mente recuerda que con esa ropa tenían un modo de ser. Si alguna vez tuviste una experiencia con alguna ropa en concreto, para la próxima que tengas que enfrentar algo que te cree temor, si te pones la misma ropa te aportará una dosis de seguridad, que funciona en mayor o menos medida, depende de las situaciones y práctica.

La técnica del anclaje no hace milagros, pero constituye un alto grado de bienestar, porque la mente es el motor que domina el cuerpo.

PNL para seducir a las personas

La PNL se puede usar para causar un impacto en las personas, para seducir, no implican manipular o mentir a la persona que se quiere conquistar, tienen como destino mejorar las relaciones interpersonales y lograr una distención y más comodidad con la persona que se desea seducir.

El uso de la PNL para seducir personas no se riñe por la ética, no se trata de que finjas poses o simules que eres alguien distinto al que se presenta, para que luego aflore la personalidad real.

La PNL para impactar funciona para distintos sexos, se puede usar en hombres y en mujeres. La falsa y anticuada creencia de que la iniciativa de seducir debe ser de los hombres quedó atrás. Las técnicas se aplican también para relaciones homosexuales.

Hay quienes opinan que la seducción es un arte, pero no entremos en esto. Las habilidades para seducir se pueden desarrollar y perfeccionar. Hay un reto mayor en todo esto, y es hacer la seducción en repetidas ocasiones, puede parecer que la seducción es un acto que siempre nos sorprende, pero hay técnicas de PNL que permiten seducir muchas veces, requiere de imaginación dedicación, pero también creatividad.

Hay elementos básicos que ayudan a la seducción, en el hombre sirve para una buena colonia o fragancia y en la mujer un perfume discreto, igualmente es conveniente que cuides la higiene personal y la apariencia. Es importante que te relajes cuando abordes a la persona, es decir que te veas cómo en el lenguaje corporal.

Cómo hacerlo

Cuida la primera impresión, especialmente para la mujer, esta primera impresión es clave, porque, aunque se conozca mejor al hombre que la quiere seducir, le será un poco complejo cambiar el criterio.

No se está siempre ataviado perfectamente, o acicalado para abordar a la persona que quieres seducir sea porque estás en la faena o porque haces ejercicio. Cuando sea el caso lo mejor es que se sea paciente y se espere para abordar. Pero si lo crees conveniente, entonces puedes tomar el riesgo.

Dado el caso anterior, lo mejor es que te sinceres con la persona que quieres seducir y mostrarle que puedes presentarte mejor. Pero que en ese momento estás en la faena de trabajo, haces ejercicio y agregas la frase de:

Te va a sorprender verme arreglado/a.

Tienes que crear condiciones para que se dé el abordaje. Precipitar el momento a la persona que quieres seducir, esto puede ser un error malo, no solo porque se trata de estar bien y con un aroma excelente.

Se trata en lo posible de las condiciones, que estas sean las que convienen para abordar, no olvides que la PNL tiene que ver con la percepción de las cosas y cualquier impresión o información que quieras mostrar. El candidato a ser seducido es el equivalente un programa mental.

Las condiciones que debes cuidar

- Intenta con gran esmero que la persona que deseas seducir esté sola, si andas en un bar en una disco y hay un grupo de personas lo puedes invitar a bailar en la barra o tomar un trago.
- Tienes que procurar que encuentres un lugar donde no haya ruido excesivo.
- Si el candidato está acompañado, tienes que respetar la compañía, el tipo de relación que tienen, esto refleja la formación moral.
- El lenguaje corporal y las expresiones son importantes para que seduzcas con la mirada a los ojos de la persona. Esta es una señal universal que demuestra interés en el otro. Si la persona acepta la mirada o estas se cruzan, por lo menos en dos ocasiones, es el momento de abordar a la persona en cuestión, sin embargo, hay personas que son tímidas y las miradas directas le incomodan, por lo tanto, te tienes que asegurar que no sea el caso.
- En el misterio está el encanto. No hay algo que estimule más que un hombre y una mujer con un deje de misterio, por eso no reveles toda la información sobre uno, porque sería mala estrategia.
- Intenta en lo posible, de manera sutil, pero sin temor, hacer contacto físico, sea que toques la mano, seques el sudor, te

acomodes el cabello, te abotones o acomodes la camisa o vestido, esto crea lazos importantes en las personas.
- Usa un lenguaje positivo, proactivo, esto quiere decir que tanto hombres como mujeres nos grada una persona con pensamientos positivos, es decir que la persona destaca siempre el lado bueno de las cosas y no el malo y por proactivo se quiere decir que los mejores seductores protagonizan sus historias

Siempre protagonizan las historias, no se trata de egolatría, sino de mostrar la disposición para enfrentar y atender las situaciones. El hombre y la mujer proactivos toman iniciativas y riesgos. Pero en la mayoría de casos ganan más de lo que pierden.

Una mujer fue a una fiesta, pero no sabía bailar, cuando se le acerca una persona que había contactado visualmente, para sacarla a bailar, esta no dudó en salir, pero le dice al oído: "no sé bailar, pero por ser tú me arriesgaré a hacer el ridículo" y así, conectaron.

No contradigas lo que dice la otra persona, aunque no esté de acuerdo con los planteamientos iniciales, solo escucha, conecta y replantea.

La paciencia es clave para que seduzcas, no siempre se logra conecta con la persona que se quiere seducir, desde el inicio o en el primer encuentro, por tanto, hay que ser paciente y tener cimientos para un segundos, tercer y más encuentros

LA HIPNOSIS COMO INSTRUMENTO OSCURO

Conozcamos cómo con la hipnosis también se pueden tener intenciones oscuras que sirvan para manipular.

Origen de la hipnosis

Para poder conocer más sobre la hipnosis es importante que nos metamos en sus orígenes. No se tiene claro el momento en el que se origina la hipnosis, lo que sí es verdad es que desde que comienza la humanidad, hay indicios de que los hombres de todas las culturas usaban cada uno de distinto modo procedimientos hipnóticos con fines curativos.

Las civilizaciones antiguas como los aztecas, mayas, persas, griegos… ya usaban la hipnosis como medio para sanar. Es por eso que la hipnosis no es una novedad, desde los primeros tiempos ya existía.

Hace unos 3500 años, los egipcios usaban técnicas parecidas a la hipnosis, llamados templos de sueños.

Sin embargo, no es hasta mediados del siglo XVIII cuando se da el primer estudio sistemático de lo que era un estado psico fisiológico, especial que luego se llamaría hipnosis.

Franz Anton Mesmer, (1.734-1.815), con doctorado en medicina y filosofía, con 35 años, en Viena, escribe una tesis doctoral llamada De planetarium Influxu, es influenciada por las teorías de Paracelso, sobre la interrelación entre los cuerpos celestes y el ser humano. Mesmer formula la teoría de magnetismo animal, que nos venía a decir que todo ser vivo irradia energía o algo parecido al magnetismo físico de otros y que se puede pasar a otros, llegando a aplicaciones terapéuticas.

El hombre se instala en París y después, la influencia fue tan grande que se hizo medico de pobres y desheredados como de ricos y poderosos, incluso del propio rey de Francia, que determina que no había ninguna influencia o energía magnética en las curaciones mesméricas.

Los discípulos de Mesmer y los investigadores posteriores determinan que las curaciones llamados sueños magnéticos, se daban por una condición que se llamaba sugestión.

El cirujano escocés James Braid, (1795 – 1860) acuña el término hipnosis. Desde ese momento la hipnosis como terapia ha evolucionado, por lo tanto, se debe considerar como una técnica antigua, a pesar de ser tan antigua, no es conocida actualmente como debería, a lo mejor porque en su evolución ha pasado por periodos de mucha aceptación y también de olvido. Las últimas porque se tomó como un procedimiento acientífico, como si fuera algo místico, llegando a atribuir poderes sobrenaturales a los que la practican.

Por fortuna, en la segunda mitad del siglo pasado, comienza la hipnosis científica y con ello entramos a lo que conocemos hoy como hipnosis terapéutica.

Tipos

La hipnosis es un método que promueve los cambios en el comportamiento de la sugestión, basado en la definición de los basamentos que se pueden conceptualizar la hipnosis como un estado psicológico o como actitudes mentales, actualmente la comunidad científica la asocia con expectativas en las ondas del cerebro.

Aquí hablamos de 5 tipos de hipnosis más habituales, el método tradicional que se basa en la sugestión verbal directa, el que desarrolla Milton Erickson, la hipnosis cognitivo conductual, la autohipnosis y la programación neurolingüística, que sin ser un modo de hipnosis parte en gran medida la variante ericksoniana.

Vamos a describir las técnicas más conocidas en las que se incluye el uso de la hipnosis, claro, hay muchas versiones y seguramente haya profesionales que combinen más de uno de estos métodos.

Hipnosis tradicional (por sugestión)

La historia de la hipnosis se remonta a los métodos de Franz Mesmer, que incluía imanes y fueron conocidos a fines del siglo XVIII, luego James Braid muestra la oposición a la hipótesis mesmeristas y propone que la hipnosis era un estado nervioso mientras que Pierre Janet atribuye a la disociación psicológica.

La hipnosis tradicional se basa en la inducción de un estado de trance, una vez la persona hipnotizada lo alcanza, recibe sugestiones en formato verbal, en relación a la conducta o los contenidos mentales. Así el objetivo del método es influir en el comportamiento, sugiere a la persona que deje el hábito o creencia negativa.

Actualmente el método clásico sigue la forma de hipnosis más usada en el mundo. desde un punto de vista teórico se relaciona con la hipótesis de la mente inconsciente planteada por Freud. Este marca los desarrollos del psicoanálisis, además influye en orientaciones como el cognitivismo.

Hipnosis ericksoniana

Un tipo de hipnosis que desarrolla Milton H. Erickson, un psicólogo estadounidense que es considerado pionero en el campo y en la psicoterapia en general. No se puede confundir a este con Erik Erickson, psicólogo evolutivo alemán que se conoce por los ocho estadios del desarrollo psicosocial.

La hipnosis ericksoniana no se da por medio de sugestiones directas, sino con metáforas que ayudan al pensamiento reflexivo y creativo. Esto es porque tiene más eficacia que la hipnosis clásica en personas refractarias, con un nivel de sugestionabilidad bajo o que se muestran escépticas con el procedimiento.

La influencia de Erickson no se limita a la programación neurolingüística de la que se habla después. El aspecto central de la modelo de intervención, el peso de relación entre el terapeuta y el cliente en el proceso de cambiar, la recoge la escuela estratégica y con la terapia breve centrada en soluciones.

Hipnosis cognitivo-conductual

La perspectiva cognitivo conductual concibe la hipnosis como un sistema de métodos que promueve el cambio comportamental, por medio de la sugestión. Se cree que el fenómeno como una consecuencia de la interacción entre factores como la relajación física, la imaginación o las expectativas y creencias de las personas.

Hay terapeutas que se adscriben la orientación y emplean técnicas de hipnosis como complemento en intervenciones más amplias. Se ha aplicado a problemas variados como alteraciones del ciclo de sueño vigilia, las adicciones conductuales y sustancias o el trastorno de estrés postraumático.

Autohipnosis

Cuando una persona se induce a sí misma este estado por medio de la autosugestión, frecuentemente usa instrumentos que sirven de apoyo. Lo más común es la grabación en formato sonoro, y también hay aparatos que alteran las ondas del cerebro para modificar el nivel de consciencia.

La hipnosis se aplica sobre todo en problemas del día a día, que no revisten una gravedad particular, puede ser habitual el uso para desarrollar habilidades intrapersonales, e interpersonales, para que reduzcas el nivel de estrés e inducir relajación para enfrentar el miedo escénico, para perder peso o dejar de fumar.

Programación neurolingüística (PNL)

No podemos decir que se trate de un tipo de hipnosis, la programación neurolingüística se encuentra relacionada con estos métodos. el modelo de Milton se basa en desarrollar el método de hipnosis que desarrolla Milton Erickson, esta variante de la PNL se hace por medio de la sugestión y metáforas. Sin embargo, se ha criticado el uso de la intervención de los creadores de la técnica la hipnosis ericksoniana, porque los autores modifican o interpretan con error muchas ideas elementales.

La comunidad científica considera a la PNL como una pseudociencia, por lo tanto, la toman como fraude. Los postulados no se sustentan en bases empíricas, incluyen conceptos complejos para dotar a la teoría de credibilidad, las practicas son habituales en la pseudociencia.

Hipnoterapia

La hipnoterapia es un tipo de psicoterapia que se basa en métodos de relajación y concentración intensa, centra la atención en conseguir un estado elevado de conciencia que a veces llaman trance. La atención de la persona se concentra en esto, todo lo que pasa alrededor se bloquea o lo ignoran las personas en trance. En este estado de origen natural una persona centra la atención, con ayuda en pensamientos o taras específicas.

La hipnosis se considera una ayuda para la psicoterapia por el estado hipnótico que permite a las personas explorar pensamientos dolorosos, recuerdos, sentimientos que pueden esconder en las mentes conscientes.

La hipnosis permite que las personas perciban cosas de otro modo. Como el bloqueo de la conciencia del dolor. También puede ser usada para terapia o analizar a las personas.

La terapia de sugestión hace que la persona sea más capaz de responder a sugerencias, por lo tanto, la hipnoterapia puede ayudar a las personas para que cambien comportamientos como dejar de morderse las uñas o el tabaco. Puede ayudar a personas a que cambien percepciones y sensaciones y es útil para tratar el dolor.

Con el análisis, el método usa este estado de relajación para explorar la raíz de un trastorno o síntoma. Como un evento pasado que una persona esconde en la memoria inconsciente. Cuando el trauma se revela puede dirigir la psicoterapia.

¿Qué sucede en una sesión de Hipnoterapia?

La tarea que se da es la de establecer una relación con el cliente, esto es que se anime a hablar acerca de las preocupaciones. El terapeuta puede pasar tiempo con el primer lugar para hacer una historia clínica. El examen sirve para que entre el terapeuta y el cliente se sienta seguro y cómodo para entrar en el trance.

Las metas de esto se discuten entre las partes, proporciona una explicación que consiste en hipnosis. Cualquier pregunta o idea errada también se trata.

Hay muchos modos de lograr el estado de trance, por lo general el cliente se sienta en una silla cómoda y el terapeuta habla con una voz lenta, suave, se le puede pedir que imagine o mire caminando por un camino, le puede hacer visualizar por un camino o lo puede hacer mirar a un punto fijo, simplemente escuchar el sonido de la voz del terapeuta. Se entra en el trance, el terapeuta hace que se cuente de diez a uno o pide que se imagine caminando unas escaleras. Sentirás la relajación, pero consciente del entorno.

Para volver a plena conciencia el terapeuta puede contar de uno al diez.

La duración depende del problema que se trate o los síntomas de la persona. Con algunos se trata rápidamente y con éxito, con otras puede tomar varias sesiones.

En el proceso de esta terapia se enseña a los clientes a entrar en la auto hipnosis como parte de una serie de tareas. La primera sesión dura hasta hora y media y las demás lo mismo o poco menos.

Tienes que tener presente esto de la hipnoterapia

- No se puede hacer contra la voluntad de la persona o cuando las personas estén en control completo de las sugerencias dadas.
- Todo objeto de la hipnosis clínica es para recuperar el control de la hipnosis que se ha perdido y por tanto se ha traducido en síntoma o problema
- Se estima que el 85% de las personas puede responder a la hipnosis.

Sus beneficios

Permite que una persona sea más abierta al a discusión y la sugestión. Se mejora el éxito de otros tratamientos para muchas enfermedades, incluye:

- Depresión.
- Estrés
- Fobias, miedos, ansiedad.
- Dolor de la pérdida.
- Trastornos del sueño
- Estrés postraumático

La hipnosis puede ser usada para controlar el dolor y superar hábitos como comer o fumar mucho. Puede ser útil en personas con síntomas graves o que necesiten gestión de crisis.

Desventajas

Puede no ser apropiada para una persona con síntomas psicóticos, como delirios y alucinaciones, para alguien que usa alcohol o drogas. Se debe usar para controlar el dolor solo luego que un experto ha evaluado la persona para cualquier trastorno físico que requiera intervención quirúrgica. La hipnosis es una manera menos eficaz de terapia que otros trastornos psiquiátricos.

Hay terapeutas que usan la hipnosis para recuperar recuerdos reprimidos, que a lo mejor se relacionan con trastornos mentales. Sin embargo, la hipnosis plantea un riesgo de crear falsos recuerdos, normalmente como resultado de sugerencias sin intención por parte del terapeuta, por eso el uso de la hipnosis tiene controversia.

La hipnosis no es peligrosa como tal, siempre y cuando no busque el control mental o el lavado de cerebro. Todo depende siempre de quien lo use.

Hipnosis encubierta

La hipnosis secreta es una influencia sutil de la mente de un sujeto por medio de una conversación normal sin que se dé cuenta de que está hipnotizado, la técnica se usa con la mente inconsciente de una persona y usa la imaginación del sujeto para abrirlo a sugerencias. Se trabaja para poder modificar el comportamiento y las acciones del participante de una manera sutil que cree que el resultado fue por su propia voluntad.

El diferenciador clave entre hipnosis encubierta y la tradicional es que el sujeto no es consciente de la práctica de la hipnosis alcanza el estado de hipnosis sin esfuerzo consciente. El hipnotizador aplica a técnicas secretas para influir en las personas y todo el fenómeno no es tan sutil que logra la hipnosis, el resultado final se alcanza con el conocimiento del sujeto.

Se asocia a la hipnosis con la imagen de la persona acostada con los ojos cerrados y en trance, la hipnosis secreta índica un tipo distinto de trance, donde los ojos de la persona están abiertos. La hipnosis secreta, la mente del sujeto que se prepara para recibir instrucciones por medio de la supresión de la menta analítica, el tema se activa por medio de palaras de activación. Seguidas sutilmente por comandos que alteran el comportamiento, lo que se da mientras los ojos del sujeto se abren y mientras se está de pie o sentado. El trance se hace sutilmente, la persona ignora lo que ocurre.

Es una técnica usada en la hipnosis secreta, es la construcción de una relación que le gane al hipnotizados la atención y confianza de la persona, los hipnotizadores crean una conexión al subconsciente de la persona por medio de métodos. el más popular de loa cuales es el reflejo.

El hipnotizador imita sutilmente las acciones y gestos del sujeto, crean una conexión subconsciente y obtiene la confianza y cooperación del sujeto, luego influye en las etapas que siguen a la hipnosis. Este tipo de hipnosis no tiene los ojos cerrados, el sujeto relajado de la hipnosis tradicional puede buscar señales para identificar a un sujeto en este estado. Los signos comunes incluyen pensamiento crítico, escucha activa, comportamiento simpático. Cundo se ve que el sujeto tiene un comportamiento sugerido o ha ideado una idea que fue influenciada entonces se habrá logrado la hipnosis secreta.

Hipnosis conversacional

Aprende a jugar con el cerebro de los demás. es el mejor método para que aprenda a meterte la gente en el bolsillo.

La hipnosis se fundamente en dominar técnicas y herramientas de control mental para tratar que otro haga lo que queremos, haciéndole creer que es esa su voluntad. Esto no es magia, son juegos cerebrales, aplicaciones, todo para lograr que el interlocutor más cerril, caiga ante nuestros pies.

Podemos usar la hipnosis conversacional para conseguir las metas, que una persona olvide un detalle que queremos que pase por alto o que tenga un recuerdo o un aspecto que refuerce.

La conversacional apela al cerebro primitivo, al reptiliano, para conectar con la mente del interlocutor antes de acudir al filtro racional, porque según el hipnotizador, no es lo mismo decir directamente que somos valientes y trabajadores que exponer las dos capacidades en una historia que conecte con la otra persona.

Suena bien, pero es complicado, por eso cualquiera puede practicar la hipnosis conversacional. Todo el mundo trabajando en ello, la puede aprender a usar, exprimir la potencialidad, si se basa en aprender códigos básicos cómo no lo haremos.

Se maneja así:

Establece un marco

Establece relaciones de poder donde uno tiene el control y el otro obedece, es tarea del hipnotizador hacerse con el mando. Se debe mostrar cómo la gente maneja la conversación, lo que establecen los tiempos, lo que organiza el escenario. Aunque sea el cliente quien recibe en la oficina, aunque sea este el que otorgue los minutos, tiene que ser el hipnotizador quien tenga la capacidad de darle vuelta a la situación y hacer suyo el espacio. Puede decir por ejemplo que:

No necesito quince minutos, puedo explicar esto en diez.

Generar rapport

Es un clima de confianza, es buscar relaciones con el otro e imitar sutilmente los gestos, la postura, hablar el mismo tono. Cualquier actitud que transmita sintonía con el otro hace que este se sienta cómodo con la conversación, que no sienta miedo, que al final sea más receptivo a las palabras.

Crear un patrón de cambio.

No es lo mismo que se expongan las características solo citándolas que crear una en torno a ellas. Los mensajes envueltos en anécdotas que conecten con el cerebro reptiliano, el que activamos en el interlocutor. No es lo mismo razonar con un relato que somos. La exposición directa genera recelo en el otro, el serpenteo que encamina a la idea logra que el otro perciba como válida y que no la cuestione.

Acabar con ideas de compromiso y fuerza.

Es cerrar la exposición, buscar implicación de otro al cien por ciento. Es el broche al proceso, es tratar de que otro asuma como propios los mensajes y que haga sus objetivos. Al practicar las técnicas se logra influir en el otro sin que se entere.

Ya todo es cuestión de probar, de darse cuenta de que el cerebro aun es desconocido, pero no tanto como se cree.

Hipnosis y lavado cerebral

La primera es un estado mental que logra disociar el consciente del inconsciente por medio de inducción hipnótica, logra un estado de sugestibilidad que permite que el hipnotizado acepte las sugerencias o indicaciones como reales.

En el otro hay una persuasión que permite un cambio en el pensamiento, conducta o creencia de una persona o sociedad, por medio del uso de violencia verbal, psíquica, física entre el que lava y la población lavada. Esto permite un control mental especialmente de la ignorante, lo que permite sumisión de los pueblos a la esclavitud a explotación sexual y creación de sectas religiosas como el Ku Klux Klan, sectas de Hitler, fascismo, estalinismo, los estados totalitarios del siglo pasado y de este, los objetivos se fueron logrando por medio del control de los modos de comunicación y el sistema educacional como medios de comunicación y la educación que permiten el autoengaño del pueblo.

En los hospitales psiquiátricos de la URSS, donde eran llevados los políticos y disidentes, los psiquiatras del sistema decían que las ideas de lucha por la verdad se hacen en mentes paranoicas, por lo que estas personas eran sometidas a electroshock, shock insulínico, drogas psicotrópicas, aislamiento, trabajo forzado, donde muchos morían otros quedaban con problemas cerebrales que no tenían solución.

Algunos quedaban con el lavado cerebral a favor del sistema, en la Alemania de Hitler, por ejemplo, Joseph Goebbels, como canciller y ministro de propagandas empleó en las masas el método "Argument ad nauseam" o falacia nauseabunda, que logró lavarle el cerebro a la masa sin cultura.

Para los de oposición era algo más de lo mismo, el fracaso hace que lo lleve a suicidarse con su esposa e hijos, el fundamento del lavado de cerebro en masa, en Estados totalitarios, posee estos fundamentos:

- Charlas frecuentes del líder y acólitos, por horas, lo que permite un estado de sueño, que permite racionalizar lo oído.
- Desinformación, para impedir que las personas tengan la realidad del sistema de vida, por medio de un bloqueo de información escrito, TV y radio.
- La satanización por medio de actos, opiniones, religión, en cosas nocivas, lo que permite que se use la represión. Todo esto da pie a mostrar la hipnosis para manipular masas.

Vamos más allá, por ejemplo, la canción Despacito dicen que busca robotizar a millones de personas y que al parecer elevó las ventas de un perfume en un 70%. A lo mejor en las imágenes de video determinados juegos de pixeles y luces organizan el nombre y colores de la marca.

A lo mejor en medio de la letra, de algunos acentos, de altas y bajas de decibeles, repiten el nombre del perfume, otras combinaciones sensitivas pueden causar un impacto. Es un modo de hipnosis.

Este es un ejemplo para mostrar el fenómeno de la emisión de mensajes subliminales, aunque con otros temas. Canciones que han sido objeto de propaganda oculta, todos estos mensajes influyen en nosotros.

Son mensajes subliminales, datos, claves diseñadas, pasan por debajo de los límites normales de percepción, normalmente cualquier individuo concentra la atención en lo que dicen los sentidos, lo que no advierte es que los demás sentidos también reciben y acumulan un caudal de datos que los condiciona en las acciones. Este nivel de información atraviesa umbrales de la consciencia, en otras palabras, es subliminal.

Se parece a cuando se le da un medicamento o veneno a una mascota, se envuelve en un pedazo de carne y entonces ingresa sin ser percibida el organismo y desata efectos. Eso puede suceder en un supermercado, una iglesia, un centro político, el cine, un concierto. Aseguran que normalmente se dan allí donde se condicionen pantallas parlantes y escenarios, incluso micro escenarios que aportan tecnología.

Se investigan desde hace medio siglo, decenas de estudios intentan demostrar cómo la hipnosis colectiva dejar de ser un espectáculo para ser un arma de políticos, comerciantes, religiosos... aceleran el desarrollo, los grupos selectos, psicólogos, lingüistas, ingenieros, sociólogos...

Más allá de los clásicos tactos, oído, vista, olfato, los científicos descubren que el cerebro alberga al menos 37 sentidos, esta por ejemplo la propiocepción, la ecolocalización, y allí se abre la puerta para manipular y generar razonamientos.

Sobra decir que el cerebro puede ser bombardeado con juegos de luces, olores, sonidos, combinaciones cibernéticas. Los juegos formales van con la percepción consciente. Los estudiosos del os mensajes subliminales muestran cómo el nivel de percepción inconsciente se pueden instalar con amenazas, órdenes y seducciones.

Desde principios de los sesenta se demuestra que la manipulación se puede hacer con la Técnica del cuadro 25. Leyendas invisibles a la vista, agregadas a los 24 cuadros por segundo de una cinta cinematográfica, condicionan la conducta del espectador. Los asistentes veían a Marlon Brando sin advertir que la otra parte leí que consumiera Bebida Cola o Compré palomitas de maíz. Por medio de mensajes inscritos en avisos luminosos los induce a aceptar los productos.

En estos tiempos se obtiene la patente oficial de un aparato que puede proyectar mensajes ocultos, como el taquitoscopio. Es un aparato que muestra a una persona imágenes luminosas en fracciones de segundo. Luego se ve lo que más se notó y se planifica el acondicionamiento, se abren debates intensos como no se han resuelto sobre el peligro y la efectividad.

A mediados de los setenta, se multiplican las investigaciones, donde denuncian las prácticas de difusión de mensajes ocultos por parte de muchas compañías comerciales. Varias reflexiones se plantean en los textos y que quedan sin aclaración como que el costo del aparataje publicitario superaba el total del recurso comercializado.

Todo esto aviva las pruebas presentadas que tenían polémicas intensas, entre intelectuales y científicos. Luego motivan a miembros del congreso para que propongan mensajes subliminales, luego surge la fobia de los intelectuales de izquierda como las investigaciones que apuntan a prácticas de adoctrinamiento hechas en la Unión Soviética y China. Estos estudios llegaron incluso a tocar la CIA.

Descubren técnicas con las que experimentan los nazis, pasan la CIA y después a empresas de gaseosas, luego advierten que la KGB desarrolla sus métodos y los llegan a aplicar en cultos religiosos como en organizaciones guerrilleras. No se niega la efectividad, solo si es mayor, total o relativa.

Desde ese momento han transcurrido los temas marcados por la polémica, entre críticos escépticos y quienes aceptan lo denunciado. Intelectuales como Noam Chomsky e Ignacio Ramonet se ven convencidos del peligro subliminal. El debate se reinicia en oportunidades disímiles entre sí. Detonante singular como la tragedia de Guyana, liderada por una persona afecta al uso de efectos de sonido y discursos apocalípticos

El 18 de noviembre de 1978 el reverendo Jim Jones ordena el asesinato de 912 miembros de una secta del Templo del Pueblo en Guyana. Este es considerado el mayor caso de autoinmolación de esta era.

Jones había constituido años antes un credo que mezclaba evangelismo con comunismo, luego se va con sus seguidores a Guyana y establece lazos con gobiernos socialistas del Caribe.

Una comisión congresal llega ese año a Guyana a investigar denuncias sobre varios delitos en la secta, cuando la comisión volvía a Norteamérica los seguidores de Jones disparan a los investigadores, luego el reverendo pronuncia por sus parlantes la clave "noche blanca" y se desencadena una ola de 500 suicidios y más de 300 asesinatos de bebés a manos de los miembros del Templo del Pueblo.

Este debate llega a Asia en 1998, cerca de 80 niños japoneses deben ser hospitalizados mientras pasaban convulsiones, todos tenían ataques mientras veían un capítulo de Pokemon, esto por unos altos niveles de luz. en investigaciones posteriores descubren que Pokemon tenía mensajes infrauditivos que predisponían la violencia.

En Rusia en 2003, el gobierno de Putin inicia una investigación contra dos empresas de mercadeo, ambas habían sido objeto de denuncias por el uso de mensajes subliminales. Ese mismo año en Venezuela el ya fallecido presidente Chávez acusa a un canal ya cerrado, RCTV y Omnivisión de haber difundido propaganda subliminal previa al golpe de estado del 2002.

En 2017 el debate sobre la manipulación subliminal suma otro caso que es con Trump, el investigador alemán Martin Hilbert dice que es gracias a la manipulación tecnológica. Antes de él, Obama apeló a las mismas armas, mientras que Hillary Clinton no invirtió en ellas.

Hilbert explica en una entrevista, que la empresa Cambridge Analytica es contratada por Trump. La agencia organiza pedirles de 250 millones de votantes gracias a las redes sociales, adaptan los mensajes de campaña según perfiles y circunstancias. Añade que Obama hace algo parecido en 2012, pero solo con 16 millones de electores.

Teniendo entre 100 a 350 likes tuyos, se puede predecir tu orientación sexual, etnia, religión y política, la inteligencia y la felicidad, si tomas drogas, si los padres están o no juntos, y más. Los algoritmos pueden predecir el resultado de un test de personalidad mejor que la pareja de toda la vida. Con 250 likes, mejor que tú mismo.

Entonces, se tienen unos 5000 puntos de datos por cada estadounidense, cuando los clasifican los comienzan a atacar, el tercer debate de Clinton, por ejemplo, en el tercer debate con Clinton, Trump plantea un argumento, y los algoritmos crean 175 mil versiones sobre el mensaje, con variaciones de color, en la imagen, el subtítulo, lo mandan personalizado. Si Trump dice por ejemplo que está en el derecho de tener armas, algunos reciben la frase con la imagen de un criminal que entra a casa, porque es gente miedosa, otros que son más patriotas la reciben con la imagen de una persona que va de caza con su hijo. Es la misma frase y con dos versiones, pero se crean 175 mil. Es un claro lavado de cerebro.

Junto a esto, hay otras decenas de denuncias, entre ellas están acusadas la tabacalera Camel, la revista Playboy, la empresa de lociones IFF, y hasta Disney quien no podía faltar en el escándalo.

En Estados Unidos y Canadá hay por lo menos 35 empresas que ofrecen servicios de propaganda subliminal. Las tarifas oscilan entre los 18 mil dólares para confeccionar un anuncio impreso, hasta cientos de millones para una campaña multimedia. El trabajo incluye sondeos públicos junto con ensayos de efectos sobre grupos focales. Tienen condicionamiento político social, contrainteligencia, hasta existencia o no de limitaciones sociales.

Ya el desarrollo tecnológico ha dejado atrás al taquitoscopio, en el presente los instrumentos son de diseño exclusivo y secreto de las agencias. Entre los que están se usa el criptógrafo, cámaras oculares, psicogalvanómetro, diafanómetro y reguladores de luz. todos apuntan a percepciones y reacciones humanas, con registros de precisión de milésimas de segundo.

Una persona que ahora visite un sitio donde atienda a las palabras del guía espiritual, sin que se dé cuenta escuche la reverberación de los parlantes de la orquesta emitiendo vibraciones de baja frecuencia. Esas vibraciones deprimen según estudios, entonces hacen que esa persona se sienta la peor de todas. luego en el éxtasis de la prédica otra vibración lo lleva a la sensación de estar libre de los pesares, salvado diría el guía religioso.

Así de simple enganchan.

A lo mejor la persona ha optado por ir al super a hacer unas compras, entonces la pupila de ese cliente es estudiada para ver dónde se detiene más tiempo, los parlantes transmiten una melodía, una para toda la cadena. Pero en el subconsciente el visitante siente que se tiene que relajar, complacer, relajarse y complacerse.

Por eso es que muchas veces se entra a por pan y jabones y se sale con cuatro bolsas de chucherías, y hasta un perfume para el perro.

Según las investigaciones, las etapas de consumo de mensajes subliminales, crece insensiblemente. La elección de autoridades, referéndums, consultas, motiva el cruce de variables e intereses. Curiosamente para esto, se han multiplicado por cuatro o más este tipo de sucesos.

Esta debe ser la razón por la que muchas veces olvidamos los pecados de los políticos, no olvidamos las imágenes ni sus canciones de campaña. Como se ve, la hipnosis colectiva es más común de lo que quisiéramos.

Y nadie se salva de ella.

CÓMO SALIR DE LAS RELACIONES MANIPULADORAS

Es verdad que cada uno de nosotros es diferente y único, pero al a hora de disfrutar del entorno y las relaciones sanas a nivel emocional, es importante que se sepa si tenemos cerca de un manipulador, a una persona que nos genere daño. Como ya sabes, hay muchos tipos de manipuladores.

Entonces primero tenemos que aprender a comunicarnos con un manipulador, es una persona con habilidades para hacerte sentir culpable, para mentirte, manipularte y construir relaciones que duran años, pudiendo evitar consejos y leyes de seguridad creadas por expertos en estrategias de comunicación.

No olvides que tienes unos derechos que nadie puede violar, tienes derecho a:

- Ser respetado por los demás
- Expresar las emociones, deseos y opiniones
- Establecer prioridades
- Decir no sin sentir culpa
- Recibir lo que pagaste.

- Expresar puntos de vista, aunque sean diferentes a los de los demás
- Protegerte de amenazas físicas, morales y emocionales.
- Construir la vida acorde al concepto de felicidad.

Es recomendable que se recuerde que hay límites de espacio personal, porque un manipulador no respeta derechos y afecta los límites constantemente. No olvides que eres responsable de tu vida.

Mantén la distancia

Mientras estás comunicándote con el manipulador este va a pretender cambiar la máscara constantemente, pudiendo ser muy cortés y por el otro agresivo, rudo. La distancia emocional y hasta física ayuda a saber en qué momento finge amabilidad para luego tener algo a cambio, por otro lado, la astucia también le hace saber que puedes llegar a sospechar que intenta manipular, de este modo la simpatía puede ser un arma para que dejes de pensar mal sobre el modo de actuar.

Puede también tener una actitud de víctima e inseguridad, si ves que una persona del entorno muestra carácter que refleja extremos, lo mejor es que mantengas la distancia y que seas prudente a la hora de relacionarse con ellos, porque podría hacerte creer que eres culpable del estado, en caso de que se haga la víctima. De esta manera al hacerte sentir culpable puedes hacer que te sientas en deuda con él y lograr así algún favor.

La personalidad manipuladora tiene origen en la infancia, no es un problema tuyo que puedas solucionar, o tienes que educarte y corregir el comportamiento.

Realízale preguntas de prueba

Hazte preguntas de prueba para que averigües si la persona tiene algo de autocrítica o pudor, características que un manipulador no tiene:

- ¿Te parece que eso que me pides es justo?
- ¿Es esto justo conmigo?

- ¿Puedo tener una opinión de esto?
- ¿Me lo preguntas o afirmas?
- ¿Qué me das a cambio?
- ¿Crees que yo de verdad…?

No corras

Una característica clave de los manipuladores es que te lleven a responder y reaccionar al instante ante situaciones determinadas. Con poco tiempo de reacción por su parte, puede manipularte más fácil. Puede pretender reacciones rápido, pero estás en tu derecho de tomarte el tiempo, pues no creas que porque te presionan debes responder de manera inmediata.

Cuando sientas presión, toma un respiro y no te apures a tomar decisiones, decir lo pensaré permite que mantengas el control de la situación, además te hace respetar y fijar los límites ante la persona con la que hablas. Dejar que el otro tome el control de la situación te hace su víctima, así que deja un espacio para reclamar y responder, le demuestras que no puede obtener todo de ti sino lo que deseas.

Aprende a decir "no" al manipulador

Saber decir que no, permite que pongas límites y te des respeto, esto hace que el entorno también cambie. Cundo dices que no, dejas claro que no siempre conseguirás de ti lo que quieren, pero, no es que adoptes una actitud negativa, sino que evites que se aprovechen de ti. Un no oportuno permite que mantengas una buena relación con la otra persona. Recuerda que tienes derecho y te mereces escoger el camino a tu felicidad. No sientas culpa por decir que no.

Comparte con él/ella las posibles consecuencias

Ante situaciones donde sientas que hay agresión, tanto verbal como emocional, tienes que hacerle saber al manipulador las consecuencias de las acciones

La capacidad de adelantarte y exponer los resultados es uno de los métodos efectivos para comunicarnos de manera eficaz así cambias la actitud hacia ti, haces evidente el plan y de este modo le quitas poder.

Defiéndete de sus burlas

En ocasiones un manipulador buscar asustar y causar dolor, por medio de ofensas y burlas, es bueno que cuando suceda tengas presente que ellos se aferran a lo que tienes como debilidad, nada más.

Si te mantienes pasivo, y sigues el juego, seguirá aprovechándose de ti, en el momento en que hagas frente y te defiendas, la persona por naturaleza comenzará a retirarse.

Por otro lado, el uso del humor es una técnica para que te defiendas, cuando el manipulador intente atacar, pero sus palabras se vuelvan en humor por tu parte, neutralizarás el mensaje y le harás perder poder.

Muchas investigaciones demuestran que este tipo de personalidad ha sido víctima de abusos en la infancia o durante la madurez, no justifica los actos, pero es importante que se tenga presente para responder a sus acciones de manera plena y sana

Dicho todo esto, vamos entonces con la forma de librarse de la manipulaciones.

Primero que todo aprende a detectar

Los manipuladores emocionales son como lobos con piel de cordero, usan estrategias de chantaje emocional con las que consiguen poner a los otros a su disposición, son grandes oradores que le dan la vuelta a las cosas con mucha conveniencia. Son personas que embaucan con la distorsión cognitiva y la explotación de las emociones, el manipulador crear beneficios o privilegios a expensas de la víctima. El manipulador crea a propósito un desequilibrio de poder que le permite inclinar la balanza a su favor, y así explotar a otra persona, pero no lo hace sin que sea evidente, usa la mentira de forma inteligente e incluso negando cosas para confundirnos.

Con el tiempo la persona manipulada terminar llevando una vida que no la que quiere, sin darse cuenta se pone a expensas del manipulador, pone por encima a la otra persona ante sus necesidades e intereses personales. Al ser manipulados se acaba minando la autoestima, el autorrespeto, genera inseguridades, insatisfacción e inseguridades, lo peor es que muchas veces la víctima justifica al manipulador e incluso se siente culpable de la situación.

Características del manipulador emocional

Las personas manipuladoras no suelen tener escrúpulos, cuando detectan puntos débiles lo usan para manipularte, si logran el fin harán que renuncies a las necesidades y los valores para poner los suyos por delante, normalmente envuelven poco a poco a las personas en su red.

Los manipuladores son personas inseguras, con poca autoestima, pero sin embargo intentan dar la imagen opuesta, los temores, las inseguridades son encubiertos con actitudes egoístas y dominantes, la inseguridad del manipulador hace que tengan técnicas para resolver los problemas, basados en agresividad activa o pasiva. Son egoístas y tienen un déficit de habilidades sociales, especialmente de asertividad, que los lleva a usar medios sutiles para conseguir que los demás hagan lo que este quiere. Luego son más agresivos, pudiendo llegar a ser violentos. Por la inseguridad se sienten incómodos en todo tipo de relaciones, esto los lleva a ser rígidos, juzgar a otros, y hacer ver que solo ellos tienen la razón o la verdad total, son ellos contra el mundo y quien no piensa como ellos o se adaptan a los deseos, con desvalorizados

Tienen baja tolerancia al a frustración. Experimentan situaciones que les frustra o les ponen en entredicho la posición o el poder reaccionar con rabia, se ponen alerta y atacan desde la intolerancia, la crítica destructiva o incluso la agresividad física si se sienten amenazados.

Para ellos nunca es suficiente, el manipulador pide y exprime sin límite. Este satisface su propio ego por medio de la manipulación, siente que si tiene al otro a la mano o lo doblega le hace sentir poderoso usa a los otros para lograr sus fines, el manipulador no suele dejar libre a las presas, sino que busca sacarles todo para que este siempre tenga que sacrificar más y más.

Estrategias del Manipulador

Como ya sabemos son muchas las formas de manipular que tienen ellos, pueden ser agresivos, sean activos o pasivos, también de un modo sutil, la manipulación más auténtica es la que se hace sin que se note, cuando se logra motivar a la otra persona para que se comporte igual que le manipulador, saliendo de ella misma, la agresividad entra más en el terreno del chantaje emocional.

Agresión pasiva, victimismo, chantaje emocional, suelen asumir el papel de la víctima, el comportamiento se encamina a genera culpa en el otro. Como el de culpar de manera directa, diciendo "por tu culpa me siento así" o culpar a terceras personas diciendo que usan el mecanismo por el cual el receptor del mensaje analiza el comportamiento u descubre que de alguna forma el también hizo algo similar, asó que termina sintiéndose mal.

También señalan a los otros como responsables de la infelicidad futura, si no haces algo, se incrementa el grado de sufrimiento en la vida del que manipula, serás el único culpable, si no me ayuda con esto no conseguiré entregarlo a tiempo y me van a despedir, si me quisieras harías esto o lo otro.

Resaltan lo mucho que se sacrifican por los demás, tienen una agenda escondida donde anotan todo lo que han hecho por ti y por los otros, paree mentira que te quejes de que no te llamen por el cumpleaños, cuando tienen toda la vida sacrificándose por nosotros, eso dicen. Es increíble que me pidas que te ayude con esto cuando sabes que he estado todo el día cargando a nuestro hijo enfermo todo el día.

Ignorar es un modo cruel de maltrato psíquico a pesar del carácter pasivo, si no te dirige la palabra ni la mirada una persona a la que quieres o con la que tienes un tipo de relación, suele sentirse un profundo malestar. Los seres humanos somos sensibles al rechazo y a una expresión directa nos revuelve por dentro. Se repliegan en sí mismos por completo y ni siquiera te miran, mientras se muestran incluso más amables con los demás, te dicen lo imprescindible o menos aun que eso, si intentas conversar con ellos y aclarar lo que ha pasado, o exponer tu punto de vista, responden que, si tienen a bien hacerlo, déjame en paz, si nos enfadamos, adoptan el papel de víctimas o se ofenden por el enfado nuestro.

El victimismo como ya sabemos es otro de los elementos, para estas personas ellos siempre ven lo peor de todo, se aprovechan de ellos, se describen como pobres víctimas humilladas y maltratadas. Despiertan sentimientos de culpa y te manipulan.

Agresión activa, maltrato, acoso moral, el arma fundamental de los agresores activos es la violencia verbal o física. Gritan, culpan a los demás, amenazan, aunque en algunas ocasiones cumplen el aviso, se sirven siempre de enfados y amenazas, cuando uno está con ellos siempre sienten miedo.

La crítica destructiva, cuando una persona que nos importa realiza una crítica negativa se puede tender a pensar que puede ser cierto, que somos unos miserables aprovechados o unos impotentes. De este modo se induce la culpa.

Hacer juicios sobre la valía de la forma inespecífica es un modo directo donde se emite un mensaje de me has defraudado, pero no te dicen por qué.

Atribuir una etiqueta negativa, algunos ejemplos son el estás loca, no hay quien te entienda. Eres un machista, eres un egoísta…

Los manipuladores que hay

En ocasiones un manipulador puede usar varios de estos estilos en distintos estilos en estos momentos.

La víctima es una persona que usa el chantaje emocional, es común que el manipulador asuma el papel de víctima y se adjudica el rol de verdugo, para estas personas los demás siempre son culpables, ellos son las víctimas, por ser muy buenos, con este discurso despiertan la culpa en el otro.

El dependiente es un manipulador que se pone una máscara de persona débil que necesita que le ayuden y depende de los otros, pero detrás de esa apariencia de corderos realmente se esconde un lobo que manipula los sentimientos y hace sentir responsable, como si la felicidad dependiera de ti, de cómo te comportes con esa persona.

El agresivo es la persona que usa la estrategia de manipulación de manera activa, se encargan de demostrarse que son los más fuertes, de tal modo que la personalidad se diluye, pues logran que termines cediendo para evitar peleas

Está el interpretador, que es maquiavélico, pasivo agresivo, al inicio parece que está de tu lado, pero usa constantemente palabras contra ti, son expertos manipulando, y ponen las cosas a su favor, suelen encontrar y atribuir intenciones escondidas en los mensajes y actos, así generan un sentimientos de cupa por algo que nunca has hecho o dicho.

El sarcástico son personas agresivas, pero de manera indirecta, con comentarios sarcásticos, las personas veladas con humillaciones, de este modo demuestran ser superiores, denigran, logran manipularse a su antojo.

El proyector son las personas orgullosas, son perfectos solo ellos los demás son brutos, llenos de defectos, cada que tienen oportunidad te lo hacen notar, te dice que te equivocaste, que no cumpliste los parámetros de calidad, generan así inseguridad y falta de confianza. Ellos mientras tanto alimentan el ego.

¿Cómo enfrentarse a un Manipulador emocional?

Si sospechas que estás siendo víctima de un manipulador emocional, te tienes que preguntar si:

- ¿Me siento culpable o inferior?
- ¿Me he dejado de lado en esta relación?

- ¿Siento que me tratan con respeto?
- ¿Siento que tienen en cuenta mis necesidades e intereses?
- ¿Las expectativas y demandas de esta persona son razonables?
- ¿Se trata de relaciones equilibradas donde los dos dan y reciben o donde solo uno da y el otro no entrega nada o poco a cambio?
- ¿Te sientes bien contigo mismo en la relación?
- ¿Te sientes tú mismo en esta relación? ¿Te sientes incómodo, pretendes hacer lo que se espera de ti?

El cómo te sientas va a darte pistas sobre el tipo de relación y el equilibrio.

El primer paso es que le hagas frente a un manipulador y seas consciente de que los derechos son violados y reequilibres la balanza. Defender los derechos de manera firme, pero sin hacerle daño a otros.

Ten presente que:

- Tienes derecho a que te traten con respeto, dignidad.
- Tienes derecho a que digas lo que piensas, sientes y deseas.
- Tienes derecho a decir no sin que sientas culpa.
- Tienes derecho a protegerte ante amenazas físicas, mentales o emocionales.

Ante los manipuladores es inútil en estos casos intentar cambiar a la otra persona o desgastarte para hacer que entre en razón eres tú quien tendrá que cambiar el modo en el que te comunicas con el manipulador, detectar las tramas y no caer en ellas. Es clave que desarrolles la asertividad y pongas límites. Aprender a decir que no y a no anteponer las necesidades de otros a las tuyas.

Ante los intentos de manipulación puedes aclarar las intenciones usando la técnica de la pregunta asertiva, por ejemplo:

- ¿Qué es lo que debería responder, según tú?

- ¿Me lo pides o me lo comentas?
- ¿Puedes aclararme un poco mejor por qué piensas esto?

Puedes usar distintas técnicas para que afrontes discusiones con los manipuladores. Así enfrentas la manipulador con las herramientas que pueden ser.

- Recordar los derechos y fortalecer la autoconfianza
- Técnicas de comunicación asertiva.
- Poner límites y mantenerte firme.

Si los intentos de comunicación asertiva y poner límites no funcionan, seguramente tienes que alejarte definitivamente de esta persona y ayudarle a que busque ayuda profesional.

Sé asertivo

Uno de los remedios más efectivos para luchar contra la manipulación es la asertividad, un manipulador es una persona que usa la fuerza, aunque sea mental, una la superioridad para someterse a los deseos, lo peor es que pretende hacerlo sin que te des cuenta, pero cuando no lo logra por las buenas suele usar otro tipo de trucos más evidentes como la amenaza que no es otra cosa que manipular usando las emociones, en este caso es el miedo, ante esto no debes contraatacar, si lo haces le das las armas al manipulador.

Veamos las razones por las que no es bueno que enfrentes a una persona manipuladora y no caer nunca en los juegos, como se dice normalmente, no te pongas a su nivel, piensa que hay personas que siempre tendrán un nivel más que tú, o es que quieres enfrentar a un idiota o una mala persona. En maldad te gana, lo mejor con esto es que seas asertivo, es una cualidad que te va a servir en muchas facetas de la vida, no solo para que evites que alguien haga contigo que no quieres, o que te haga pasar un mal rato un día tras otro, sino también para mantener relaciones sanas, sinceras, ofensivas con las personas que te rodean.

La asertividad es una cualidad que te falta si eres muy agresivo, es decir de los que saltan cuando algo no les gusta, o es demasiado pasivo, dicho de otro modo si eres de los que prefiere callar para no molestar y no crear conflictos, evita los conflictos es un objetivo de asertividad, así que por eso no te preocupes, los evitarás pero haciendo saber a la otra persona lo que sientes, es importante que transmitas las emociones, los pensamientos, es importante para que luches contra los manipuladores.

No enfrentes a los manipuladores, para que no les des argumentos para que te manipulen. El mejor enfrentamiento es que dejes clara tu postura, que no le dé más vueltas, no entres en su juego, tampoco le digas que intenta manipularte o forzar o algo similar. De esta manera pasará a ser tu acosador o convertirse en la víctima y tendrá argumentos nuevos para ejercer la manipulación.

Seguro que tienes en la cabeza más de un ejemplo en el que sucede esto, pongamos por ejemplo el caso de una madre de esas que pelean bastante que no para de pedir lo mismo siempre. Algo que tú no quieres hacer, le dices que no, vuelve de nuevo una y otra vez, primero intenta dar pena, como no funciona intenta que te sientas culpable por sus males, de repente no quiete darte solo piensa sino que agrega culpabilidad, está así por culpa tuya, después se enoja, la pena, la culpa, no funciona, pues se pone en tu contra, te fastidia con todo lo que siempre pasa, te recuerda que deberías sentir un poco de compasión por ella y que está así por culpa tuya

Un día te cansas y le gritas que te deje en paz, que estás harto de la manipulación, entonces va a llorar y va a decir que le tratas mal, no solo no sientes lástima, por esa persona, ni empatía, sino que eres culpable de los problemas y la tienes esclavizada hablando a gritos.

Se ha usado lo que has hecho para volverlo en tu contra, lo mejor en estos casos es la asertividad, se trata de que le hagas saber lo que sientes a la otra persona, decirle que entiendes lo que pide pero que no puedes, puedes o creas que tengas que hacerlo, cuando sabe lo que sientes y le has dado explicaciones no hace falta que se las des más veces.

Ya sabes lo que dicen, contrario al amor o al odio, sino a la indiferencia, aplica esto mismo a las personas que te quieren manipular, deja claro y de forma asertiva, que entiendes la postura pero que no estás de acuerdo con ella, di que no tienes intención de cumplir con los deseos y pide que deje de repetirte lo mismo siempre.

Sé educado y tan suave como puedas, partiendo de ese momento, no te puedes intimidar ni siquiera pierdas tiempo explicando, el objetivo es que el manipulador no se pueda sentir superior a ti en ningún momento, pero tampoco que se sienta víctima.

El manipulador necesita las reacciones para que sigas teniendo argumentos para el plan, si no le dices nada, si no le das argumentos ni le das ideas no va a tener nada contra ti al final hasta el más manipulador siente que no puede hacer nada ante las situaciones, es lo único que puedes hacer si no quieres caer en el juego de manipulación. Puedes hacerlo, pero a largo plazo, lo que te interesa más es la indiferencia que venga de la mano de la asertividad.

La asertividad es algo que aplicas en el día a día en muchas cosas, con todo tipo de persona y que te asegura siempre actuar del mejor modo y saber quedar bien en todo tipo de situaciones.

Marca la distancia

Vaya, me enfadé mucho de nuevo, perdí los nervios, perdona por enfadarme tanto por esa tontería de la comida fría. Soy culpable. No estuve pendiente.

Seguramente te parece familiar esto, detrás de esos diálogos se esconde la manipulación como una telaraña que te envuelve para comerte. Tienes que saber marcar la distancia con los manipuladores, en este apartado conocerás cómo hacerlo.

Te deshaces de las causas del incidente

Con frecuencia el manipulador usa una situación concreta, es un as bajo la manga, lleno de regalos, donde insinúa constantemente el matrimonio, ayudar al otro a encontrar trabajo, imponer condiciones, lo que no combina con los planes que tienes. Priva al manipulador del motivo, del factor con el que trata de manipularse. Le tienes que devolver el regalo, resuelve los problemas en el trabajo por tu cuenta, disfruta, no le debes nada a nadie.

Desviar el foco de atención al manipulador

Lo que menos quiere el manipulador es que se centre la atención en él, es una venganza instantánea, además recurre a los mismos métodos. le tienes que hacer preguntas en señal de respuesta, con una simplicidad que perturbe al manipulador, le puedes preguntar cosas como:

- ¿Te interesa de verdad lo que opine? Creo que le estás dando todo por hecho.
- ¿Estás dispuesto a apoyar mi decisión, incluso si no es como lo que piensas?
- ¿Quieres que haga esto? No me beneficia para nada.

A un compañero le gusta delegar responsabilidades en otros, entabla conversaciones de índole emocional para que confíen en él, le preguntas si está dispuesto a cumplir con la parte de la tarea. Es un tipo de preguntas que permiten revelar lo absurdo de las exigencias del manipulador plantea cuestiones donde se ve la esencia de las cartas y seguramente dé marcha atrás.

Abstraerse con la ayuda de simples métodos infantiles

En psicología normalmente las técnicas más sencillas son los que arrojan resultados sorprendentes. Como cuando niños le hacíamos gestos con las manos en la espalda a esos niños groseros que nos molestaban. Pasa el tiempo, pero no las tradiciones, muestra este gesto con una mano, tapa la palma de la otra, mentalmente la diriges al manipulador, te vas a sorprender de que funciona de verdad, no te rías y lo intentas.

Tratar al otro por su nombre

Esto no es agradable, es algo beneficioso, la idea no es nueva, Dale Carnegie escribe en 1936 sobre la importancia de dirigirse a una persona por su nombre, lo hace en el libro de Cómo ganar amigos e influir en las personas. Es un tratamiento que establece la comprensión mutua, una nota importante es mejor dirigirse al interlocutor con la forma derivada del nombre que más le guste.

Le pides que se presente, el modo en el que se va a llamar a sí mismo. Las personas a las que tratamos por su nombre son más amigables. Usa estos métodos para que pierda las ganas de aprovecharse de ti.

Mirar fijamente a los ojos

Al igual que en los anteriores casos la meta es que desequilibres al manipulador, el primer paso es que rechaces la misiva que no te interesa, no en vano para le manipulador esto no es algo que le cause obstáculo. Mira a los ojos a esta persona y le niegas la solicitud.

El compañero va a sentirse acorralado, el contacto visual es algo que exigirá respuesta, una explicación, que está bien que le parecerá un reproche entre líneas, que puede funcionar.

No permitirse generalizar

La táctica estándar es que saques contexto de las situaciones y las presentes como un comportamiento del otro, generando sentimiento de culpa o vergüenza. Por ejemplo, la esposa se enoja porque el marido se olvida de sacar la basura, ella le reprocha que elude constantemente las labores domésticas, aunque claro es un caso aislado.

No permitas que el manipulador emplee generalizaciones. Pídele que ponga como ejemplo situaciones que permitieron que llegara a esta conclusión.

Repetir hasta que nuestra idea cale en el manipulador

Una canción que no paran de ponerla cansa, no solo a un aficionado a la música. Los manipuladores odian escuchar esa canción en bucle, esa frase que no les gusta.

Sientes que la persona no deja de presionar intentando que tomes una decisión que le conviene. Pensamos en una respuesta universal y la repetimos con una entonación firme que es de una persona que no tiene emociones. Muchas veces como sea necesario para que lo comprenda el manipulador.

Las respuestas universales de no voy a hacer esto, no me gusta la conversación, vamos a dejar el tema, lo importante no es cambiar el tono y no decir las emociones, eso no debe sonar especialmente indiferente o sarcástico, un ejemplo es:

- Pensé que me entendías.
- Estoy dispuesta a escucharte de nuevo.
- ¿Qué sentido tiene hablar contigo si no eres capaz de escuchar?
- Tengo la disposición de escucharte de nuevo.
- No entiendes cosas simples, a lo mejor no quieres entenderme.
- Estoy dispuesta a escucharte nuevamente.

Distraerse y relajarse

Otra técnica es la que ayuda a percibir las situaciones con ligerezas y humor, imagina que entre tú y el manipulador hay una gran pecera con paredes gruesas de cristal. No lo atraviesa ningún sonido, solo ves el movimiento de los labios de la persona y no imaginas nada de lo que dice.

Mantener la distancia

Algo que le gusta a los que manipulan es invadir el espacio de los otros, el contacto corporal es otro añadido, acercarse más, tocar el brazo, dar palmadas en la espalda. Todo para parar el proceso de manipulación, retrocede unos pasos, para que puedas marcar las distancias e interrumpir el contacto.

Para muchos no es fácil mantener la compostura o responder rechazando la comunicación interpersonal. En estos casos puedes pedirle a la persona hablar del tema por escrito, es una solución ideal, por ejemplo, en la empresa.

Aplicar autoanálisis

Los manipuladores quieren que sientas culpa por ellos, por eso, los padres que son medio enfermos se quejan de la salid, para que los hijos corran con la primera llamada, dejando a sus familias, trabajo y pendientes.

Tienes que formularte estas preguntas si pasas por un proceso donde sientes culpa, ves que te imponen ingratitud, inutilidad, egoísmo:

- ¿Eres de verdad egoísta? Después de todo lo que has hecho en el pasado. Puede que hayas ido a limpiar el departamento o hayas mandado dinero para X cosas.
- ¿Eres tan malo de verdad? Muchas cosas muestran que no.

Podemos caer en trampas de los manipuladores, pero tenemos que aprender a salir de ellas y no casarnos con el enemigo.

No es tu culpa

La mejor manera de limitar los golpes que dan los manipuladores por medio de la culpa es que le pongas límites y la mejor manera de hacerlo es así:

- Dile a la persona que entiendes lo importante que es para ellos que hagas lo que están intentando obligarte a hacer.
- Explica que el uso de la manipulación por medio de la culpa para hacerte satisfacer deseos, te hace sentir con resentimiento, incluso si haces eso que te pidieron.

- Dile que te preocupa que acumulen estos resentimientos que pueden distanciarte más y que no es algo que tú quieres.
- Pide que en vez de eso expreses deseos directamente, que se apropie de la petición en vez de intentar activar la conciencia y respetar las decisiones cuando las tomes.
- Dile la forma en la que harás lo que piden si lo hacen directamente. Admite que puede que no siempre haga lo que desea, pero indica una recompensa de cuando decides responder positivamente, es que lo harás de manera autentica y de todo corazón sentirás que está bien que lo haga.
- Tienes que estar listo para las discusiones donde debas recordarle esto y mostrar que, en otros intentos por medio de la culpa, cuando se den, tomará tiempo para que cambie los hábitos de comunicación que tiene inoculados.
- Debes ser amable en este proceso, hacerlo va a motivar a la otra persona a que se esfuerce por cambiar más que si te les acercas con enojo y resentimiento. Aunque los sentimientos sean totalmente legítimos.

En investigaciones les preguntan a los manipuladores por culpa, las consecuencias de manipular así, y solo el dos por ciento mencionó el resentimiento como resultado probable. Es decir, las personas que manipulan por culpa, normalmente se enfocan en buscar un resultado, se cierran a los daños que pueden causar los métodos. aunque los efectos venenosos de las manipulaciones con culpa suelen ser leves, a largo plazo la toxicidad construye y causa presiones y distanciamiento emocional. Irónicamente el tema más común es causado por negligencia emocional. Esto quiere decir por culpa del impacto a largo plazo de las manipulaciones que llevan a un resultado opuesto a lo que buscan los manipuladores.

Esto permite que cuando manipulen por culpa, se logre lo que quieren, a pesar del resentimiento que generan, es la naturaleza de las relaciones que normalmente se dan entre las partes. Las manipulaciones por medio de la culpa suceden con más frecuencia en relaciones familiares cercanas o amistades cercanas, porque el blanco no tuviera fuertes sentimientos de afecto y preocupación el resentimiento y enojo al recibir manipulación seguramente superaría los sentimientos de culpa, llevándolo a resistir la manipulación.

La manipulación por culpa consiste en ciertas formas de comunicación verbal y no verbal donde el inductor de culpa intenta inducir sentimientos en un objetivo, en un esfuerzo por controlar el comportamiento, como tal, las manipulaciones por culpa son un modo claro de manipulación y coerción.

Pocas veces pensamos en las manipulaciones por medio de la culpa, en términos tan severos, en su lugar las vemos como cosas que algunas madres dicen a los hijos para que terminen la sopa, como que trabajé por horas en la cocina para que vengas tú a dejarme la comida servida o a no comerte todo.

Ten firmeza

En varias ocasiones se ha hablado de que tienes que tener firmeza. Recuerda que una de las armas preferidas del que manipula es que usa las emociones ajenas. Por eso tienes que tener un diálogo confiado, sereno, firme.

Tienes que tener en cuenta que la persona que manipula no le interesa iniciar un debate claro, sino solo lograr lo que quiere, por eso si le das material que contradiga tus ideas, seguramente va a retomar las opiniones y las replanteará para sacarles beneficio, no tienes que olvidar que hasta la mejor idea se puede ver desde distintas perspectivas y el manipulador es hábil con eso para encontrar las cuatro patas del gato.

Reconoce que las ideas son válidas, no critiques, incluso te sumas a ellas con la frase que dice que comprende los puntos de vista y los respeta, pero que la perspectiva es adecuada, sin embargo, hay una posibilidad de que de alguna manera sienta una pauta en la conversación que es importante. El respeto a las opiniones del otro, así que al brindar valor a las ideas le confieres valor a las tuyas.

Los expertos en PNL recomiendan que se cambie el "pero" por frases como, no obstante, aun así… porque resultan menos antagónicas y son bien recibidas.

EL NARCISISMO

Un trastorno de personalidad narcisista causa problemas en muchos aspectos de la vida, como relaciones, trabajo, escuela o asuntos de economía. Normalmente las personas con personalidad narcisista se sienten infelices y decepcionadas cuando no reciben favores especiales ni admiración como la creen merecer. Puede que no se sientan a gusto con las relaciones y que los otros no disfruten de su compañía.

Vamos a conocer esta otra rama de los manipuladores.

¿Qué es el narcicismo?

El narcisismo es la complacencia excesiva en la consideración de las facultades. Es un término que recurre al mitológico Narciso, quien está enamorado de sí mismo. Se ahoga al intentar besar su imagen reflejada en el agua.

Es cierto que con esta palabra se puede hacer referencia a rasgos de personalidad normal. El narcisismo se manifiesta de manera patológica como el caso de trastorno de personalidad narcisistas que se da por patrones de larga duración con una constante necesidad de admiración y por hay una falta de empatía para los otros.

La circunstancia de muchas personas con este tipo de trastorno no buscan que los traten, es más, las personas de este tipo no buscan ayuda hasta que la enfermedad comienza a afectar significativamente la vida personal.

Se diferencia del ego, pues mientras los egocéntricos no pueden ver el punto de vista de otra persona, los narcisistas saben asumir otro punto de vista, eso sí, no les importa para nada. Hay formas de narcisismos que tienen origen en la personalidad de los individuos, es un trastorno externo por la educación y el refuerzo reiterado de ese comportamiento.

Freud, padre el psicoanálisis, introduce en su ensayo de 1914 Introducción al narcisismo, el concepto del narcisismos. Desde el psicoanálisis se entiende que es un modo de estructuración de la personalidad, una etapa de desarrollo del ser humano, proceso por el que la libido se dirige a uno mismo.

Cuando no se emplean en el ámbito psicológico, los términos narcicismo y narcisista son usados como egocentrismo, vanidad, presunción. Se aplica para denotar elitismo, indiferencia a la situación de los otros.

Esto caracteriza a los narcisistas:

- Sentimiento de grandiosidad, exagera logros y talentos, se considera genial, único, especial.
- Necesita que lo admiren siempre
- Falta de empatía para con los otros.
- Se rodean de personas que consideran inferiores a ellos.
- Se aprovechan de los demás para lograr sus fines.
- Sienten envidia de otros y cree que le tienen envidia.
- Les falta autoestima y por eso se sobrevaloran tanto.
- Tienen baja tolerancia a la frustración, creen que merecen un trato especial.

El narcisismo suele verde más en los hombres, suele reducirse con los años. la verdad es rara que se diagnostique en la niñez o adolescencia, pues en esta etapa la personalidad de ellos está cambiando.

¿Cómo manejar a un narcisista?

Seguramente un narcisista tenga un gran complejo de inferioridad. Sin embargo, soportar a personas narcisistas no solo agota, sino que se corre el riesgo de ser explotado por estas personas.

Los narcisistas se convierten en una pesadilla, para quienes la sufren de manera directa. Es complicado lidiar con esa paradoja que está implícita en este tipo de personas. Inflan el ego hasta el grado superlativo, a la vez son frágiles, vulnerables como un niño. Tienen una supra valoración donde esconden inseguridades y sentimientos de inferioridad.

La persona que sostiene una actitud narcisista depende de lo que piensen los demás, solo se sienten bien si reciben admiración de otros, pero cuando aparece alguna crítica, se derrumban, las recciones van desde explosión de ira a ser agresivos, también sufren implosión de ira y se ven taciturnos y silenciosos.

Son actitudes que van de la mano de un egoísmo inmenso, para el narcisista todo comienza y termina en él. Le cuesta mucho desarrolla una empatía autentica, esto no quiere decir que sea indolente, solo ve lo suyo como lo más importante y no ubica en la línea para equiparse con otros. Se ve y se siente como alguien distinto, el tema de cómo lidiar con una persona así. Veamos algunas sugerencias.

La persona que tiene una actitud narcisista es hipersensible, no lo olvides, si una persona es así es porque intenta dar valor a algo que teme en el fondo no tener. Es un mecanismo para compensar. Como el pavo real que extiende las plumas para verse amenazante cuando la verdad está asustado.

Las fanfarronadas son solo un cortocircuito de sí mismo que no es capaz de reparar.

De allí que sean sensibles a que les critiquen a la indiferencia, se tiene que tener tacto con una persona así, porque se le puede herir fácilmente y esto solo hará que profundicen en las dificultares. Esta persona quiere que l elogien, pero solo debes dárselo si lo merecen.

Las críticas se tienen que expresar delicadamente, pero también con sinceridad, es clave que se le haga sentir que no se le cuestiona, sino a las acciones. Aunque no lo demuestra, una persona narcisista sufre mucho. Seguramente tiene traumas de hace mucho tiempo. Trata de sobrevivir a experiencias que no ha superado.

El narcisista también suele manipular, de uno u otro modo intenta que pienses como quiere él y que le digas lo que quieres escuchar. De esa manera conviertes el refuerzo para la idea en la que quieres creer. Puede que seas hábil en esto, intentará que veas la grandiosidad que ve en sí mismo, a lo mejor llega y te convence si es una persona carismática y convincente

Tristemente es tipo de personas menosprecian cualidades de quienes le rodean. Sirve para mantener la fantasía de que son superiores, no es raro que busquen el modo de descalificarte o reducir los logros. Si es alguien que quieres, le haces ver cómo te hace sentir así.

El narcisista necesita creer más en sí mismo, sentir amor propio, si lo logra entonces debe inflar el ego para sentir que existe, pero si quieres están alrededor caen en su juego, y se dejan manipular, la actitud se refuerza.

Lo que una persona narcisista necesita es entrenar con humildad, a veces ayudan con actividades pequeñas, como tolerar la fila o dejar pasar a otro, es importante que se le ayude a que entienda la importancia de delegar, de conocer los actos positivos en otros.

Esta clase de personas que se les ayuda a entender al alcance real de los logros y virtudes. Valiéndose de paciencia, de respeto, se puede contribuir a que esa persona se quiera más. A que entienda que tiene logros reales, pero no lo hace superior a los otros, tiene errores, fracasos, pero esto no hace inferior a nadie.

Lo importante es que no se caiga en la trampa de intentar bajarle los humor, esto solo conduce a crear enemigos que implican avances, si algo le falta al narcisista es afecto real y aceptación, recuerda que el amor todo lo puede y más en casos donde la ausencia enferma.

Síndrome de abuso de narcisistas

Se ha visto cada vez más libros, contenido, blogs, videos, y sitios donde hablan del síndrome de abuso narcisista (SAN). Como muchos de las situaciones psicológicas que suceden o que se reconocen, se tienen que desarrollar datos descriptivos y el diagnostico para que se puedan aceptar en círculos de salud mental y clínica, entre más se indague en el tema, mayor será la probabilidad de que desarrollen tratamientos efectivos y servicios de apoyo.

El síndrome de abuso narcisista y el de imán humano no se relacionan entre sí. Es un patrón de abuso perpetrado por un narcisista sobre otra persona. Explica por qué las personalidades opuestas se atraen y las relaciones persisten a pesar de que alguna sea infeliz.

Más allá de las diferencias, se cree que por lo menos 75% de los codependientes experimentan alguna forma de SAN en las relaciones.

El SAN es un patrón crónico de abuso emocional, físico, o sexual que se da por un narcisista patológico, esto por las víctimas de SAN que generalmente carecen de confianza y red de apoyo social, son propensas a sentirse atrapadas por el perpetrador.

El estar atrapado puede sr una apreciación correcta o resultado de narrativas implantadas, se conocen como gaslighting. Las víctimas del SAN vienen de todos los ámbitos de la vida, aquellos que se sienten atrapados creen que pueden controlar o mitigar el abuso, creen que lo merecen, son codependientes o tienen el déficit de amor por sí mismos.

El SAN es una condición crónica, las dinámicas psicológicas y relacionales son responsables de la formación y mantenimiento de la relación entre el perpetrados y la víctima. La incapacidad para terminarla. Las víctimas del SAN, los codependientes, no pueden o creen ser capaces de poner fin al abuso y la relación debido a lo siguiente:

- Incertidumbre sobre la verdadera naturaleza peligrosa del abusador.
- Miedo a consecuencias reales.
- Miedo a amenazas de consecuencias.
- Miedo al rechazo social y familiar y a aislarse.
- Físicamente atrapados.
- Financieramente presos.
- Varias formas de coerción, manipulación, pasiva, activa, encubierta.
- Síntomas de abstinencia de la adicción a la codependencia de la soledad patológica.

Los narcisistas patológicos, perpetradores del SAN tienen un trastorno narcisista, límite o antisocial de la personalidad, tienen un trastorno de adicción, entre menos empatía tiene el perpetrador, más efectivos son para dominar y tener control sobre el otro

Mantienen el poder, el control sobre los otros, derrotan y agotan la resolución para defenderse o buscar protección, las diversas formas de manipulación y agresión directa, pasiva, encubierta, aseguran que la persona permanezca en relación, mientras el codependiente no se defienda o exponga.

La mejor forma de SAN proviene de una campaña sostenida de lavado de cerebro, perpetrada por un narcisista patológico, es un sociópata, o con rasgos sociópatas.

Consejos para defenderse del abuso narcisista

- Aprende la técnica de no observar, no absorber. Una disociación consciente que evita entrar en discusiones que están perdidas.

- Obtén opiniones externas, mantener secretos o privacidad es un beneficio de abusador.
- Prepárate para un contraataque, los abusadores usan la intimidación y las amenazas de peores abusos cuando una persona se resiste o muestra signos de abusos o de una salud mental.

Narcicismo y sociopatía

Hay muchas similitudes entre un sociópata narcisista. Uno de los signos de un sociópata es el narcisismo. Las personas con trastorno narcisista pueden no ser sociópatas, aunque tienen rasgos y características parecidas.

Muchas veces tanto el narcisismo como la sociopatía tienen relación y es ahí donde entra el juego de los sociópatas narcisistas. La sociopatía es aterradora, la sociópata narcisista llevan un nivel completamente nuevo y superior.

Según Healthy Place, The American Psychiatric Association (2013) describe y define tanto el trastorno de personalidad antisocial (el término clínico para lo que comúnmente se denomina psicopatía o sociopatía) como el trastorno de personalidad narcisista en el autoritario manual diagnóstico y estadístico de trastornos mentales. Veamos las definiciones de estos trastornos por separado.

Este es un patrón excesivo de grandiosidad, las personas tienen una excesiva necesidad de que los admiren, les falta empatía y simpatía por los otros. los trastornos de personalidad narcisista comienzan en la adultez temprana, con una serie de eventos pueden desencadenarla.

Este es un trastorno que implica empatía, simpatía para los otros, también hacen caso omiso a los otros y los sentimientos de los demás. el trastorno se puede dar a los quince años las personas con trastorno de personalidad antisocial manipulan a otros para su beneficio y no sienten culpa o remordimiento de lo que hacen.

Luego de analizar esto, tanto a un sociópata narcisista como a un sociópata normal, es posible que una persona sea diagnosticada con ambos trastornos.

Una combinación de falta de empatía por los otros y una admiración inmensa por uno mismo permite obtener el diagnóstico de un sociópata narcisista. Puede usar a las personas, explotarlas y luego se deshace de ellas cuando haya terminado, sin sentir cupa en absoluto.

Síntomas del sociópata narcisista

Si sospechas que una persona puede ser un sociópata narcisista o si sospechas que puedes ser sociópata narcisista, aquí tienes los síntomas de un sociópata.

Se ven normales

Los sociópatas narcisistas pueden parecer totalmente normales, pueden vivir vidas normales como todos los demás, pueden estar en su lugar de trabajo, en el vecindario o en cualquier sitio. Tanto los sociópatas como los sociópatas narcisistas pueden esconder identidades y pretender ser perfectamente normales. Pueden pretender ser emocionales y parecer que se preocupan por los otros. esto hace que sea más difícil detectar a un sociópata narcisista.

Grandiosidad

Los sociópatas narcisistas tienen una gran grandiosidad. Algunas son incluso falsas y poco realistas. Creen tener superpoderes y se creen superiores a los otros, incluso pueden contar historias falsas sobre la vida de otros, algunos sociópatas pueden percibir que son como los de un Dios.

Manipulativo

Los sociópatas y los sociópatas narcisistas tienen un rasgo común, pueden manipular a otros para su beneficio. Son buenos para encontrar personas que confían mucho y que son vulnerables. Cuando encuentran a esas personas se hacen víctimas con el encanto e incluso simulan problemas y emociones para que simpaticen con ellos. Muchos caen en las trampas y terminan siendo lastimados por ellas.

Falta de simpatía y empatía

Tanto sociópatas como sociópatas carecen de empatía por los otros, incluso los que están cerca de ellos, no pueden evitar sentirse así, solo se preocupan por sí mismos, no hacen nada a menos que se beneficien de algún modo.

Requerir admiración en exceso

Los sociópatas requieren mucha admiración de los otros, incluso más que os sociópatas, tienden a sentir que los demás le envidian, en algunos casos sienten envidia, incluso cuando es falso. Pueden ser muy arrogantes, altaneros, simplemente porque sienten que son mejores que los otros. aman ser el centro de atención y requieren de mucha atención de los demás.

Son carismáticos y encantadores

Igual que con los sociópatas, ellos son muy encantadores, carismáticos, es la manera de atraer gente para lograr beneficios, cuando te enamorar y o logran, comienzan a mostrarse como son, entonces ya es demasiado tarde para los demás.

El sociópata vs el sociópata narcisista

Como muchos se preguntarán cuál es la diferencia entre un sociópata narcisista y un sociópata, porque tienen rasgos y características que se parecen. Esto es verdad, sin embargo, hay pocas diferencias entre los dos. Este es el veredicto de un sociópata contra un sociópata narcisista.

Delitos y peligro

El sociópata narcisista no daña a los otros, ni comete delitos graves. La cantidad de sociópatas en las prisiones es mejor que los sociópatas narcisistas, principalmente porque los sociópatas ignoran la ley y no se preocupan por ella, el comportamiento impulsivo también los hace peligrosos. Los narcisistas se hacen agresivos cuando sienten lesiones psicológicas.

Conversaciones

El sociópata narcisista habla solo de sí mismo, no se preocupan por ti, por otra parte, un sociópata no habla mucho sobre sí mismo, quieren hablar de ti y quieren conocerte mejor.

Son conscientes de sus comportamientos

Seguramente el sociópata narcisista no es consciente de las acciones y comportamientos, mientras que el sociópata es totalmente consciente del comportamiento y las acciones, seguramente fue planeado por ellos para manipular la situación por sus razones.

Ganando y perdiendo

A un sociópata narcisista no le importa ganar o perder. Se preocupan más por otros que le admiren. Para ellos todo es juego solo les importa ganar contra otros.

Aburrimiento

El sociópata se aburre fácilmente, siempre busca nuevas emociones, mientras que un sociópata narcisista no requiere de actividades estimulantes todo el tiempo.

Conciencia del efecto en otros

Los sociópatas narcisistas no siempre son conscientes del efecto que tienen los otros o lo molesto que se sienten los otros por ellos, pero no los subestimes, si descubren que eres una amenaza para ellos, van a actuar. El sociópata es totalmente consciente del efecto que tienen los otros.

Causas de la sociopatía narcisista

Las causas no están claras, sin embargo, la genética puede ser una causa de sociopatía narcisista, factores como el maltrato, la negligencia infantil, también pueden causar sociopatía narcisista, incluso mimarse como un niño puede ser una causa posible.

Como niños se puede aprender de varias maneras manipuladoras de los padres y miembros de familia. El daño cerebral o desarrollo cerebral más lento pueden ser causa de sociopatías.

Cómo lidiar con un sociópata narcisista

Tratar con los sociópatas narcisistas puede ser complejo para cualquier persona. Especialmente cuando es una persona que está cerca de ti. Veamos cómo lidiar con ellos.

Psicoterapia

Es necesaria para los sociópatas narcisistas, a un profesional de la salud mental le gusta usar la terapia cognitiva conductual. Es una terapia que permite al paciente reconocer el comportamiento. Les ayuda a aceptar las críticas y los ayuda a ponerse metas realistas. El psicoterapeuta ayuda a manejarlos y cómo reaccionar ante situaciones, enseña cómo lidiar con un ser querido de manera saludable.

Cuando encuentras un profesional de salud mental ayuda a un ser querido. El vital proporcionar un desglose completo de la historia dl paciente, cualquier evento traumático e historia familiar es posible.

El profesional puede hacer evaluaciones y determinar la causa de la enfermedad, debe tomar nota del comportamiento y síntomas y mostrarlo al profesional. Es importante preguntarle al profesional de salud mental, se puede mantener el número de teléfono en caso de emergencia que pueda exigir ayuda profesional.

Manténgalos alejados del alcohol y las sustancias

Si el ser querido tiene un problema con alcohol, o las drogas, se necesita que lo ingresen en un centro de rehabilitación. Las sustancias y el alcohol pueden agravar la condición.

Medicinas

Hay medicinas como tales que pueden ayudar a tratar la sociopatía narcisista. Algunos medicamentos como antidepresivos los antipsicóticos y estabilizadores del estado de ánimo pueden llevar a tratar los síntomas.

Brinda apoyo y anímalos a llevar un estilo de vida saludable

Estos son los factores importantes a la hora de ayudar a alguien que sufre de un problema mental. Anímalos a tener una dieta saludable, anímalos a hacer ejercicio y haz actividades terapéuticas que ayuden.

TÉCNICAS USADAS POR LAS MUJERES PARA MANIPULAR A LOS HOMBRES

El amor, la vida en pareja son una fuente de bienestar, placer y apoyo o son un abismo sin salida donde nos ahoguemos, nos sintamos en la oscuridad lo peor es que en muchas situaciones se puede combinar en un solo día ambas sensaciones y problemas que comienzan cuando las fases de estabilidad cada vez tienen menos duración y están en un constante huracán ante lo que muchas veces no sabemos cómo dejar.

Muchas personas acuden a consulta porque está metidas en relaciones malas, tóxicas, donde sufren maltrato psicológico de diversos tipos, daños seguidos al honor y faltas de respeto que al verlas o escucharlas desde fuera, nos parecen disparatadas, pero que en la persona se sufren y producen nada en la vida de las personas.

El amor no es excusa donde se esconda el dolor emocional que otra persona nos cause, es una responsabilidad para con nosotros como la de aprender a defender los trechos y hacerlos respetar. Más allá de la propia inseguridad, los patrones parentales que hayas introyectado en la infancia y los mecanismos de autoengaño que se es capaz de activar para no ver la realidad. En el fondo del ser se sabe diferencia lo que está bien y lo que daña. Pero en ocasiones se necesita que una persona nos diga de forma neutra y aséptica que tenemos derecho a no soportar lo que sabemos que no merecemos. Resultar esclarecedor a toda persona que se halle en relaciones insanas. Veamos entonces las técnicas que usan las mujeres para manipular en las relaciones

Chantaje emocional

Es un mecanismo famoso por usarse solo en parejas, es usado por todo el mundo también y seguramente lo conoces bien. se trata de usar frases para manejar la culpa y el arrepentimiento como táctica para conseguir algo o como impedimento para que otro no haga algo o no le abandone. La persona manipuladora suele usar frases como si haces eso será que no me quieres, yo no quiero que sufras, yo nunca te haría eso… yo quiero ser la mejor para ti, aunque si me dejas me arruinas la vida.

Mantener el control social

Las técnicas de manipulación sirven para mantener el control social, es una técnica que suele comenzar de un modo sutil y sibilino, la pareja crítica a los amigos a la familia, compañeros y cualquiera que esté en el círculo social hasta que consiga anular totalmente la red social del otro de tal forma que la única fuente de esfuerzo y apoyo social. Esto se manifiesta por medio de celos, de palabras como Si me quieres me preferirás a mí antes que a los amigos.

Manipulación mental

Son de las más creativas y hay muchos tipos de ella, persiguen en muchas ocasiones que la otra contraiga algún tipo de deuda con la pareja o en hacer cosas que tengan mucha intensidad para que el otro se sienta en compromiso con esa persona, como ayudar a una persona en momentos difíciles y pronunciar frases para que recuerde esa acción como:

Solo alguien que te quiera mucho haría esto por ti.

Nadie te querrá como yo te quiero

También es una manera de manipular mentalmente, vacunar a la otra persona ante los posibles comentarios del entorno diciendo cosas como:

Tu familia me odia, pero ellos no saben qué es el amor.

Te hablarán mal de mí, te dirán que la relación no te conviene, pero yo te quiero como nadie.

Las frases retumban en la cabeza de la persona manipulada y la confunden con su conducta.

Técnicas para minar la autoestima

Es una técnica que aparece una vez que se daña la red social con la otra persona y ahora la pareja es el principal y único apoyo de la persona. Se basa en insultar, criticar, ridiculizar, tejer una red de mentira ante otros sobre la persona o bien no se dan recompensas a las cosas e iniciativas que el otro les resta importancia, reduce los méritos o acciones agradables y enfoca conversaciones en todo lo que la persona hace mal o falta. La más común son frases como

Pobre tonto…

Qué sería de mí sin ti.

Sin mí eres nada.

Otra forma frecuente de reducir la autoestima es haciendo sentir culpable a la otra persona usando críticas, vergüenza, con frases como

No me esperaba eso de ti

También puede darse que el otro adopte un papel activo en vida y tome decisiones por nosotros o encargando muchas actividades que requieren esfuerzo. Esto causa que los mecanismos que afrontemos ante la vida sean cada vez menores. Nos acostumbramos a la comodidad de que sea el otro el que lo haga y nos solucione los problemas. Esta puede ser una técnica para que la persona sienta que depende del otro en algún aspecto importante o no tan importante como hacer compras, comida, llevar cuentas, etc.

Pautas de refuerzo intermitente

Esta es una técnica de manipulación que tiene como destino conseguir que la pareja sobrevalore los momentos agradables con la otra persona, para ello lo que hace, sea de manera consciente o inconsciente, es tener discusiones y peleas por cosas pequeñas para que luego haya reconciliación y se cree más intensidad en la relación con los momentos. La técnica es adictiva, porque tiene grandes estímulos, la reconciliación se da después de los estímulos desagradables, como peleas, esto crea adicción en el cerebro, es tan la adicción como si fuera una de esas máquinas tragaperras porque la pareja es totalmente impredecible y la persona termina viviendo en un mundo de peleas esperando una reconciliación fulgorosa, la persona piensa:

Sufro, pero sé que todo se va a arreglar.

En psicología del aprendizaje se llama:

Pautas intermitentes de refuerzo.

Es un mecanismo sencillo, pelea, sufrimiento, desgarro, reconciliación, amor, sexo apasionado, vuelta a comenzar con una pelea nueva, siendo periodos de paz y las lunas de miel cada vez menos frecuentes y de menos duración en el tiempo. Es un mecanismo potente que si la persona deja la relación lo añorará y le creará problemas de autoestima y es difícil que la persona abandonada olvide al otro. La adicción queda instaurada cuando el sujeto sigue jugando a pesar de perder, porque tienen el recuerdo en la cabeza de que una vez ganó, así sigue insistiendo, aunque los premios sean menores, comparados con el esfuerzo de jugar y el tiempo de recursos.

Roles

La técnica se basa en jugar a personajes dentro de la pareja, lo más frecuente en la pareja es ser sol de salvador, víctima o persecutor la persona con rol de víctima manipula con expresiones de celos, llantos y estimulación de emociones de pena en la otra persona, el rol de salvador es la persona que busca en la pareja alguien a quien proteger buscando reconocimiento por ello. El persecutor es vigilante, señala y critica los errores del otro.

Venganza y creación del miedo

La idea es hacer cosas que la persona sabe que le hace daño al otro, para seguir con la intensidad emocional, es un mecanismo que se encamina a mantener una relación porque genera sentimientos fuertes con represalias o consecuencias negativas de decidir dejar a la pareja.

Como puedes ir viendo son varias las técnicas que se usan en las relaciones insanas de pareja para mantener el control con el otro, a pesar de que vives una batalla constante y sufrir, puede durar años hasta que se perciben como dañinas, a pesar de que se sufre con mucha intensidad por las dos partes que son la pareja.

Si te has identificado, seguramente sufres maltrato psicológico o ese mismo patrón lo empezaste a usar ante tu pareja, las personas somos espejos, reflejamos todo lo que nos rodea. Es común que esta dinámica de pareja insana sean ambas partes que ejercen algún tipo de manipulación.

Aquí no se trata de que se busquen culpables o se endemonie al otro. La relación es de todos los que participan, construyen en el resultado y terminan siendo las consecuencias de una y otra forma. En una relación insana nadie gana ni es mejor que el otro, las personas simplemente se dedican a hacer lo único que saben hacer y a proyectar los problemas en la otra persona. Por eso la pareja es uno de los más importantes medios de lo que se tienen para el desarrollo personal y al final cada uno suele tener una lección para aprender sobre nosotros mismos, si somos capaces de descubrirlo antes de que se rompa totalmente el vínculo si ambos están abiertos al cambio, cabe la posibilidad de hacer terapia de pareja, aunque en muchos casos los quiebres emocionales que suelen ser dolorosos y los destrozos en las distintas áreas de vida de la persona implicadas en la relación que suelen sr importantes que el olvido y la reconciliación se ve tan difícil como la necesidad de invertir en un cambio personal para seguir con la persona.

Las mujeres tienen naturaleza complicada, eso lo sabemos todos los hombres, pero algunas son complicadas, manipulan. Las mujeres manipuladoras tienen dos estrategias para conseguir las cosas, una es directa y otra pasivo agresiva

La primera es un choque o enfrentamiento directo entre la voluntad y la suya genera cantidad de discusiones sin un sentido concreto que casi siempre y por cansancio termina ganando ella.

La otra estrategia de las mujeres que manipulan es más sutil y por eso es difícil detectar porque usan la agresividad y el engaño cubierto, un comentario pasivo agresivo es aquel que en tono amistoso y tranquilo dice algo hiriente y ofensivo

De las dos estrategias la mayoría de mujeres manipuladoras prefiere la segunda porque te coloca en una posición donde pareces siempre estar fuera de lugar y el primer impulso es la rabia

La manipulación en general es algo habitual entre las personas. Todo el mundo quiere conseguir lo que quiere de los otros y para ello se vale de un tipo de manipulación, por ejemplo, cuando le haces un favor a tu madre porque sabes que te compensará de algún modo.

El problema se da cuando alguien te manipula para obtener un beneficio no recíproco o cuando a manipulación tiene resultado un perjuicio directo a los intereses o tu persona.

Veamos las señales.

No aportan pruebas concretas

Cuando una mujer manipuladora nos ataca de manera pasivo agresiva, no aporta pruebas concretas para sostener el argumento, siempre se basa en conjeturas abstractas como cuando te dicen

Tú eres más tonto que los demás amigos.

Pide razones concretas para que afirme algo así.

El enfoque en el ataque es defensivo

No hay nada que justifique un ataque que una buena defensa. Por lo menos en apariencia. Las mujeres manipuladoras adoptan siempre una actitud de estar dolidas, defendiéndose de las actitudes y las decisiones. Esto permite tomar posiciones morales elevadas en la conversación y se muestra como víctima de las situaciones, acabas cediendo porque no quieres que te lastimen.

Aprovechan tus debilidades

Una mujer manipuladora te conoce bien, seguramente mejor que tú, y cuando quiere conseguir algo rápidamente sabe echar mano de la información que ha acumulado sobre ti, conoce las debilidades, los miedos, traumas y no duda en usarlos siempre que sea necesario para salirse con la suya. Recuerdas la última vez que quisiste probar algo diferente y ella te preguntó:

¿A ti no te daban miedo las alturas desde que te caíste de la cama cuando eras un niño?

Les dan vuelta a las situaciones

Las mujeres manipuladoras son muy eficaces a la hora de darle la vuelta a las situaciones, a nadie le gusta verse a sí mismo como una persona negativa, temerosa, agresiva, esto es lo que hacen contigo cuando quieren dar la vuelta a la situación. Si eliges un plan para pasar un buen rato, a ella no le gusta, entonces te dirá algo como:

Eres un egoísta, siempre tienes que hacer lo que te gusta a ti.

Si no oyes esto cada tanto es porque te ha doblegado y solo hacen los planes que le gustan a ella.

Quieren aislarte de los demás

Para que una mujer manipule puede actuar a sus anchas, necesita que no tengas a nadie alrededor que pueda hacer las cosas de otro modo, a como ella quiere que lo veas. Así que va a tratar a las personas que pueden estropear el campo de acción, es decir, la vida, quien no ha oído a la pareja decir:

Estás de nuevo con tu madre. Pareciera que nuca terminarás de crecer, aprende a tomar decisiones tú solo.

Tienes que tomar tus decisiones, pero no hay nada de malo en que pidas la opinión de otros que son de tu confianza. Si la gente se aleja de ti, seguramente sea a causa de tu pareja.

Nunca te dan la razón

Las mujeres que manipulan saben que lo resultados se miden por la suma de los éxitos, esto quiere decir que deben ganar todas las batallas y eso quiere decir que nunca o casi nunca van a reconocer que no tienen razón. Pase lo que pase ellas siempre encuentran un modo de darle la vuelta a las cosas que sucedan. Nadie puede ser responsable de todo lo que pasa en parejas. Si te sientes con culpa porque siempre eres tú el que lo fastidia todo es posible y que te manipulen.

Mienten… y mienten

Todos mentimos, pero las mujeres manipuladoras más. La mentira no solo es parte de la cultura, sino que es un modo de relacionarse desde que vivimos como sociedad. Las mujeres manipuladores llevan esto al extremo mintiendo en cada cosa que dice o hace. Las mentiras más pronto que tarde se descubren, si descubres mentiras de la pareja a menudo recoge las cosas y aléjate de allí lo más pronto que puedas. Los mentirosos casi nunca se curan.

Esconden eso que te interesa

No entraremos en el debate de si ocultar es igual que mentir, no es relevante aquí. Lo que debes tener presente es que las mujeres manipuladoras esconden todo lo que no les interesa que descubras, cartas, fotos, mensajes, oportunidades, razones, avisos, cualquier tipo de información que consideren que no debe saber que la esconderán. Hay quienes prefieren comerse un papel antes que dejar que lo leas.

Ponen la zanahoria delante de tu nariz

Prometer recompensas es la mejor forma de encontrar a alguien que quiera hacer algo, sea que le guste hacerlo o no. Una manipuladora siempre promete cosas que no terminan cumpliendo o que pocas veces hará. Si la pareja promete, promete, promete y no cumple, entonces andas con una mujer manipuladora.

Manipulan a las personas del entorno

Seguramente sea una señal clara de que una mujer manipula. Los manipuladores hacen o intentan hacer la misma cosa con todas las personas cercanas al entorno, para ello necesitan valerse de los demás. sea que accedan de forma consciente o que necesiten ser cómplices, si usa o te condiciona a ti para salirte con la suya y con los demás, puedes estar seguro de que hace lo mismo contigo.

Halagan lo que haces

Aunque no te gusta que así sea, nadie puede acertar todo el tiempo ni tener razón todo el tiempo. Cuando estás con una persona que siempre alabe todo lo que haces y te da la razón en lo que opinas y dices, entonces seguramente se trate de una manipuladora. Todos queremos tener la razón siempre y las mujeres lo saben y usan a su favor.

Cambian de estado de ánimo súbitamente

Manipular a otros somete a la mente a mucho estrés, las mujeres que manipulan suelen cambiar de ánimo constantemente, esto es algo característico en mujeres que pueden estar faltas de sexo. Pero en el caso de la manipulación se hace más evidente el comportamiento. Una mujer manipuladora de pronto se siente víctima, de pronto se siente humillada, dependiente. Las mujeres manipuladoras usan cambios de humor para confundirse y sacar provecho.

Seguramente lo que tienes que hacer es analizar si vale la pena dedicar tiempo a seguir en esa relación, frecuentemente s la pareja no está dispuesta a cambiar o ver su comportamiento, lo mejor es que se prepare para una vida llena de angustia y dolor.

Si eliges buscar trabajar en la relación, hay algunas cosas que puedes hacer para controlar esas manipulaciones:

- Ten en cuenta lo que pasa, toma una mirada racional de esto.
- Pon limites apenas puedas y con frecuencia posible, hazle saber cómo te tienen que tratar.
- Hazlos responsables de los actos, haz que te observen y reflexionen sobre las acciones y comportamientos.
- No aceptes excusas para un comportamiento inaceptable.
- Defiéndete y acepta las consecuencias de tu comportamiento.
- Consigue apoyo de otros a tu alrededor para que ayudes a manejar la situación, pueden ser amigos o familia.
- Actúa lo más rápido que puedas para que dejes claro que te enfocar en el cambio y trabajas en la relación.
- Si nada funciona, entonces tienes que salir de allí pronto.

Nadie se merece una relación de estrés en la vida, si bien en última instancia tienes que lidiar con esto, recuerda que tienes opciones no tienes que quedarte en estas situaciones. Defiéndete si crees que mereces algo mejor.

¿Cómo identificar una pareja manipuladora?

Antes que nada, es importante que sepas que, aunque en muchas ocasiones al hablar de relaciones manipuladoras nos referimos al espacio de pareja, también puede pasar en otros escenarios.

Muchas veces el amor no es suficiente, ni tú puedes aguantar que la pareja haga solo porque quieres eso, ni esa persona se puede excusar siempre diciendo que te quiere mucho.

El amor tiene que ser de calidad, si no, no vale para nada, a simple vista te puede parecer fácil reconocer si estás en una relación tóxica de pareja. Sin embargo, cuando eres tú el que está dentro no es tan fácil. Primeramente, tienes que exigir respeto, empatía, comprensión, sin embargo, vamos a ver algunas pautas concretas para que te plantees si andas en una relación que no vale la pena seguir.

Sientes muros donde antes hubo puertas

Si antes de tener pareja eras una persona independiente que podía tomar sus decisiones sin rendir cuentas a nadie, tienes que tener claro que teniendo pareja esa condición se debe mantener.

Así que si sientes que no puedes decidir lo que quieres hacer porque antes no tenías que acordarlo, debes tener claro que teniendo pareja esa condición se debe mantener.

Si sientes que no puedes decidir lo que quieres hacer porque antes tienes que acordarlo con la pareja o incluso pedir permiso, las cosas no van por el sendero que es.

Del mismo modo puede que te sientas coaccionado a tomar decisiones que sabes que van a satisfacer a la pareja porque si no, se enfadará, más allá de cómo te afecten a ti estas decisiones.

Otro de los signos puede ser que veas limitaciones en las perspectivas del futuro, que la pareja entorpezca a la hora de mejorar laboralmente o que te desilusione en ese sentido.

Atacan tu equilibrio emocional

La manipulación emocional es un clásico en toda relación, si sientes que la pareja solamente busca el beneficio, aunque esto quiera decir que no tengas dudas en este tipo de relaciones.

Del mismo modo tratará de manipularse y hará que la autoestima encuentre niveles bajos, la razón de esto es sencilla, te puede manipular y atarte a él.

Finalmente, el rasgo también se puede ver con un control absoluto de lo que haces, así como en la desconfianza sobre ti, al pedir explicaciones constantes.

La necesidad de control va seguida de celos desmedidos y de demostración de autoridad para tomar decisiones y coaccionar a que hagas lo que la persona quiere en todo momento.

Sientes infelicidad

Si sientes que cada día que pasas al lado de la personas eres más infeliz, puede que vivas una relación tóxica. Si cuando una persona no está, te sientes relajada y descansada puede que la relación de pareja sea mala para ti.

Una de las características clave de relación sana es poder mantener el espacio, para poder crecer como persona y sentir que sigues siendo tú misma. Si sientes que no eres la misma persona que antes y no tienes libertad para tomar tus decisiones que consideras mejor para ti, a lo mejor tengas una pareja tóxica, con el tiempo puede producir desgaste psicológico e incluso causar problemas.

¿Cómo salir de una relación manipuladora?

Contrario de lo que podría parecer, las relaciones manipuladoras son las que duran más años, la razón de esto es porque este tipo de relaciones evitan la finalización de la unión.

- Miedo a las consecuencias de dejar a la otra persona, en muchos casos puede tener miedo al cambio por la reacción ante la ruptura o por el cambio que puede suponer a la vida.
- Te has hecho dependiente de la pareja, esto puede dar paso a que termines teniendo miedo al abandono y a la soledad y prefieres arrastrar la infelicidad.
- Hay amor todavía, esto puede ser una paradoja, pero es verdad, en muchas ocasiones las parejas de la condición siguen estado enamoradas, se quieren mal y por eso siguen enamoradas. Se quieren mal y por eso se hacen daño, pero no entienden el modo de querer o de vivir en pareja.

Ser conscientes de lo que pasa

El primer paso es que aprendas a dejar relaciones manipuladoras, tienes que saber lo que vives, debes reflexionar sobre la relación de pareja y analizar si es manipuladora o no. Si lo es, se comienza a trabajar para que la situación mejore, ya sea que se intente transformar la relación a un camino saludable para terminarla.

Librarse del miedo

Luego que has concienciado de que la unión te hace daño tienes que trabajar los miedo y dejarlos atrás. Esta es una barrera dura pero el trabajo que hagas te ayudará a establecer relaciones sanas en el mañana.

Por otra parte, no puedes descartar la opción de pedir ayuda, puede que no sientas la fuerza suficiente para que cambies la situación y es elemental contar con apoyo en el entorno cercano.

Hay que destacar que si la situación es seria, te tienes que poner en manos de profesionales. Psicólogos, asistentes sociales que sirvan para que te libres de esta persona.

Mejor solo que mal acompañado

Obviamente cada persona es un mundo, puede que en los buenos momentos te sientas bien, sin embargo, no tiene por qué compensarse con los malos momentos donde la autoestima e integridad se ven afectadas. Si estás con una persona es para que estés mejor, no para estar mejor a veces. Pues debes pensar que es mejor estar solo que con un amor manipulador.

Invierte tu energía en ti

Si vives en relaciones tóxicas uno de los pasos para cambiar es que dejes de andar alrededor de ese satélite que es la otra persona en tu vida, tienes que comenzar a centrar las energías en ti y en tu bienestar. Si los intentos no han funcionado y has decidido poner fin a la relación en los momentos de duda aparecerán. Es ahí cuando piensan en lo que te ha aportado y seguir adelante, encontrando tu camino. Recupera los proyectos y aficiones que dejaste de lado por no haber sido la prioridad.

Trabaja tu autoestima

Lo común que se tiene en relaciones manipuladoras es que la autoestima se ve afectada. En estos casos se tiene que trabajar para que la percepción que tienes mejore y sientas que puedes. Comienza pensando en los aspectos positivos que tienes y en las situaciones que superas con éxito y te hacen sentir orgulloso. Es el momento de deshacerte de ese sentimiento potenciado por esa mala relación.

Aceptar tu tristeza

Muchas veces hay que tomar la decisión de terminar relaciones tóxicas, además de otros sentimientos. A fin de cuentas, se ha vivido una relación de intensidad grande y cuando se dan cambios importantes es normal sentir nostalgia, pena e incertidumbre, sin embargo, tienes que recordar que es un nuevo camino que te lleva a un menor futuro.

Pasarás distintas etapas luego de romper, para el duelo pasará y te sentirás orgullosa de haber terminado con esa relación.

Disfruta de tu soledad

Por otra parte, es importante que aprendas de nuevo a disfrutar de la soledad, solo con ella puedes disfrutar de ti misma y de todo lo bueno que tienes.

La situación ayuda a reconstruir, a pensar de manera positiva y a valorar de nuevo. Así pues, no temas a la soledad porque será la mejor arma para que sigas adelante y te sientas capaz para los problemas del mañana.

Aprende técnicas de relajación

Como último consejo, hay que hacer hincapié en los beneficios que dan en el día a día las técnicas de relajación. Una característica de las relaciones tóxicas es la dependencia que genera en las personas que viven.

Esto hace que se den momento complicados luego de la ruptura que puede aparecer con ansiedad o nervios. Por esto el hacer técnicas de relajación y respiración puede ser positivo porque poco a poco comienzas a controlar la situación y conseguir la calma.

Se puede salir de este tipo de relaciones, siempre se tiene que tener en mente que podrás superar esta relación, por muchos años que tengas con esa persona y lo que hayas pasado, si la relación es mala tienes que reflexionar sobre la situación y plantear cambios que te lleven a donde quieres.

EL SÍNDROME DE ESTOCOLMO Y LA MANIPULACIÓN

El síndrome de Estocolmo se llama así gracias al trabajo que hizo un especialista criminólogo sueco Nils Bejerot a fines de los setenta, donde se resumen comportamientos resultantes de un grupo de personas cuando dos atracadores en un banco de Estocolmo retienen a unas personas por seis días. Cuando son rescatados algunos cautivos se muestran amables, empáticos, con los secuestradores y en algunos casos benevolentes hasta el punto de financiar los gastos de defensa, un claro ejemplo de lo que es el síndrome de Estocolmo.

En algunas ocasiones las víctimas se identifican inconscientemente con los agresores, se meten a nivel emocional con la situación y asumen un grado de responsabilidad por la agresión que reciben. A veces con gratitud intrínseca en algunas personas, por haber salido ilesas y con vida en ese episodio, se puede decir que el síndrome de Estocolmo es un mecanismo de defensa, una reacción que el campo manifiesta, ante una situación incontrolable que sucedió.

No podemos dejar de lado que, para desarrollar un síndrome de Estocolmo, el agredido tiene que sentirse en algún momento con cuidado, sin evidencia de haber padecido maltratos. Lo más probable es que haya estado bajo el yugo de un gran manipulador.

La persona que sufre el síndrome de Estocolmo empatiza con el que agrede, lo defiende y siente que los actos provocan situaciones de agresión que se han vivido. Muchas veces se asocia el síndrome solo a las personas que han sido secuestradas, pero hay otros escenarios más conocidos donde esto sucede hoy.

Vamos a pensar en las personas que son maltratadas por las parejas, pero que siguen allí, defendiendo la relación y no anteponen denuncias necesarias. De algún modo se sienten culpables, pero también agradecidos de seguir vivos o estar bien pues el maltrato de las parejas va de la mano con la manipulación.

Viendo a las víctimas, se puede evaluar si se siente identificada con el agresor, tanto en la manera en la que piensa como en el comportamiento y si durante un largo tiempo perdura la gratitud hacia los agresores.

Actualmente algunos profesionales consideran que el síndrome no se debe encasillar solo a sujetos que han sido secuestrados, también lo es en caso de víctimas de violencia por parte de la pareja, se puede ver igual en defensa de las mismas a los agresores como se mencionó antes.

Se justifica el maltrato, pero no se evita la unión y tampoco se resuelve el conflicto no se puede escapar de la cárcel, una cárcel de la que ella misma tiene la llave para poder irse cuando quieran, es una situación de impotencia en el entorno.

Es un síndrome que se puede presentar por la vulnerabilidad e indefensión que se da en cautiverio o la situación de maltrato.

Las relaciones patológicas se dan por un desorden mental a la hora de aceptar lo malo y peligroso que es, ante desequilibrios entre la combinación de buenos y malos tratos, optando valorar lo beneficioso o positivo de esta unión. El tratamiento, fármacos, psicoanálisis, medicinas, todo esto puede ayudar, pero el plan es que se busque trabajar y busque resolver.

CUANDO EL MANIPULADOR ES DESCUBIERTO

Igual que con las demás personas, cada uno va a actuar de un modo distinto cada vez, con los engaños que quedan a la vista. Sin embargo, hay una serie de patrones o comportamientos que se usan como estrategias para reconducir las situaciones

Para empezar, cambian de comportamiento rápidamente, las personas manipuladoras, cuando los otros se dan cuenta de lo que piensan, modifican radicalmente la forma de comportarse para desviar la atención de la persona a la que intentan manipular y que de este modo piense que ha sido todo producto de la imaginación.

Puedes buscar hacer que la otra persona se sienta culpable, consigue en el interior crea un atisbo de duda ante lo que piensas de él y que te sientes culpable por haber malpensado, de ese modo se aseguran que en otro momento harás lo que sea para compensar el sentimiento de culpa, si ese es el caso el consejo es que trabajes para eliminar las culpas.

También tratan de justificarse por todos los medios, una de las frases que más usan es que no son la única persona que lo piensa, con esto tienen la meta de reducir la responsabilidad de los actos y ganar algo de credibilidad.

Intentan girar la tortilla, la convierten en las víctimas y buscan personas que le han descubierto engaños y esperan que sientan lástima por ellos, para de este modo comprender que actúa de un modo injustificado.

Otro modo de actuar es por medio del enfado, tratando de imponer frente a la persona que lo ha descubierto y así acobardarla, teniendo de este modo más tiempo para planificar y pensar las acciones futuras.

El enfrentamiento

Para poderlos combatir se tiene que aprender a reconocerlos, muchas veces no es nada sencillo, con el paso del tiempo los manipuladores van perfeccionando las técnicas, se disfrazan de corderos cuando en realidad son lobos esperando atacar.

Hay muchos tipos de manipuladores como el dependiente, agresivo, interpretados, sarcástico, sí que se pueden dar pautas para poder detener a una persona con personalidad.

No permitas que se convierta en víctima. Esta es una de las estrategias más empleadas por las personas manipuladoras para que crea que tienes la culpa, aprende a verbalizar actos y demostrar que sabes las intenciones y que por ello no podrá ir de víctima.

No dejes que te montes un espectáculo, cuando ven que los objetivos no van a cumplirse, se enfadan y se comportan como niños con rabietas, en este caso lo que debes hacer es ignorar el comportamiento porque esto es solo otro modo de chantajear a nivel emocional.

Pon límites, puesto que la personalidad les impulsa a ser agresivos, no dejes que lo sean contigo, tienes que hacerte respetar, valorar y de este modo van a saber que con esto no lograrán nada de ti.

Enseña que no te dejas manipular, di que no, cuando sientas que no quieres hacer lo que ellos te pidan, no sientas culpa ni remordimiento por hacerlo porque estás en el derecho de negarte.

Expresa lo que te desagrada, explica cómo te sientes, esta pauta es a conciencia de la tendencia que tienen las personas, de este modo las debilidades del otro quedan a la vista y se aprovecha por eso es esencial que seas asertivo. Ya tocamos ese tema antes.

CÓMO RECONOCER HOMBRES MANIPULADORES

Es absurdo para que minimices el respeto de mujer y la autoestima que alguien debería permanecer en una relación dañina que te puede arruinar.

No eres una niñera, ni la madre y ninguna mujer debería sentir que necesitan serlo. Cuando hay problemas de pareja lo mejor es alejarse, una relación tiene que llevar amos, cariño, afecto, cosas que puedan disfrutar, pero cuando llegan los maltratos, amenazas y violencia física y emocional, ya no es sano y esto lo vemos en la juventud y en muchas personas.

Hombres como Mel Gibson. Kanye West, Tiger Woods, Charlie Sheen, son nombres que se han convertido en sinónimo de hombres manipuladores y nocivos, son os que llegan a la vida llenos de promesas y flores y luego vienen y acaban con todo el amor, la paciencia y la cordura.

Estos hombres, los narcisistas, agresivos, sobran en la vida de cualquier mujer, eso lo saben perfectamente, el problema es que, como tantas mujeres, no lo pueden reconocer, se deslumbran por el carisma, por las frases seductoras, por los detalles románticos, se ciegan por la necesidad de vivir el amor, no son capaces de ver las señales que gritan que te detengas.

Cuando hay hombres que son probables, se tienen que tener guías para poder leerlo correctamente, verlo como es, con la cabeza despejada de sueños románticos, esto servirá para determinar si es para ti.

Tienes que aprender a reconocerlo en todo lo que hemos visto en este contenido, más esto que conocerás a continuación:

- Causan emociones negativas.
- Se comportan mal, no tienen respeto y la consideración que mereces.
- Te hacen sentir mal contigo misma, eso afecta el comportamiento y el nivel de autoestima.

Por eso es necesario que se reconozcan y entre más pronto mejor para tu emocionalidad. Conoce las tácticas de estas personas para que aprendas a identificarlos.

El que miente y manipula

Es la clase de hombre que te hace sentir maravillosa de entrada, cuando el proceso de conquista aparece, te llena de halagos, de detalles buenísimos, te dice cosas lindas. Crees que tienes al príncipe azul.

La táctica que usa es que te hacen sentir bien, que quieres estar cada momento a su lado, el problema se da cuando lo contradices o le niegas algo que él quiere. Entonces muestra los verdaderos colores y todo el encanto que se evapora en un instante. El hombre es experto a la hora de torcer las palabras y de reescribir la historia, para que te hagas creer que eres tú el que ha fallado. Muchas mujeres, seducidas por su encanto, tratan de complacerlo en todo con la esperanza de recuperar a esa persona del comienzo de la relación. La verdad están atrapadas con un maestro de la manipulación.

El controlador abusivo

Es la persona que quiere saber lo que haces las 24 horas del día, a cada momento, te dice lo que hay que hacer, de hacerlo, si no accedes a seguir el plan, te llena de ira, de desaprobación.

La táctica es que usan la ira o agresividad, las cuales escalan hasta que se hacen peligrosas. Si este es el caso, no importa que jure que te ama ni que diga que todo es por tu bien. de más está decir que si estás con un hombre que es abusivo, física, verbal o emocionalmente, tienes que buscar ayuda para de la manera más segura para ti y los seres queridos salir de la relación.

El pobre diablo autodestructivo

Es la víctima a quien todo le sale mal, se rodea de mala suerte. Tienes que rescatarlo a cada paso, muchas veces perjudicando el trabajo la economía y las relaciones con otros, que no entienden la dedicación a este ejemplar que no aporta nada y exige todo.

La táctica es culpar a los demás, con sus circunstancias, vida y buena o mala suerte, de todas las desgracias, de este modo te hace creer que los problemas se deben a la inercia, la irresponsabilidad o la falta de iniciativa.

El «yo-yo» narcisista

Todo comienza con él, termina con él, es el centro del mundo, el personaje más importante del mundo, el narcisista total, no reconoce sentimientos ni necesidades ajenas, solo le interesa satisfacer necesidades para alimentar su ego. Estás en segundo lugar, solo para satisfacerlo a él.

La táctica es que te hace sentir agradecida de compartir la vida con un ser importante y especial, si siempre te sientes abrumado vives para complacerlo, estás ante un narcisista que como un vampiro te chupa todo.

El huidizo eterno

Nunca sientes que lo tienes totalmente, porque él no quiere compromisos, porque no quiere compromisos. Si te pierdes los fines de semana o te dice que no está preparado para algo serio, no responde llamadas ni está allí a tu lado, cuando lo necesitas. Es el clásico egoísta que quiere pareja cuando le conviene o le hace falta y desea sentirse libre cuando la relación se le hace incómoda.

La táctica es que se describe como un espíritu libre e indomable, que no se puede atar a relaciones, insinúa que, en algún momento a lo mejor dentro de una centuria, lograrás comprometerte, así te da largas, mientras aguantes.

Si sigues dudando de si tu pareja es tóxica te invito a que te preguntes:

- ¿Cómo te sientes en esta relación? ¿A gusto? ¿Incomprendida? ¿Menospreciada?
- Luego de cualquier interacción ¿Cómo te sientes? ¿nerviosa, triste, deprimida, ansiosa?
- Si tu caso es el de una amiga, qué opinas de la relación, pensarías que es lo mejor para ella, entonces por qué las aceptas para ti. Esto es importante porque casi siempre se ve el problema ajeno con más claridad, esto es porque se enfoca racionalmente no por medio de las emociones.

Cada caso es único, requiere medidas, en algunos momentos contar con la relación es lo más indicado, en otros puede servir buscar ayuda especializada. Todo depende del caso y las circunstancias de cada pareja.

Lo que puedes hacer de inmediato es reconocer la clase de relación con la que determinar por qué sigues en ella. ponle atención a las respuestas a las excusas que usas para seguir con un hombre que te hace sentir mal contigo misma. No adornes los motivos, sé honesta, eres tú quien tiene la llave de la liberación.

A la vez, trabaja para elevar la autoestima, esta ayudará a que mantengas la integridad en el amor, cuando quieras y te respetes, no atraerás ni tolerarás a hombres tóxicos en la vida, si tienes una lista de lo que buscas en un hombre, igual haz d todo lo que ofreces, tienes que ser consciente de las virtudes y capacidades. Repasa los logros, ve los lados fuertes, verás que no necesitas un hombre para estar completa.

CONCLUSIÓN

Ya ves que la psicología oscura no es algo de moda, que acabó de surgir, engloba las manipulaciones y el lavado de cerebro. Se buscó abordar en esta experiencia todos los espectros de ella y cómo salirte de situaciones donde te aplican la psicología oscura o que la puedes usar de manera saludable para lograr objetivos

Todos ejercemos influencia en las personas y en el entorno, a la vez es influido por os demás y las circunstancias. Es inevitable que los seres sociales dependientes de los demás que viven en una sociedad completa donde es imposible tomar en cuenta y controlar otros factores.

En muchas ocasiones la influencia es positiva y con buena intención, como cuando educamos a nuestros hijos y ejercemos influencia en ellos, les moldeamos valores que nos parecen más sanos. Les enseñamos lo bueno y lo malo y que las cosas tienen consecuencias. Intentamos ejercer una influencia saludable, igual como lo hacen los maestros y mentores, la pareja, amigos que tienen intenciones buenas para con nosotros.

Lo niños también tienen una influencia en nosotros, muchas veces manipulan, cuando lloran y les damos lo que piden sin pensar si es correcto o no, solo para que se callen. Estamos cayendo en sus redes, porque no soportamos verlos sufrir. Ellos aprenden una gran estrategia para manipular y así conseguir por medio del chantaje emocional lo que ellos quieren en ese momento. Desde allí son manipuladores, chantajistas en potencia, excepto que los llevemos a ser buenos influenciadores en los otros y no caigamos en su red.

Hay también formas aceptadas socialmente donde se pueden manipular, como la mentira social, donde entendemos que es sano mentir para no dañar, mentira piadosa donde los niños o adolescente esconden información o mienten en el proceso de construcción de la identidad. De adultos también mentimos para dar una imagen y quedar bien, sonreímos, aunque no lo sintamos, se adapta, genera buen rollo, se permite que potenciemos habilidades de persuasión y negociaciones necesarias para la educación, para el trabajo en equipo, venta de productos y servicios, la solución de conflictos internacionales, la sociedad se sustenta sobre ello.

Hay un lado oscuro en la manipulación, que es dañino, que puede hundir a la persona que lo sufre, hay personas que son expertas en el arte de manipular que parecen ser inocentes, pero son dañinos. En términos genéricos, pero ellos pueden ser manipuladores perversos.

Pasa que estas personas no son conscientes de las estrategias de chantajes, presión, manipulación, han aprendido a satisfacer las necesidades importantes y básicas, por medio de la manipulación, no tiene intención de dañar, pero no aprenden a ser asertivos o han desarrollado personalidad difícil. En algunos casos se trata de patologías clínicas. Otras veces el manipulador sabe lo que hace y disfruta teniendo el mando, es un extremo de estos personajes, también se habla de casos con patologías.

Tanto unos como otros tienen que pararle los pies a la autoestima y buscar el modo de crear relaciones sanas con los demás.

www.ingramcontent.com/pod-product-compliance
Lightning Source LLC
LaVergne TN
LVHW040052051026
849525LV00002B/662